Un matrimonio a prueba de divorcio

CÓMO LOGRAR QUE EL AMOR PERDURE

Laura Taggart

Licenciada en Terapia Familiar y Matrimonial

PATMOS

Cómo lograr que el amor perdure
Un matrimonio a prueba de divorcio

Publicado por Editorial Patmos,
Miami, FL. 33169

Publicado originalmente en inglés por Revell, una división de Baker Publishing Group P.O. Box 6287, Grand Rapids, MI 49516-6287 con el título *Making Love Last, divorce-proofing your young marriage*

A menos que se indique lo contrario, las citas bíblicas se toman de la versión Reina-Valera ©1960, Sociedades Bíblicas Unidas.

Traducido por Vanessa Valle

Diseño de portada e interior por Adrián Romano

ISBN: 978-1-58802-864-8

Categoría: Vida cristiana / Matrimonio

Impreso en Brasil | *Printed in Brazil*

«Laura ha escrito una guía práctica y sabia sobre un tema crucial. Vale la pena prestarle atención durante toda la vida al libro *Cómo lograr que el amor perdure.*»

—**John Ortberg**, pastor principal de la Iglesia Menlo, autor de *Tantos destinos a donde ir*

«Durante más de treinta años he visto los resultados del amor capacitado y dispuesto, que tiene Laura Taggart, por matrimonios sin procesar. Ella ha producido un excelente recurso para cada pareja que tiene la esperanza de crear, rescatar o profundizar el amor en su matrimonio. Los matrimonios fuertes y satisfactorios conllevan corazón y destreza, y Laura aborda ambas cosas. Ella llama por nombre a nuestras verdaderas luchas y lo hace de manera clara y honesta. Luego ofrece esperanza para un futuro amoroso con una dirección creíble, práctica y bien enfocada. Cada capítulo concluye con una serie de preguntas para la reflexión y discusión, ¡solo las preguntas merecen el costo del libro! Este libro nos ayudará a muchos de nosotros a amar acertadamente.»

—**Scott Farmer**, pastor jubilado de la Iglesia Presbiteriana Comunidad, Danville

«Como pastor, ayudo a las parejas a planear bodas de libros de cuento, y a partir de ahora les daré como regalo *Cómo lograr que el amor perdure.* Laura entiende los desafíos únicos que las parejas enfrentan hoy en día y la honestidad, sabiduría y herramientas prácticas que ella provee les brinda a las parejas lo que necesitan para pasar de una boda de libros de cuentos a un próspero matrimonio.»

—**Mark Wollan**, pastor principal de la Iglesia Presbiteriana San Ramón

«La percepción y el conocimiento que Laura ha obtenido trabajando como consejera matrimonial estos treinta años están entretejidos en historias de sus clientes, parejas novatas que enfrentan problemas comunes que amenazan su compromiso. Taggart desenreda los problemas inmediatos al arrojar luz sobre lo que ha llevado a la pareja al punto de crisis y les muestra cómo su crisis es una oportunidad para el crecimiento, lo que trae como resultado una relación profundamente satisfactoria. *Cómo lograr que el amor perdure* está dirigido a parejas primerizas, pero aporta beneficios y sabiduría a todos los matrimonios. Este libro está en la parte superior de mi lista de regalos.»

—**Suzanne Woods Fisher**, autora del éxito de ventas *Amish Peace* [La paz Amish]

«Este libro es para todos los que seguimos esforzándonos cada vez más en nuestros matrimonios pero sentimos que no estamos viendo resultados. ¿La sugerencia radical de Laura? Deja de tratar tan duro y atreverse a intentar algo diferente. *Cómo lograr que el amor perdure* lleva a tu matrimonio a territorios nuevos y salvajes para ayudar a las parejas no sólo a hablar sobre cómo cambiar sus matrimonios, sino también cultivarlos. Laura explora cómo sus diferencias pueden hacerte una pareja más fuerte, observa las verdaderas motivaciones de por qué hacemos lo que hacemos e incluso sugiere maneras creativas de manejar el conflicto. Las parejas que pasan por este libro tendrán todas las herramientas que necesitan para abordar su matrimonio de una manera nueva, saludable y, me atrevo a decir, divertida.»

—**Kathi Lipp**, autora de los éxitos de ventas *The Husband Project* [El proyecto esposo], *Clutter Free* [Libre del desorden]

«Si estás confundido, decepcionado, o incluso en desesperación por tu matrimonio, *Cómo lograr que el amor perdure* te dará ayuda y esperanza. Es un libro bien escrito y de fácil lectura que te dará nuevas ideas sobre el matrimonio y enfoques prácticos para cuidar, sanar y renovar su amor. Todo esto en el contexto de la sanidad espiritual y el crecimiento cristiano. El libro está escrito para los casados novatos, pero igualmente es una buena lectura para cualquier persona que busca el amor duradero en cualquier etapa de la relación.»

—**Rda. Mary Steege**, terapeuta matrimonial y familiar

«Laura ha recorrido el terreno del matrimonio principiante con innumerables parejas jóvenes, y conoce íntimamente los desafíos y desilusiones que enfrentan. Todos queremos un gran matrimonio, pero la mayoría de nosotros no sabemos cómo llegar ahí. En *Cómo lograr que el amor perdure*, Laura proporciona una mina de oro de sabiduría y ayuda práctica, que guiará e inspirará a las parejas hacia ese gran matrimonio que anhelan. ¡Es una lectura obligada para todas las parejas novatas (¡y para las maduras también!)!»

—**Claudia y David Arp**, autores de la serie *10 Great Dates* [10 Grandes Citas]

«Este libro es una oportunidad increíble para ser asesorado y aconsejado por una consejera cristiana maravillosa, Laura Taggart. Ella aporta consejos prácticos y esperanza para la construcción del fundamento que se necesita para el éxito de un matrimonio para toda la vida. Un matrimonio saludable es siempre un matrimonio intencional, y Laura te dará las herramientas necesarias para lograr que el amor perdure.»

—**Jim Burns**, PhD, presidente de HomeWord, autor de *Cómo prepararse para el matrimonio*

«Este libro es atrevido, audaz e inspirador. Desafía a la generación de los *mileniales* a pensar de manera diferente sobre el matrimonio, en medio de una época donde el divorcio es un lugar común. Laura nos da un suave empujón y una perspectiva refrescante sobre el matrimonio, y al mismo tiempo nos reta a volcarnos en nuestras relaciones para lograr que el amor perdure, en vez de buscar reemplazos.»

—**Teagan Darnell**, MA, terapeuta matrimonial y familiar

Para mi esposo, Gary; mi compañero de vida
y en el amor, estoy tan agradecida de que dijeras:
«Sí, acepto.»

Contenido

Prefacio

¡Enamorarse es fácil! Sin embargo, como muchos de nosotros sabemos bien, quedarse felizmente casado durante toda la vida es otra historia. A medida que luchamos, los resentimientos se acumulan, el desprecio se arrastra, y una vez que los fuertes puentes relacionales son finalmente quemados, estos quedan en el suelo. Si alguna vez estuvo locamente enamorado, pero ahora se encuentra a la deriva hacia la decepción relacional y la desilusión, cobre ánimo, porque una ayuda maravillosa comienza a pocas páginas de este nuevo libro de Laura Taggart: *Cómo lograr que el amor perdure*.

A medida que nosotros viajamos y damos conferencias por todo el mundo, uno de nuestros mayores placeres es conocer a muchas personas increíbles que comparten una pasión común por ayudar a las familias a prosperar. En uno de esos viajes, al área de la Bahía de San Francisco, tuvimos el placer de ser los invitados de Laura Taggart, quien era la directora de los Ministerios de Matrimonio y Familia en la Iglesia Presbiteriana Comunidad, en Danville. Debido a la pasión de ayudar a las relaciones a crecer y prosperar, Laura fundó un ministerio de mentoría matrimonial con el fin de apoyar a las parejas principiantes para navegar los altibajos del matrimonio sin experiencia. Esta mentoría la lleva a cabo con la ayuda de parejas de más experiencia que acompañan a los nuevos matrimonios.

Laura tiene un gran corazón por las familias, y como terapeuta matrimonial y familiar tiene la educación y experiencia para ofrecer consejo sabio, completo y práctico. Al ser maestra de corazón, Laura ha compartido estos conocimientos desde su oficina de terapia durante treinta años, como profesora adjunta en el Seminario Teológico Fuller, en la Universidad Teológica Evangélica en Etiopía, y ahora en este nuevo libro.

Nuestra relación de trabajo se convirtió en una amistad personal con Laura y su esposo, Gary. A medida que nuestra relación se profundizó, descubrimos que Laura y Gary habían crecido tremendamente a través de las dificultades en su propio matrimonio y honraban el pacto que hicieron años atrás. Nos encantan los autores que tienen éxito en sus propias relaciones antes de ofrecer otra perspectiva a los demás.

Cuando recibimos *Cómo lograr que el amor perdure*, sabíamos que encontraríamos sabiduría, perspicacia, vulnerabilidad y aplicación práctica. Y cuando leímos el manuscrito por primera vez, Laura superó todas nuestras expectativas. Ella ofrece a las parejas novatas un cuadro realista del matrimonio y las destrezas que se necesitan para lidiar con las temporadas difíciles. En la primera parte, Laura ayuda a las parejas a explorar conceptos importantes de la vida matrimonial y les desafía a pensar sobre lo que ha influido en sus creencias sobre el matrimonio. Durante la segunda parte, Laura ayuda a los esposos y esposas a desarrollar conciencia y a cambiar la forma en que se relacionan entre sí. Y en la tercera parte, Laura ayuda a las parejas a crear una visión totalmente nueva para su relación. Las preguntas de discusión y las sugerencias para la aplicación hacen que este sea un libro práctico y transformador de vida.

Laura tiene un interés especial en la generación de los mileniales. Muchos en este grupo de edad se están casando a los veintitantos años, habiendo tomado el tiempo para «encontrarse» a ellos mismos y desarrollar sus carreras y talentos antes de comprometerse con el matrimonio. El pensamiento convencional llevaría a creer que la vida matrimonial podría ser más fácil cuando una persona se casa más tarde en la vida y ha tenido más tiempo para madurar. Sin embargo, como señala Laura, el matrimonio suele ser más difícil de lo que imaginábamos porque expone las debilidades de las que no estábamos conscientes como solteros. Ella continúa arrojando luz sobre las oportunidades de crecimiento y sanidad que trae el matrimonio y de cómo el matrimonio colabora con las parejas para recorrer el camino de la transformación, mientras se ayudan mutuamente a sanar, cambiar y crecer.

No podríamos estar más entusiasmados con el libro *Cómo lograr que el amor perdure* de Laura Taggart. Así que, pase la página, empiece a leer, y a descubrir la esperanza y el estímulo que refrescará su mente y alma. ¡Muchas bendiciones en su viaje de amor!

Milan y Kay Yerkovich,
autores de *How We Love* [Cómo amamos] y
We Love Our Kids [Amamos a nuestros hijos]

Agradecimientos

Estoy profundamente en deuda con aquellos que de manera personal y profesional me apoyaron a lo largo de este proyecto, y que, a través de su sincera retroalimentación, colaboraron para dar forma a este libro con el fin de que sea más perspicaz y más útil.

Mi querida amiga Suzanne Woods Fisher ha sido mi mentora en todo lo que escribo y estoy muy agradecida por su amor, sinceridad, ingenio y amistad. Ella misma es una escritora muy ocupada y prolífica, y siempre ha tenido tiempo para responder a mis preguntas y darme apoyo. Suzanne ha creído en mí, me ha desafiado, me ha guiado y me ha inspirado. No podría haber escrito este libro sin ella.

He tenido la alegría increíble de trabajar con varios de la generación de los mileniales para darle forma a este libro. Ellos generosamente han dado de su tiempo y corazón para ayudar a que este libro sea más atractivo, vinculante, y útil. Mi querido amigo y colega Teagan Darnell ha ofrecido una perspectiva profundamente intuitiva para modelar el contenido y tono del libro. Mi increíble sobrina, Lindsey Norman, me dio una gran retroalimentación sobre el contenido y ayudó a editar los primeros capítulos. Nikki Pritchett, una madre joven sabia y maravillosa, creó espacios de tiempo entre el trabajo y los niños para leer y ayudarme a afinar cada capítulo. Me sentí muy honrada de que estas tres increíbles mujeres creyeran en este libro y se dedicaran tan sinceramente a darle vida.

Agradezco a los queridos amigos y compañeros terapeutas que revisaron un capítulo y contribuyeron con sus pensamientos: Marilyn Hunt, Ginny Mosby, Brian Kay y Dave Rohrbach. También estoy agradecida con todos mis maravillosos amigos y compañeros terapeutas en el *Community Presbyterian Counseling Center* [Centro de Orientación Presbiteriano Comunidad] por su continuo estímulo y apoyo.

Ofrezco mi profunda gratitud a mis amigos Milan y Kay Yerkovich, cuya vasta y útil comprensión sobre las huellas de apego en las parejas ha impactado mi trabajo clínico y escrito. También quiero dar muchas gracias a Clifford y Joyce Penner por sus conocimientos sobre la sexualidad humana y la guía de Joyce para el capítulo 9.

Quiero agradecer a Toni Herbine-Blank por su mentoría y su papel en el nuevo modelaje de mis pensamientos sobre la terapia de pareja. Fue un privilegio ser estudiante de una maestra tan cálida y talentosa. Sus ideas, sobre la aplicación de Sistemas Familiares Internos a las parejas, tomado de su publicación Intimidad del modelo Poner al Revés, han dado sustancia al capítulo 4.

Estoy en deuda con: Richard Schwartz por dar origen al modelo de terapia de Sistemas Familiares Internos; Ken Sande por sus ideas sobre las disculpas; Ellyn Bader y Peter Pearson por su modelo de desarrollo para tratar parejas, y Tim Keller por su comprensión teológica del matrimonio.

Estoy profundamente agradecida con las parejas a las que he tenido el privilegio de asesorar a través de los años. Me han enseñado acerca de la tenacidad del espíritu humano, han tenido el valor de exponer su dolor y me permiten caminar junto a ellos. También aprecio a aquellos que se tomaron el tiempo para tomar la encuesta de *Making Love Last* [Cómo lograr que el amor perdure]. Esta encuesta ayudó a dar forma a los capítulos 4-9, ofreciendo ayuda práctica a las parejas novatas.

Estoy agradecida con Kathy Ide y Lindsey Spoolstra por su incisiva edición. Mi querida amiga Diane Camp también fue vital al ayudarme a editar y dar forma al capítulo 1 y ha sido una gran motivadora.

Mi esposo, Gary, ha sido un gran apoyo desde el momento de la concepción inicial hasta el presente de este libro. Aunque el nacimiento de nuestros dos hermosos hijos es mucho más milagroso y creativo de lo que cualquier libro podría ser, como con nuestros hijos, yo no podría haber dado a luz a este libro sin él. Estoy agradecida por creer constantemente en mí, por su amor y estímulo, y su paciencia con el lío en la mesa del comedor.

Estoy agradecida por mis hijos adultos: Emily, por siempre empujarme a alcanzar más allá de mis zonas de confort y ser una mejor madre y persona. Tim, por tu generoso corazón y sabiduría más allá de tus años.

Quiero extender mi profunda gratitud a mis padres, Bud y June Naslund, y su valiente viaje a través de sus propios desafíos matrimoniales. Me inspiraron a convertirme en una terapeuta matrimonial y familiar por la forma en que lucharon por su matrimonio hasta llegar a disfrutar del dulce fruto producido por años de desyerbe y riego.

Finalmente, quiero agradecer a aquellos que han creído en mí y en este libro. Su confianza ha traído humildad e inspiración. Estoy muy agradecida a mi redactora, Andrea Doering, por su guía en la configuración de la dirección del libro, su sabiduría y su voluntad de decir que sí. Del mismo modo, me siento muy afortunada de tener a Wendy Lawton como mi agente. Ella ha sido un gran incentivo y me ha ayudado a poder tener una imagen más grande de lo que significa ser una escritora.

Introducción

Este libro es el fruto de tres tipos de experiencias: mis treinta años como terapeuta conyugal, mi papel como directora del ministerio de matrimonio y familia en una iglesia grande, y cuarenta años de mi propio matrimonio.

Cuando mi esposo y yo nos casamos, estábamos muy jóvenes y enamorados. Nosotros nos sentíamos emocionados por comenzar a crear nuestra vida compartida y esperábamos disfrutar de aventuras, tener momentos significativos que demarcaran etapas y construir nuestro sueño juntos. Esperábamos que pudiera haber algunos ajustes suaves que tendrían que hacerse, pero creíamos que nuestro amor era ciertamente lo suficientemente fuerte como para superar cualquier desafío que enfrentáramos.

No teníamos ni idea de lo que nos esperaba adelante.

El año siete fue particularmente doloroso. El resplandor de nuestras idealizaciones brillantes y pulidas se había desvanecido y estábamos sumidos en las trincheras de expectativas decepcionadas y patrones autoprotegidos de relación. Mi marido no era el tipo que yo esperaba que fuera, y yo no era la mujer con la que se había casado. La realidad de la vida de casados nos había golpeado y no estábamos muy contentos por ello.

Pero las cosas cambiaron. Y cuando miro las estaciones de nuestra vida matrimonial, me doy cuenta de que hemos tenido muchos matrimonios dentro de nuestro matrimonio: nuestros años idealizados, nuestro período de desilusión y desconexión, nuestra temporada posterior de reconexión y apoyo mutuo, y nuestra época actual, donde disfrutamos del fruto de nuestro duro trabajo. No ha sido fácil y nunca podríamos haber imaginado que lo que disfrutamos hoy podría ser posible, incluso en los difíciles años anteriores.

Cuando usted dijo «Sí, acepto», probablemente no tenía idea de que acababa de embarcarse en la prueba más grande de su vida. Usted puede haber llegado al matrimonio con expectativas idealizadas de cómo la vida sería con su cónyuge. Al igual que la mayoría de nosotros que se casan, anhelan un matrimonio de por vida con su mejor amigo, pero pueden sentirse desprevenidos en cuanto a cómo navegar por las fallidas expectativas y la consiguiente desilusión.

Hoy en día, los jóvenes casados tienen una tasa del 32 por ciento de divorcio/separación. Muchos se sienten mal equipados para manejar el conflicto que viene con el matrimonio, y entonces asumen que eso seguramente indica que se han casado con la persona «equivocada».

En mi papel como directora del ministerio de matrimonio y familia en la Iglesia Presbiteriana Comunidad en Danville, California, me he reunido con decenas de nuevas parejas que luchan por mantener sus matrimonios unidos. Estas parejas novatas buscaban mentores matrimoniales, parejas mayores y más experimentadas que tienen fuertes matrimonios cristianos y han sido capacitadas para acompañar a los casados principiantes para ayudarles a establecer una base firme. Muchas de estas parejas inexpertas no han tenido un modelo saludable de lo que el matrimonio podría ser, y ya habían comenzado a vivir patrones negativos y la desilusión. Estas parejas novatas deseaban tener un matrimonio que fuera todo lo que Dios había planeado que fuese, pero no sabían el camino para llegar allí.

Como parte de la preparación para escribir este libro, realicé una encuesta a 256 casados novatos (parejas con menos de diez años de matrimonio). Algunos de sus comentarios reflejan estos desafíos inesperados, ya que retransmitieron lo que fue más sorprendente para ellos:

«Cuando uno siente que ni siquiera conoce a la persona con la que está casado, sería demasiado fácil dejar todo si no fuese porque se está completamente comprometido.»

«El matrimonio me ha revelado lo egoísta que soy y cómo mis acciones, o su falta, pueden afectar profundamente a mi marido.»

«Al inicio cuando nos casamos, pensé que era bueno en la comunicación, pero nadie me preparó para lo diferente que era comunicarse con una *esposa.*»

«Es increíble cómo las cosas más pequeñas pueden convertirse en algo tan grande de manera tan rápida.»

«Es sorprendente la rapidez con la que el "nuevo amor" se convierte en una "pareja vieja". Siento que ahora tenemos que programar el sexo sólo para hacer que suceda, mientras que solíamos ser tan espontáneos y románticos.»

«Nunca pensé que la persona que elegí para casarme terminara siendo alguien con quien lucharía y discutiría. Nunca fui una persona que discutiese o se llevara mal con alguien, pero mi esposo y yo tenemos períodos donde ni siquiera nos vemos a los ojos.»

«Es asombroso cómo nuestros pasados, las formas en que nos criaron y nuestras familias tienen una influencia de largo alcance en nuestro matrimonio.»

«Con qué rapidez nos podemos desconectar debido a nuestras ocupaciones y actividades.»

«Nunca imaginé lo comprometedor que sería y cuán difícil se puede tornar a veces.»

«Cuánto echo de menos mi tiempo a solas, e incluso cuando tengo "mi" tiempo, me siento culpable y negligente.»

«Qué difícil puede ser equilibrar el agotamiento de criar a los niños y estar disponible para mi marido.»

«Qué increíble cómo la rutina diaria aleja el romance.»

«Que estaríamos lidiando con una adicción sexual.»

«Pensé que estaríamos más "enamorados" y "en las nubes" por más tiempo del que estuvimos. El matrimonio nos implicó más trabajo de lo que esperaba antes de tiempo.»

«¡Tratar con los suegros!»

«Jamás pensé que las finanzas serían un tema tan candente y con discusiones tan acaloradas.»

¿Algo de esto le suena familiar? Si está leyendo este libro, puede haber descubierto que el matrimonio es un trabajo duro. Tal vez puede sentirse conectado con las expectativas despedazadas y el tener persistentes pensamientos de que usted y su pareja podrían no ser «compatibles.» Aún puede estar preguntándose cómo pasó de la felicidad de la boda al grado de desconexión y conflicto que está experimentando actualmente. De ser así, este libro es para usted.

Durante más de treinta años, he aconsejado a innumerables matrimonios jóvenes, pero parece que ahora, más que nunca, las parejas ponen fin a la relación cuando se enfrentan con las dificultades de la vida en matrimonio. Muchos no han tenido un modelo real de lo que debe ser un matrimonio sano y próspero, lo cual alimenta su nivel de desilusión. El problema para estas parejas no es que hayan perdido el deseo de tener un matrimonio profundamente satisfactorio y amoroso. El problema es que no confían en que el cambio sea posible y han perdido la resistencia necesaria para darle al cambio una oportunidad.

El cambio es posible, y este libro le ayudará a sumergirse y disfrutar de sus beneficios. Piense en el cambio potencial como si fuera un río que fluye. Usted puede ver pasar al río y nunca poner un dedo en él, o puede tomar un neumático y saltar al río. En el camino se dará cuenta de un nuevo paisaje, y cuando salga a tierra firme de vez en cuando, se dará cuenta de que está en un nuevo lugar. El matrimonio es dinámico y siempre cambiante. El potencial de crecimiento es parte del ADN mismo del matrimonio.

Cada una de mis experiencias en mi propio matrimonio, en mi papel en el ministerio y en mis años como terapeuta, me ha dado un profundo afecto por las parejas jóvenes que luchan y también me ha llevado a una pasión creciente para ayudar a estas parejas a través de sus estaciones difíciles.

• • •

Cómo lograr que el amor perdure ayudará a las parejas jóvenes a tener un matrimonio a prueba de divorcio y a disfrutar de una relación próspera de por vida con su mejor amigo. En la primera parte, «Visualice de nuevo el matrimonio,» exploraré cómo piensa acerca del mismo. El capítulo 1 examinará las expectativas idealizadas del matrimonio y explicará por qué el matrimonio es un trabajo tan duro. En lugar de ver los problemas como evidencia de fracaso, verá que el valor de las dificultades maritales no sólo es normal sino necesario para un matrimonio fuerte. El capítulo 2 explorará cómo los valores actuales entran en conflicto con la felicidad matrimonial y preparan a la pareja para la desilusión. También ofrecerá nuevas maneras de pensar que apoyarán la importancia de ser único como individuo y el vínculo creciente de su matrimonio. El capítulo 3 ofrece una nueva perspectiva sobre los beneficios únicos del matrimonio y por qué su matrimonio es digno de inversión.

La Segunda Parte, «Revitalizando el matrimonio,» le dará seis pasos que le permitirán cambiar la manera en que se relaciona con su cónyuge. El capítulo 4 comenzará con una mirada profunda y honesta a usted mismo. Se le darán herramientas para explorar los estilos que usted utiliza al relacionarse y formas de entender el impacto que tiene la manera en que le criaron. El capítulo 5 le ayudará a explorar las diferencias entre usted y su pareja. En lugar de sentirse amenazado por lo diferente a usted que es su pareja, se dará cuenta de la vitalidad que esas diferencias aportan a su matrimonio y le animaré a abrazarlas.

En la primera etapa de la vida matrimonial, es posible que usted haya tratado de suprimir el conflicto. El conflicto simplemente no encaja en la imagen de lo que hacen las parejas felices. Muchas parejas jóvenes tienden a evitar plantear temas delicados o difíciles, y muchos se sienten sin experiencia para lidiar con el conflicto de manera exitosa. El Capítulo 6 proveerá herramientas para entrar de manera proactiva al conflicto, de tal forma que disminuya el daño y aumente la comprensión. Sea por malestar, costumbre, o una necesidad de sentirse seguros, las parejas a menudo se aferran a los hábitos que dañan su relación y los mantienen atascados. El Capítulo 7 tratará los hábitos a los que quizás se puede estar aferrando y le dará una manera de soltarlos y disfrutar de la vida con su mejor amigo.

Cosas tales como unas grandes vacaciones o los regalos extravagantes no consolidan la conexión de los matrimonios prósperos. Por otro lado, los pequeños incrementos en el comportamiento son los que marcan la diferencia. Cada momento que comparte con su cónyuge, se inclina hacia adentro de la relación o se inclina hacia afuera. Cuando se inclina hacia adentro, nutre una conexión positiva. Y precisamente el foco del capítulo 8 es tomar conciencia de estas oportunidades de inclinarse hacia adentro.

El matrimonio tiene la intención de proporcionar la compañía humana más profunda de la vida. Esta intimidad implica ser vulnerable con sus seres emocionales, sexuales y espirituales. El Capítulo 9 tratará algunos de los obstáculos que puede estar experimentando con respecto a la cercanía y ofrece ayuda específica para encender su conexión íntima.

Cuando decimos «acepto» nos comprometemos a amar por toda la vida. Aunque no tenemos idea de lo que implicará ese «trabajo de amor», nos comprometemos a seguir adelante. El capítulo 10 explorará la belleza de un matrimonio de pacto y desafiará las contingencias que a menudo permitimos que influyan en nuestro compromiso matrimonial.

Cuando nos enfocamos en las deficiencias de nuestro compañero, nuestras relaciones sufren. Cuando comenzamos a ver las partes difíciles, incluso dolorosas de nuestros matrimonios como un ímpetu para nuestro propio crecimiento, el cambio y la sanidad comienzan a darse. El capítulo 11 explora cómo Dios usa el matrimonio como catalizador para el cambio en nuestras propias vidas y cómo el amor de Dios puede liberarnos para experimentar más libertad en nuestras relaciones.

Las parejas nuevas necesitan una visión de cómo es estar casado con nuestro mejor amigo para toda la vida. Como madre, he oído a menudo la cita anónima: «Solamente hay dos legados duraderos que podemos esperar darles a nuestros hijos, uno de estos son las raíces, y el otro legado es darles alas.» Un matrimonio que florece también consiste en tener raíces y alas. Para mantener el árbol firme en tormentas tumultuosas, necesitamos un fuerte conjunto de raíces que se hundan profundamente en el suelo para mantenernos firmes. También queremos ayudarnos mutuamente a convertirnos en todo lo que estamos destinados a ser, ayudarnos mutuamente a volar.

Si los capítulos 10 y 11 son acerca de las raíces que lo mantienen firme en las tormentas, el capítulo 12 le ayudará a tomar el vuelo como pareja de tal manera que ustedes se inspiren para convertirse en la mejor versión de ustedes mismos en el proceso, los mejores amigos. Le ayudará a proyectar una visión para su futuro juntos que le ayudará a avanzar hacia el matrimonio duradero y amoroso que usted desea.

Es mi sincera esperanza que en estas páginas usted sea alentado, comprendido, desafiado e inspirado a vivir la extraordinaria riqueza de la vida matrimonial. Si está esperando profundizar el vínculo que tiene con su pareja, este libro es para usted. Encontrará nuevas perspectivas y habilidades que le ayudarán a crear el matrimonio íntimo que usted anhela. Si está desanimado y desesperado, preguntándose si su matrimonio puede recuperarse, manténgase y lea. El camino por delante no será fácil, pero puede sorprenderle.

Primera parte

MIRE CON NUEVOS OJOS EL MATRIMONIO:

CAMBIE LA FORMA EN QUE PIENSA

1

Por qué el matrimonio implica esforzarse

> Lo que cuenta para hacer un matrimonio feliz no es tanto lo compatibles que sean, sino cómo lidiar con la incompatibilidad.
>
> Leo Tolstoy

Era tarde en un caluroso y aburrido día de agosto. James y Amy fueron mi última cita. Eran nuevos clientes, una pareja joven que estaba considerando el divorcio. Se sentaron en lados opuestos del sofá de mi oficina, apenas mirándose. Todo sobre James rezumaba hostilidad: las piernas extendidas, los brazos cruzados contra su pecho. Por otro lado, Amy se encogió en el rincón del sofá como para proteger heridas abiertas.

Comencé la sesión preguntándoles cómo se conocieron, esperando despertar el sentido de conexión anterior. Amy se iluminó y tomó la iniciativa. «Oh, esa es una buena historia», dijo. «Amamos el fútbol y jugábamos para una liga mixta. Estábamos en equipos diferentes, pero yo lo noté a él. En una ocasión, mientras jugábamos bloqueé un disparo de él a la portería, luego de eso James me dio lata.»

«Fue un gran tiro», dijo James, inclinándose hacia delante. «Ella estaba en el lugar correcto en el momento adecuado.»

Este fue el primer revuelo de interés que había notado en James, entonces le dije: «Cuéntame sobre su boda», yo estaba animada por la ligera caída de la tensión en el ambiente.

«¡Fue un día hermoso!» dijo Amy y continuó: «Todo salió perfecto». Entonces intervino James diciendo: «Excepto por tu tío borracho».

Amy lo miró con el ceño fruncido y dijo: «La boda *fue* perfecta.»

Yo interrumpí. «Entonces, ¿cuándo empezaron a salir mal las cosas?» y dirigí mi mirada a James.

Entonces James respondió: «Diría que hace un par de años. Mí trabajo comenzó a ser más exigente. Al principio, Amy era bastante comprensiva, pero después de un tiempo se volvió realmente crítica con respecto a eso».

«No fue sólo el trabajo», dijo Amy. «Él salía con los chicos casi todos los fines de semana y yo pasaba mucho tiempo sola. Cuando me quejé, me decía que estaba tratando de controlarlo.» Ella se desplomó en su esquina y terminó de decir: «Con el tiempo, me sentí incomprendida y sin esperanza.»

A medida que se desarrollaba la historia, quedó claro que el sueño inicial que habían compartido para su vida juntos se estaba destrozando. Al principio de la relación, habían disfrutado de intereses compartidos, una fuerte conexión romántica y ambiciones similares. Amy había estado dispuesta a subordinar su deseo de tiempo con James, pero eventualmente, ella se había decepcionado mucho con la falta de atención y las prioridades de trabajo y amigos que James mostraba. En su dolor, ella se volvió crítica y se alejó de manera emocional y física.

James se sintió despojado, la intimidad sexual había dado un vuelco y él creía que nunca podría hacer nada bien. Él, a su vez, se alejó y pasó más horas en el trabajo para evitar la tensión en la casa. James y Amy habían soñado con estar casados con su mejor amigo de por vida. Cuatro años más tarde, estaban considerando el divorcio.

Después de la cita de James y Amy, me sentí triste. Durante los últimos cinco años, había notado un aumento significativo en el número de jóvenes matrimonios con problemas que entraron en mi oficina en busca de ayuda. Un estudio a nivel nacional sobre el primer matrimonio de 22.682 personas de 15 a 44 años en Estados Unidos confirmó mi preocupación. Como se planteó en los *Informes Estadísticos Nacionales de Salud* de marzo de 2012, el 20 por ciento de los matrimonios termina en los primeros cinco años y el 32 por ciento termina en los primeros 10 años.[1] Las parejas casadas que tienen entre cinco y diez años de matrimonio representan el mayor aumento en la tasa de divorcio en un período de cinco años.

Tal vez esto le ha preocupado a usted. En la actualidad podría sentirse muy bien acerca de su matrimonio, pero al oír estas estadísticas, mirar a su alrededor y ver a otras parejas que parecen ser felices, también se pregunta si podría llegar a ser uno de los del 32 por ciento. Las cosas están bien ahora, pero usted quiere asegurarse de que su relación se mantenga sana, fuerte y resistente. Usted quiere ser preventivo y mantener su relación en el buen camino. O quizás ha comenzado a tener luchas significativas.

Los problemas y quejas que escucho varían en cierto grado, pero tienen un hilo común: las parejas se sienten mal equipadas para manejar las realidades de la vida matrimonial. Cuando los problemas afectan y las expectativas se desvían, no tienen la capacidad de navegar en medio de los problemas de una manera que no sea perjudicial para la relación. Es como si se les hubiera dado un auto, pero sólo tiene una cantidad limitada de gas y no hay equipo para arreglar un neumático desinflado. En un momento en que podrían estar disfrutando del viaje juntos y planeando su futuro, el automóvil se ha estancado.

Es posible que se sienta conectado con esta realidad. Durante las primeras citas, usted disfrutaba del conocerse y descubrir intereses mutuos. Con el paso del tiempo se enamoró y no podía imaginar su vida sin su futuro compañero. Cuando se casó, esperaba compartir una larga vida al lado de su mejor amigo. Usted anhelaba profundamente una relación significativa, la intimidad y el compañerismo; quizás pudo entrever algunas diferencias entre usted y su pareja, pero las pasó por alto a medida que avanzaba hacia el futuro.

Y luego, en algún momento, las cosas comenzaron a tomar un giro. Las cualidades que encontraba adorables en su cónyuge se volvieron molestas. Las diferencias que solía ignorar empezaron a amenazar la unidad de la que esperaba disfrutar. En un esfuerzo por cambiar el curso de la insatisfacción, uno o ambos desafiaron el comportamiento o los hábitos del otro, provocando una reacción negativa. Esto comenzó un ciclo de repetidas interacciones negativas una y otra vez hasta que una sensación de desesperanza se asentó como una nube oscura sobre el matrimonio.

Mientras aconsejo a las parejas jóvenes, las preguntas que hacen son similares a las que preguntaron James y Amy:

«Si nos amamos, ¿por qué luchamos tanto?»

«¿Por qué nadie nos dijo que el matrimonio sería tan difícil?»

«¿Y si no tuviera un buen modelo a seguir para resolver los problemas?»

«¿Cómo podemos tener conflicto de una manera más saludable?»

Estas preguntas revelan un deseo de descubrir un camino a través de las dificultades, con el fin de poder disfrutar del regalo que el matrimonio está destinado a ser.

El matrimonio implica trabajo duro por muchas razones. Usted puede haber llegado al matrimonio con expectativas idealizadas de cómo sería la vida con su pareja, sólo para desilusionarse cuando surgieron los problemas. Sin saber cómo hacerle frente a la desilusión, puede encontrarse confundido, enojado, y preguntándose cómo avanzar.

Otra razón por la que el matrimonio implica trabajo duro es que, muy probablemente, ustedes dos tienen orígenes muy diferentes. Incluso si comparten valores similares o vienen de la misma área geográfica, sus familias tienen diferentes orígenes, y cada uno de ustedes trae diferentes interpretaciones y significados al matrimonio de sus experiencias anteriores. Estos diferentes puntos de vista a menudo son sorpresivos a la hora de descubrirlos, ya que las personas tienden naturalmente a pasar por alto o minimizar las diferencias cuando están saliendo.

Por naturaleza, tendemos a ser autoprotectores en la forma en que nos relacionamos con los demás, y navegar el conflicto y la tensión puede ser difícil, especialmente cuando el estilo de conflicto de nuestro compañero es diferente al nuestro. Por lo tanto, es importante explorar cada uno de estos desafíos para comprender por qué el matrimonio es un trabajo tan duro.

Pero, primero que nada, es bueno saber que no está solo. El matrimonio implica un trabajo duro para la mayoría de las parejas.

Las idealizaciones y su impacto

Como una pareja joven, se llega al matrimonio con una imagen de cómo será. Este cuadro con el que se llega es una combinación de creencias acerca de cómo se ve un matrimonio feliz, tal como la creencia de que ustedes deben tener pocos conflictos y muchos acuerdos, y que su compañero o compañera tendrá pocos defectos y mantendrá una devoción, que no se divide, por usted. A menudo, esta imagen es embellecida por los medios de comunicación que fabrican nociones fantásticas de romance intenso y apasionado.

Puede ser útil saber que casi todo el mundo está sorprendido por las realidades de la vida matrimonial. La imagen inicial que usted tiene no suele incluir atravesar las necesidades de ser competente en medio del conflicto, el hacer frente a las tensiones diarias, o lidiar con el conflicto intenso. Usted pudo haber pensado que la misma facilidad de conversación y el deseo de complacer, que es tan obvio en la mayoría de las relaciones durante el período de las citas, suavizarán cualquier diferencia de opinión o comportamiento que pueda experimentar en el futuro. En pocas palabras, se llega al matrimonio con un sueño de cómo será el suyo.

El sueño puede ser algo que se ha estado desarrollando desde la niñez o de fabricación más reciente, pero generalmente comienza a surgir mientras usted busca una pareja. La búsqueda de una pareja, un compañero de vida con quien construir un futuro, es universal. La elección del socio adecuado se torna de una importancia primordial.

La mayoría de nosotros teníamos una imagen de lo que estábamos buscando en una pareja. ¿Cuál era la suya? ¿Cuáles eran las cualidades más importantes que buscaba en su futuro cónyuge? Tal vez usted estaba buscando a alguien que fuese lo suficientemente ambicioso como para proporcionar un futuro financiero estable. Tal vez usted quería una persona que compartiría su amor por la aventura, su valor de la familia, o su espiritualidad. Usted pudo haber buscado a una persona que fuese pensativa y amable o abierta y sociable. Pero la verdad es que, no importa lo bien que usted parezca, usted y su pareja no son completamente compatibles.

No existe tal cosa como dos personas plenamente compatibles.

No existe tal cosa como dos personas plenamente compatibles, y quizás eso podría ser una declaración desgarradora para usted. Ahora, dos personas sí pueden disfrutar de intereses y preferencias compartidas, sin embargo es importante tener presente que todos tenemos nuestras propias historias, experiencias, sesgos, diferencias basadas en el género y las fisiologías. Todos los individuos son únicos. Es por esto que a pesar de que cuando buscamos un compañero de vida hacemos lo necesario para encontrar a alguien que no sea muy diferente a nosotros, la realidad es que siempre será muy diferente, siempre *habrá* incompatibilidades.

Estas incompatibilidades requerirán ajustes y cambios.

En un estudio realizado por el Proyecto Nacional sobre el Matrimonio, se les preguntó a los jóvenes adultos qué entendían por la palabra *compatible*. El factor número uno para los hombres era alguien que estaba dispuesto a «aceptarlos como son y no tratar de cambiarlos.»[2] Esto sugeriría que un matrimonio compatible no debe requerir ningún cambio, ningún acomodamiento al otro y ningún crecimiento, ya que usted es perfectamente idóneo. Aunque el deseo de sentirse aceptado y adecuado es, hasta cierto punto, comprensible, la realidad es que cualquier relación íntima va a obligar al cambio en ambas partes. Cuando usted jura tomar a su pareja «en las buenas y en las malas» está aceptando no sólo los defectos de su pareja, sino también los cambios y las adaptaciones que le esperan. El cambio es inevitable en cualquier relación verdaderamente íntima.

Un concepto que se ha esparcido mucho en nuestra cultura es el del «alma gemela.» Al considerar a un compañero de vida, usted tiende a buscar a esa persona en el mundo que está diseñada exclusivamente para usted, que puede reflejar perfectamente sus pensamientos, sentimientos, y necesidades. Usted asume que hay alguien allá fuera que es perfecto para usted y si lo busca con mucho cuidado y se toma el tiempo suficiente, está destinado a encontrarlo. Una vez que usted encuentre a esa persona, se «ajustará» de manera perfecta en su vida, será alguien que traerá satisfacción a sus necesidades, le apoyará en sus metas y requerirá «bajo mantenimiento». Esta búsqueda de un alma gemela ha enredado a muchos en una búsqueda sin fin y en la insatisfacción marital.

Por un momento considere a mis clientes Amy y James. Ella creía que se había casado con su alma gemela y había asumido que una relación verdaderamente amorosa significaba que James estaría en sintonía con su necesidad de tiempo con él. Cuando el trabajo se hizo más exigente para James, Amy esperaba que él notaría su paciencia y que haría un esfuerzo especial para entablar una noche de citas. Cuando él no reconoció el sacrificio de ella ni planificó tiempo juntos, Amy expresó su insatisfacción con una crítica punzante o con distancia arisca. Su alma gemela no estaba leyendo los pensamientos, lo cual ella interpretó como una señal de amor menguante. La búsqueda del compañero perfectamente compatible le llevó a la desilusión cuando descubrió que se había casado con un ser humano defectuoso que *la* decepcionaría.

Las expectativas idealizadas pueden comenzar desde la planificación de la boda en sí y también pueden preparar a la pareja para la desilusión. Ahora más que nunca, la industria de bodas de 55.000 millones de dólares se aprovecha de las fantasías de la felicidad de una novia, y cuanto más dinero gaste, mejor. Un estudio realizado por el popular sitio web de planificación de bodas *The Knot* encontró que el costo promedio de una boda en los Estados Unidos en 2014 fue de $ 31.213.[3] Las novias compran la idea de que deben celebrar una boda extravagante que refleje su sentido personal del estilo, con cosas como comisionar artistas para pintar un telón de fondo personalizado para la ceremonia o la contratación de consultores de medios sociales para asegurarse de que las fotos se publican y son etiquetadas con precisión. El significado del día puede perderse por la preocupación de planificar el día.

La boda es un día importante, pero es sólo un día. Como las novias (y los novios, aunque en menor grado) se encuentran atrapadas en la creación de su día perfecto, se centran menos en la preparación de los aspectos relacionales, emocionales y espirituales de su matrimonio. El asesoramiento prematrimonial puede haberle ayudado a anticipar algunos de estos aspectos cruciales; después de todo, cada boda es seguida por un matrimonio. La idealización alrededor de la boda a menudo hace que las parejas pasen por alto importantes cuestiones relacionales, que inevitablemente surgen a medida que la vida real vuelve. Aunque el día de la boda probablemente haya pasado, la temporada de planificación podría haber iniciado algunos patrones tempranos de expectativa y desilusión, que pueden necesitar ser abordados.

Las expectativas idealistas implican más que un pensamiento poco realista sobre encontrar al compañero perfecto y planificar el día perfecto. El concepto de «alma gemela» también sugiere que una vez que encuentre a esta persona estará tan conectado, tan capaz de reflejar el uno al otro, que habrá poco o ningún conflicto.

La mayoría de las personas, cuando se casan, tienen un entendimiento de que tendrán algunos desacuerdos, pero no pueden imaginar tener niveles de conflicto que lleguen a amenazar la relación. La mayor parte de personas confía en que, por ser tan idóneos el uno con el otro, evitarán los conflictos realmente graves que experimentaron sus padres u otros que hayan conocido. Y si tienen problemas, se resolverán rápidamente.

Después de todo, en una época en donde la tecnología envía el mensaje de que la solución está a la distancia de la punta de sus dedos, la creencia es que las cosas deben mejorar rápidamente, incluyendo los problemas en el matrimonio. Las personas prefieren obtener una solución instantánea a tener que esperar y trabajar duro para llegar a la resolución. Cuando las dificultades no se remedian rápidamente, las parejas jóvenes a menudo asumen que su matrimonio está en problemas. Cuando las discusiones persisten, la idealización de que un matrimonio feliz es una zona libre de conflictos les hace creer que su matrimonio está fallando.

Cuando James y Amy entraron en mi oficina, sus idealizaciones sobre el matrimonio habían cobrado su parte. La imagen que ellos tenían sobre encontrar un alma gemela había empezado a desentrañarse, además los niveles de conflicto habían superado sus expectativas y la capacidad que tenían para hacerles frente. Ellos no se sentían preparados para enfrentar las dificultades que conlleva el trabajar en la vida real con una persona real. La idea errónea de que el matrimonio es más fácil de lo que realmente es los llevó a la desilusión temprana y a los pensamientos de salir de su matrimonio. Igualmente, el reto que ambos enfrentaron al navegar a través de las diferencias inherentes a dos diferentes crianzas contribuyó a sus dificultades.

La mezcla de dos historias familiares

Cuando uno se casa, se centra en la vida compartida que intenta construir juntos y entonces sus pensamientos se adueñan de las semejanzas y de cómo unir dos sueños en uno. Hay una tendencia a suprimir las diferencias con el fin de mantener vivo el sueño. Con el tiempo, a medida que se dan los malentendidos, las tensiones comienzan a incrementarse, lo cual es inevitable para dos personas cuyas perspectivas han sido moldeadas por diferentes orígenes familiares.

Mi cliente James dijo que venía de una familia que toleraba el desorden. Mientras su padre pudiera encontrar el control remoto de la televisión, se prestaba muy poca atención al orden en el hogar. Había expectativas mínimas de que los niños hicieran las tareas o incluso recogieran sus pertenencias. Por necesidad, James aprendió a lavar su propia ropa cuando tenía diez años, y nunca sabía cuál de sus padres le llevaría a la escuela o cuándo le iban a recoger.

En contraste, la madre de Amy era muy particular sobre la limpieza de la casa. A Amy y a su hermana se les dieron pautas claras sobre lo que se esperaba cuando realizaban sus tareas de limpieza de baños, lavado de platos, lavado de ropa y lavado de pisos. La madre esperaba que las muchachas mantuvieran limpias sus habitaciones en todo momento, y en la puerta del refrigerador se colocó una lista de las consecuencias para la tarea que no fuera hecha o en caso de encontrar el dormitorio desordenado.

Cuando James y Amy se casaron, alquilaron un apartamento y disfrutaron arreglándolo con nuevos hallazgos de IKEA. James trabajó como programador en alta tecnología, y Amy enseñó en la escuela primaria local. Amy usualmente llegaba a casa antes que James y disfrutaba de la limpieza y la organización de la casa. Inicialmente, James había disfrutado de la organización de Amy y sus esfuerzos por mantener el apartamento ordenado, pero finalmente, cuando las demandas de trabajo se volvieron significativas y se sentía agotado cuando llegaba casa, quería disfrutar de un ambiente más relajado, que incluía tirar sus objetos personales dondequiera que aterrizaran. Amy se irritó por esa flaqueza, y cuando sus intentos de corregir el comportamiento de James no fueron bien recibidos, recurrió a etiquetarlo como egoísta y descuidado.

Sus dos historias familiares les prepararon para una colisión de necesidades que se convirtió en una fuente de tensión diaria.

Cada pareja tiene que hacer ajustes en el matrimonio debido a las diferencias en los antecedentes familiares. Estas diferencias incluyen la forma en que se hacen las cosas, la prioridad que se le da a ciertos protocolos y las interpretaciones y significados variables asignados a palabras y comportamientos específicos.

Sean y Michelle, otra pareja joven que estaba entre mis clientes, estaban luchando para trabajar a través de las crianzas que tuvieron. Sean había crecido en una familia muy competitiva con dos hermanos atléticos. Cuando su padre los llevaba a la cancha de tenis, hacían ejercicios antes del tiempo de juego y luego competían para vencer al hermano mayor que les seguía.

Michelle había crecido como hija única y con poca experiencia de juego en equipo y mucha afirmación por sus habilidades para tocar el piano. Ella disfrutó de un juego ocasional de tenis, pero jugó principalmente por la conexión social y por diversión.

Cuando Sean le sugirió a Michelle: «Vamos a jugar al tenis», significaba algo muy diferente para cada uno de ellos. Sean esperaba un partido agresivamente jugado y la victoria final, mientras que Michelle buscaba la conexión. Ella se sintió intimidada por el espíritu competitivo de Sean. Esta diferencia de significado les llevó a no sólo abandonar el tenis, sino todos los demás deportes y juegos que podrían haber mejorado su disfrute mutuo. En resumen, cada pareja tiene desafíos que debe negociar con el fin de maximizar el disfrute mutuo entre sí y de la vida. Sin embargo, esto hace que el matrimonio sea un ajuste desafiante.

La autoprotección y el impacto de las heridas en la niñez

Quizás el obstáculo más difícil de superar, el que crea mayores aprietos para las parejas jóvenes, es el sistema de autoprotección que emplean los casados cuando se relacionan entre sí. Estos sistemas son muy difíciles porque uno no los reconoce fácilmente, pero son muy evidentes para el cónyuge. Mientras que las idealizaciones crean desilusión y las diferencias en los antecedentes familiares crean malentendidos y frustraciones, los sistemas de autoprotección en medio de la relación crean dolor y distancia en la pareja.

¿Recuerda a James? Creció en una familia donde las emociones eran vistas como débiles. Recuerda llorar cuando tenía cinco años porque su hermano robó su triciclo, y la respuesta de su padre fue: «Sigue así, y te daré algo por lo que llorar.» Su madre tampoco era emotiva; ella no invitó a James a expresar sus sentimientos o deseos. Entonces James aprendió desde el principio a reprimir sus emociones, y con el tiempo incluso aprendió a despreciarlas por completo. Aunque James fue un estudiante aplicado, eso le proporcionó una afirmación limitada por parte de sus padres. Si bien él era más atlético que su hermano, su talento llamó poco la atención de sus padres y estos eligieron no asistir a ninguno de sus juegos de fútbol de la escuela secundaria, ya que estaban ocupados «ganándose la vida», o eso le decían.

Amy creció con una madre cuyas expectativas eran difíciles de cumplir. El padre estaba muy consumido por su trabajo y a menudo no estaba disponible. Aunque Amy era una buena estudiante, recordaba la mirada de decepción en el rostro de su madre si no llevaba a casa todas las notas con una A. Amy tenía en la memoria que su madre estaba muy presente en la infancia, pero también muy estresada, no era el tipo de madre en la que un niño podría confiar fácilmente. Amy estuvo deseosa de que su padre mostrara más interés en pasar tiempo con ella y recuerda con una vívida claridad los pocos momentos especiales que compartieron juntos.

Tanto James como Amy tenían heridas de la niñez que estaban ocultas de su conciencia. El deseo de Amy de tener conversaciones significativas, de pasar tiempo regular con James, donde ella pudiese tener toda la atención de James, fue inicialmente bien recibido por él. Disfrutaba de ser deseado y también disfrutaba de la cálida respuesta de Amy cuando se concentraba en ella.

Pero no pasó mucho tiempo antes de que James comenzara a sentirse ahogado por el deseo de compañerismo que Amy expresaba, y así es que comenzó a verla como «necesitada». James no era consciente de su propia desconexión de sus sentimientos y se protegió al despreciar los sentimientos de Amy. Al crecer James en una familia emocionalmente desconectada, experimentó una gran incomodidad por el deseo de Amy de tener una conexión íntima. Su estilo autoprotector de relacionarse, bien afilado desde su juventud, lo llevó a rechazarla y buscar relaciones menos «exigentes» con amigos varones. Cuando James se sintió mal equipado para satisfacer las necesidades de Amy, invirtió su tiempo y esfuerzo en el único ambiente donde se sentía más capaz, el trabajo.

Mientras que las idealizaciones crean desilusión y las diferencias en los antecedentes familiares crean malentendidos y frustraciones, los sistemas de autoprotección en medio de la relación crean dolor y distancia en la pareja.

Amy tampoco estaba al tanto de la herida que estaba afectando las respuestas que tenía hacia a su marido. Durante el cortejo y las primeras etapas del matrimonio, Amy creyó que había encontrado a alguien especial que le daría la atención y afirmación que anhelaba. James disfrutaba sorprendiéndola con aventuras especiales como una cena de picnic en el parque con vista a la bahía y asientos en la primera fila del juego de fútbol profesional. Sin embargo, con el malabarismo de los dos trabajos y los fondos limitados, estas salidas llegaron a ser poco frecuentes. Al principio, Amy le daba señales a James con el fin de recordarle que planificara tiempo para estar juntos. En el último año, esos pequeños empujones habían escalado a explosiones reactivas. Las respuestas de Amy, detonadas por la esporádica atención recibida de su padre y la desaprobación de su madre, revelaron sus profundas heridas.

Ni James ni Amy eran conscientes de que las respuestas que le daban a su pareja tenían sus raíces en las experiencias infantiles. Ambos culpaban al otro. James acreditó sus evasiones debido a Amy y su «necesidad» y a su vez Amy justificó su reactividad por la negligencia de James. Ambos se sentían completamente justificados en sus posiciones arraigadas, pero estaban atascados. Sin una conciencia del dolor subyacente alimentando sus respuestas, eran incapaces de desarrollar compasión para sí mismos o para el otro, esto es algo sobre lo cual debían ser conscientes para poder librarse del callejón sin salida en el que estaban.

La fuerza que viene por el fuego

Es probable que el matrimonio sea la cosa más difícil que dos personas jamás emprendan, sin embargo también es la más gratificante. Debido a que es la relación más íntima de la vida, tiene el poder de evocar las emociones más profundas y exponer las vulnerabilidades más sensibles y delicadas.

Si usted tiene el coraje de examinar la huella que le ha dejado la forma en que lo criaron y la manera en que esto afecta las respuestas que usted le da a su pareja, estará eligiendo un camino que no sólo le va brindar profundidad en su autoconocimiento y consciencia, sino que también traerá compasión y comprensión a su matrimonio. Si ustedes son capaces de acercarse a las diferencias que existen entre sus antecedentes familiares como algo normal, incluso interesante, serán capaces de utilizar esas diferencias para mejorar la relación en lugar de obstaculizarla. Si pueden identificar las idealizaciones que han adoptado, que están creando insatisfacción, y liberarlas para que puedan abrazar a la verdadera pareja con la que se casaron, con todas sus imperfecciones, su felicidad matrimonial aumentará.

Al igual que se necesita el fuego para quemar las impurezas de una preciosa pepita de oro, un hermoso matrimonio requiere el calor de los retos para madurar y crecer en una relación más compasiva, amorosa y satisfactoria. A medida que la escoria de las expectativas idealizadas, la impugnación de las diferencias y los estilos autoprotectores de relación se exponen al calor, lo que emerge es algo inesperado: un tesoro brillante y sólido en el que puede verse a usted mismo, a su pareja y a su matrimonio en una nueva forma.

Sí, el matrimonio es difícil. Tomar dos individuos con sus propios hábitos, historias, creencias, preferencias, experiencias y heridas, y además añadir las presiones y tensiones de la vida, ya es difícil en el mejor de los casos. Creer que va a ser de manera diferente es prepararse para el fracaso. La buena noticia, no, en realidad la *gran* noticia, es que hay un cuadro mucho más grande. ¡El matrimonio tiene propósitos aún más altos de los que usted pueda incluso imaginarse! Y su imaginación, o sea, la forma en que piensa e imagina el matrimonio, es de vital importancia para cómo va a navegar por el camino que tiene por delante. En el próximo capítulo exploraré algunas nuevas formas de pensar sobre el matrimonio que le ayudarán a avanzar hacia ese impresionante y épico matrimonio que usted y su cónyuge anhelan.

Al igual que se necesita el fuego para quemar las impurezas de una preciosa pepita de oro, un hermoso matrimonio requiere el calor de los retos para madurar y crecer en una relación más compasiva, amorosa y satisfactoria.

Preguntas para discusión: Capítulo 1

Preguntas de grupo y pareja

1. ¿Cómo puede el ser «compatible» beneficiar a un matrimonio? ¿Cómo pueden los conceptos de compatibilidad ser perjudiciales para un matrimonio?

2. ¿Alguna vez ha pensado que tiene un «alma gemela» entre los más de siete mil millones de personas en el planeta? ¿Qué es tentador sobre este concepto? ¿Qué es lo peligroso acerca de tener este pensamiento de «alma gemela»?
3. Comparta tres maneras en que las diferencias en sus historias familiares crean retos para usted y su cónyuge.
4. ¿Había ideado expectativas cuando se casó por primera vez? ¿Cuáles eran? ¿Cuál fue su primera desilusión? ¿Tuvo la idea de que el matrimonio sería fácil? ¿Cómo es que Lucas 9:23 y Juan 16:33 desafían esa noción?
5. ¿Por qué cree que el matrimonio requiere un trabajo duro? ¿Qué dice 2 Corintios 4:17, Romanos 5:3 y Santiago 1:2-4 acerca del propósito de nuestras luchas?

Para la reflexión personal

1. Cuando se casó, ¿cuál era la imagen que tenía de cómo se ve un matrimonio feliz?
2. ¿Puede identificar cualquier expectativa que haya tenido que cause dificultad en su matrimonio? ¿Ha tenido alguna noción de compatibilidad o querer un «alma gemela» que haya causado decepción o insatisfacción en su relación?
3. ¿Es usted consciente de alguna manera de que su historia familiar haya contribuido a las formas de pensar o comportarse que han sido un desafío en su relación matrimonial?

2

Más allá de lo que imagina

Si quiere algo nuevo, tiene que dejar de hacer algo viejo.
Peter F. Drucker

La imaginación es ilimitada. La creatividad de los jóvenes empresarios y sus ideas ingeniosas son impresionantes. Considere estas invenciones recientes: un purificador de aire portátil, aplicaciones globales que proporcionan traducción multilingüe instantánea y pintura que convierte superficies lisas en tablas de borrado en seco. La generación de hoy está apareciendo con todo tipo de conceptos fuera de la caja para mejorar la vida de las personas y conectar el planeta.

En la ola de estos cambios innovadores, el concepto de seguir las reglas se ha vuelto obsoleto. Un joven milenial me dijo: «Las personas más exitosas son las que exploran y cuestionan todo. Nos hemos convertido en una generación de valores atípicos.» Lo que ha ocurrido antes es mucho menos convincente que encontrar y crear su propio camino. ¿Qué sucedería si toda esta innovación se aplicara a las relaciones? Especialmente a la relación más importante de su vida: el matrimonio.

Usted puede haber sido testigo de un matrimonio sin vida, uno en el que dos individuos simplemente se toleran porque parece que es lo más fácil económicamente; o tal vez ha observado un matrimonio en el que una pareja se siente restringida por las creencias sobre el matrimonio, pero carece de valor para invertir en el crecimiento y el cambio. También probablemente ha sido testigo de un matrimonio influenciado por las tendencias culturales, que sugieren que si el matrimonio no funciona para usted, salga y encuentre a alguien nuevo mientras todavía es joven y «está en el mercado.»

En lugar de solo resignarse a tener una relación insatisfactoria o abandonar la relación si se convierte en un desafío, ¿qué pasaría si hubiese una manera diferente de vivir el matrimonio?

Nuestra capacidad de disfrutar de la riqueza de la vida matrimonial y navegar las dificultades inherentes depende de cómo pensamos acerca del matrimonio. *¿Se supone que mi esposo me tiene que hacer feliz? ¿Tendré que renunciar a mi independencia para llevar a cabo este trabajo? Si tenemos diferencias, ¿eso significa que somos incompatibles? ¿Pienso en el matrimonio como un contrato revocable? ¿Cuáles son mis opciones si estoy infeliz?*

En lugar de solo resignarse a tener una relación insatisfactoria o abandonar la relación si se convierte en un desafío, ¿qué pasaría si hubiese una manera diferente de vivir el matrimonio?

¿Recuerda a James y Amy? Entraron en la vida matrimonial sintiéndose seguros de que su compromiso resistiría la prueba del tiempo, pero cuando entraron en terapia, esa creencia había sido sacudida.

James y Amy se dieron cuenta de que las tendencias de la cultura de sus pares podrían estar amenazando su relación. Los valores de éxito, comodidad de estilo de vida y logros personales habían tentado a James a perder su prioridad del tiempo con Amy. Amy quería ser feliz, y ella asumió que conseguir que sus necesidades fuesen satisfechas lograría ese objetivo.

Debido a que se casaron al final de la década de los veinte años, James y Amy habían disfrutado de una gran independencia antes del matrimonio. Una vez casados, encontraron que era difícil hacer sacrificios y tener en cuenta las necesidades del otro. Ellos se erizaron ante la idea de renunciar a sus caminos independientes para crear la unión de dos vidas.

Proteger la independencia, perseguir la novedad y buscar la realización personal son características de nuestra cultura actual. Cada una de estas representa un reto único para las parejas casadas, ya que una relación íntima requerirá dejar de lado, hasta cierto punto, estas tendencias.

Proteger la independencia, perseguir la novedad y buscar la realización personal son características de nuestra cultura actual. Cada una de estas representa un reto único para las parejas casadas, ya que una relación íntima requerirá dejar de lado, hasta cierto punto, estas tendencias.

Tuyo, mío y nuestro

Postergar el matrimonio es uno de los impactos de valorar la independencia y la realización personal. La mayoría de las parejas jóvenes quieren casarse, pero optan por esperar hasta tener carreras y estilos de vida establecidos. No quieren seleccionar un compañero de vida hasta que hayan explorado sus opciones. En la encuesta realizada a 256 jóvenes casados de la generación de los mileniales, el 31 por ciento indicó que habían vivido juntos antes de casarse, y de los que lo hicieron, el 36 por ciento indicó que lo habían hecho para probar la compatibilidad de la pareja, el cual fue el porcentaje más alto de cualquier razón dada.[4] (Para más resultados de la encuesta, véase el apéndice E.) Renunciar a la independencia es arriesgado. Al retrasar el matrimonio y probar las aguas, algunos esperan minimizar ese riesgo.

Esta postergación al iniciar una vida matrimonial afecta el pensamiento de una pareja, particularmente en las primeras etapas del matrimonio. En las generaciones anteriores, las parejas se casaban jóvenes y aprendían juntos cómo vivir la vida. Al igual que una empresa que inicia, en el pasado se tomaban todas las decisiones sobre las carreras, la familia y las finanzas estando las personas ya casadas. Al tener cada vez más parejas que se casan entre finales de los veinte y principios de los treinta años, el matrimonio se ha vuelto más como una empresa que resulta de una unión, en lugar de arrancar con una empresa juntos.[5]

Stacey y Matt se conocieron en un bar de deportes en San Francisco. Ambos eran fans de los Giants, y cada uno había llegado al bar con unos amigos. Matt fue atrapado inmediatamente con la energía y el rápido ingenio de Stacey; por otro lado, ella disfrutó de la atención que él le brindó. Así, ellos intercambiaron números de teléfono y salieron a cenar la semana siguiente Matt estaba impresionado con el rápido ascenso que Stacey estaba teniendo al convertirse en vicepresidenta de una corporación de planificación estratégica. Stacy era bien organizada, elocuente y dotada para prever los procesos necesarios y así lograr los objetivos de la empresa. Por su lado, Matt se había convertido recientemente en socio de una firma de abogados de bienes raíces, y Stacey apreció el seco sentido del humor y el conocimiento de los acontecimientos mundiales que Matt manifestaba.

Ellos salían esporádicamente. Stacey viajaba por el trabajo, y Matt seguía involucrado con otra joven mujer. A medida que su relación se hacía más seria, Stacey asumió que el afecto de Matt hacia ella no estaba dividido. Matt sabía que tenía que decir adiós a su otra novia, pero no quería hacerle daño. También quería saber si Stacey era una «cosa segura» antes de tomar una decisión. Sin embargo, la ambivalencia de Matt causó una gran explosión con Stacey. Él no quería perderla, así que renunció a la otra relación cuando Stacey se enteró sobre la misma.

Después de seis meses de verse de manera exclusiva, Matt y Stacey decidieron mudarse juntos. Ambos habían construido sus propias vidas, habían amueblado sus propios apartamentos y habían perseguido sus propios intereses. A ellos les pareció un reto combinar sus vidas separadas.

Las peleas comenzaron pronto al discutir sobre a cuál apartamento se mudarían y qué conjunto de muebles permanecería. Compartían el territorio de su búsqueda para construir una vida satisfactoria de manera individual, y ninguno quería renunciar a sus trofeos.

Matt y Stacey valoraban la independencia personal. Cada uno de ellos había desarrollado una red social y esperaba que el otro se fusionara en su grupo. Al decidir qué amigos serían incluidos en su calendario social, Matt y Stacey con frecuencia se separaban para sostener relaciones ya cultivadas.

Matt había cumplido su sueño de una carrera gratificante y esperaba completarla con una esposa atractiva y consumada. Stacey había trabajado duro para construir su vida. Ella buscó la satisfacción en la relación, pero le fue difícil hacer concesiones. Ambos percibieron el sacrificar sus propias necesidades como una disminución de su libertad.

Un año después de mudarse juntos, Matt y Stacey decidieron casarse. Ellos querían un hijo y sentían que era «tiempo». Tuvieron una boda extravagante en una bodega en Napa. La dificultad que tenían para fusionar sus vidas fue evidente durante la planificación de la boda, de lo cual hablaré más adelante.

En un joven matrimonio que está iniciando, cada uno trae lo que tiene y lo arroja a la olla para crear un futuro sueño juntos. No hay acuerdos prenupciales aquí. Ambos están juntos. El futuro es incierto, pero construyen la vida juntos desde cero.

Aquellos que se casan a finales de sus veinte o treinta años de vida pueden experimentar los desafíos más difíciles parecidos al ejemplo de la unión de dos empresas independientes que se unen para formar una sola. Ambos están preocupados por identificar y proteger lo que aportan a la relación. La unión está llena de decisiones sobre las mejores maneras de crear una unión racionalizada.

Para complicar aún más las cosas, usted y su pareja pueden tener expectativas silenciosas, cada uno de ustedes asumiendo que el otro compañero se adapte a usted y a sus necesidades.

Si usted está en un matrimonio con las características de dos empresas que se unen, considere la posibilidad de crear nuevos comienzos juntos. En el caso de Matt y Stacey, podrían haber decidido encontrar un nuevo apartamento y que cada uno llevara unos pocos artículos sin los cuales no pudiera vivir. Ellos pudieron haberse incluido mutuamente en sus decisiones y explorar el desarrollo de nuevas tradiciones como pareja.

Reestructurar su pensamiento para abrazar una vida compartida implicará que usted tenga que «estirarse» y adaptarse, pero también le dará oportunidades para crear algo nuevo e innovador.

La libertad frente a la restricción

Para la mayoría de los jóvenes, es esencial y altamente valorado tener alternativas. Tal vez la tecnología ha influido en el pensamiento de hoy con respecto al matrimonio. Debido a que se tiene acceso instantáneo a la información, los productos de consumo y las aplicaciones de todas las variedades, las opciones parecen interminables. La idea de estar limitado a una decisión o tener opciones restringidas, particularmente por alguna norma cultural o religiosa, es descartada. El riesgo de tomar una mala decisión se mitiga por la posibilidad de poder hacer una elección diferente en el futuro. Sin embargo, el mantener las opciones abiertas, aunque pareciera que aplaca la aversión que uno pueda tener al riesgo, puede llevar consigo un alto grado de ansiedad e infelicidad.

Algunos jóvenes abandonarán el matrimonio si este no logra satisfacer sus necesidades o expectativas. Para ellos, la lealtad se basa en la satisfacción. *Siempre y cuando mis necesidades sean satisfechas, estoy dentro; si no, ¡me salgo!*

Las restricciones externas (votos de compromiso, el bienestar de los niños, el honor de la institución misma) mantienen a muchos matrimonios tradicionales juntos. Pero esas cosas tienen menos poder para sostener a una joven pareja que está luchando por mantenerse unida, cuando abandonar el barco parece ser más fácil.

En una charla de TED sobre «La sorprendente ciencia de la felicidad,» el psicólogo de Harvard, Dan Gilbert, declaró que hoy estamos muy concentrados en proteger nuestra libertad y en desechar cualquier cosa que pudiera restringirla.[6] Definió la libertad como «la capacidad de decidir y de cambiar de idea.» No nos gusta tener ninguna restricción que pueda limitar nuestra capacidad de elegir. Si cometemos un error, queremos la oportunidad de reducir nuestras pérdidas y tomar un nuevo rumbo.

Para ilustrar su punto de vista, Dan compartió un estudio que había realizado en la Universidad de Harvard: el estudio midió la felicidad en lo que se refiere a la libertad. Él dio una clase de fotografía en la que se les pidió a los estudiantes que tomaran fotografías de aspectos significativos de sus vidas en Harvard, los estudiantes tenían que utilizar cámaras antiguas, las que utilizan película. Luego los estudiantes trajeron los negativos de las fotos y se les enseñó cómo usar un cuarto oscuro. Dan les instruyó para agrandar dos de sus fotos favoritas y llevarlas a clase al día siguiente. Cuando los estudiantes trajeron las fotografías, Dan les indicó que dejaran de lado una de ellas; así, los estudiantes tuvieron que elegir entre sus dos imágenes favoritas.

Los estudiantes fueron divididos en dos grupos. A un grupo se le dijo que la decisión era irreversible; una vez que dejaran una fotografía, no podían cambiar de idea. Al otro grupo se le dijo que tenían cuatro días para cambiar de idea. Luego se les pidió a algunos estudiantes de cada grupo que hicieran una predicción. ¿Cuánto les iría a gustar la imagen que seleccionaron en comparación con la imagen que dejaron? Ambos grupos de estudiantes esperaban que les gustaran las fotos que habían seleccionado más que las que habían dejado de lado.

Pero lo que realmente encontraron fue que a los estudiantes que no podían cambiar de opinión les gustó la imagen que habían seleccionado mucho más. En cambio, a los estudiantes que tenían la opción de cambiar de opinión, *no* les gustaba la foto que habían elegido. Días después de la fecha límite, permanecieron infelices con las imágenes que seleccionaron, sin importar si las habían intercambiado durante el período de gracia de cuatro días.

La conclusión del estudio fue que, aunque la mayoría de los estudiantes preferirían tener la libertad de cambiar de opinión, la libertad de mantener sus opciones abiertas les dejó ambivalentes e insatisfechos. Una vez que tomaron la decisión y las otras opciones estaban fuera de la mesa, los estudiantes llegaron a aceptar y apreciar sus opciones y fueron mucho más felices. Aunque tener opciones revocables sonaba bien, tomar una decisión deliberada e irreversible llevó a mayores grados de satisfacción.

Estos resultados tienen algunas aplicaciones interesantes en el matrimonio. Si se ve como una decisión reversible, un contrato revocable, es probable que veamos las imperfecciones de nuestro compañero bajo una luz exagerada e idealicemos más de la cuenta otras opciones. A medida que nos sentimos insatisfechos con nuestra elección actual, las alternativas se vuelven atractivas de modo poco realista. Por otro lado, si vemos el matrimonio como una decisión irreversible, aceptamos nuestra elección y trabajamos en las implicaciones de esa elección, en última instancia podemos experimentar niveles más profundos de satisfacción.

¿Es posible que la «libertad» de mantener nuestras opciones abiertas conduzca a la ambivalencia, a la duda de uno mismo, a la ansiedad y finalmente a la infelicidad? Tal vez el compromiso, específicamente el compromiso en el matrimonio, no es tan malo después de todo.

La realización personal frente a la realización de una vida compartida

Todos deseamos sentirnos llenos de alegría, satisfacción y amor. Anhelamos importar, hacer una diferencia en el mundo, tener un impacto en los que nos rodean. El llevar una vida bien vivida y satisfactoria es importante.

La realización personal significa diferentes cosas para diferentes personas. Para algunos, significa lograr una meta en particular, hacer una contribución significativa o alcanzar con éxito todo el potencial. Para otros significa ganar un cierto status, vivir un estilo de vida lujoso, o satisfacer un deseo profundo.

En la película clásica de Navidad *Qué bello es vivir* el personaje principal, George, tiene una idea de lo que le daría realización. Cansado de vivir en una pequeña ciudad, hace planes para ver el mundo. Cuando se enamora de una chica local, se siente frustrado por la probabilidad de que tenga que abandonar su sueño y establecerse. Pero el amor prevalece, y se casan. En el camino a la luna de miel, el padre de George muere. George hereda la responsabilidad de dirigir el negocio bancario que su padre poseía, lo que parece ser otro golpe a su sueño. Cuando su tío pierde una cantidad significativa de los fondos de la compañía, George cae en la desesperación. Mientras está listo para saltar de un puente para terminar su vida, un ángel lo intercepta y le muestra el significado de la vida que ha vivido.

La belleza de la película está en lo que George se da cuenta al final. Mientras soñaba con los viajes alrededor del mundo y las posesiones materiales, él había perdido la realización, aún mucho más profunda, de las relaciones sustentadas en el amor. Mientras contemplaba su vida como un fracaso, sus fieles amigos estaban recaudando fondos para sufragar la pérdida financiera que él había tenido. Al final, George se da cuenta del gran tesoro que poseía de la vida que había compartido.

En última instancia, así como George lo descubrió, un enfoque en la realización personal puede privarnos del amor que anhelamos. El autor Tim Keller describe el matrimonio basado en la realización personal como aquel que «requerirá de un socio de bajo o ningún mantenimiento que satisfaga sus necesidades mientras que casi no le pide nada usted.»[7] La prioridad de la relación está en lo que puede hacer por usted. ¿Esto le suena como una receta para un matrimonio verdaderamente amoroso?

Para disfrutar de una alianza íntima, usted tendrá que hacer espacio para las necesidades y deseos de su pareja, y esto a veces entrará en conflicto con sus necesidades y deseos. Para hacer que el matrimonio funcione, usted necesitará aprender a dar, a aplazar, a comprometer, a rendir, y su pareja tendrá que hacer lo mismo.

Muchos jóvenes creen que no deberían tener que hacer concesiones en sus sueños cuando se casan. Matt y Stacey tenían ideas fuertes sobre cuáles eran sus estrategias personales para la realización, y aunque una relación íntima era importante para ellos, no querían subordinar los sueños en los que habían invertido.

Cuando los ayudé a investigar más a fondo, quedó claro que cada una de sus identidades había estado envuelta en lo que habían logrado. Matt había crecido en una casa con un padre muy crítico que nunca dudó en señalar que Matt no podía hacer nada bien. Por otro lado, Stacey creció en una casa donde no se esperaba que las niñas fueran mucho. Para ambos, sus carreras eran un terreno donde se demostraban a ellos mismos lo que podían lograr y un recordatorio diario de que eran valiosos.

Nuestro enfoque inicial en la terapia fue ayudarlos a expresar sus sentimientos de una manera que no atacaran o degradaran al otro. En el transcurso de unos meses, aprendieron a tener una conversación muy diferente. Ellos fueron capaces de frenar sus interacciones e identificar los sentimientos subyacentes a sus posiciones en rivalidad. Juntos, llevamos a la superficie el dolor que alimentó la insistencia en su propia realización, y cada uno fue capaz de encontrar compasión por el anhelo del otro de nunca más sentirse insignificante o sin amor. Comenzaron a experimentar la alegría de la satisfacción que se encuentra en la relación.

En lugar de competir por ser la prioridad, usted puede, en amor, apoyar los dones y sueños de su cónyuge. Matt finalmente fue capaz de invitar a Stacey a compartir su corazón sobre lo que era realmente importante para ella en su carrera y buscó maneras de ofrecerle su apoyo tangible. A medida que Stacey fue capaz de experimentar el apoyo de Matt, ya no se sentía obligada a demostrar quién era y qué podía lograr, y entonces fue capaz de mostrar más interés en los deseos y sueños de Matt. A medida que se suavizaban, cada uno de ellos se sentía más conectado y dichoso. La vida compartida que habían soñado empezaba a hacerse una realidad.

La búsqueda de la felicidad

Antes de casarse, ¿esperaba que el matrimonio le haría feliz? La mayoría de la gente cree que sus vidas en matrimonio serán mejores que cuando estaban solteros porque sus compañeros proveerán el compañerismo emocional y físico que anhelan, las personas esperan de alguna manera que un cónyuge los complete. En resumen, esperan que sus compañeros los hagan felices.

Hay dos problemas con esta perspectiva. (1) La persona con la que usted se casa es imperfecta y está destinada a decepcionarle. (2) El foco está en *usted*. El matrimonio es mucho más grande que usted. Incluye el bienestar de su pareja y tiene su propia dinámica creativa que puede transformar a ambos en mejores personas y mejores amantes.

Nuestra imagen de la felicidad es a menudo demasiado pequeña y miope. Los estudios han revelado constantemente que la felicidad no es algo que se encuentra como el queso al final de un laberinto, tampoco es un tesoro difícil de alcanzar, siempre moviéndose a sólo unos centímetros de su alcance. La felicidad tampoco es tener la libertad para elegir el futuro, ni siquiera se trata sobre las circunstancias de su vida.

La Universidad de California-Berkeley ofrece un curso en línea llamado «La Ciencia de la Felicidad.» Más de cincuenta mil personas han tomado el curso desde el 1 de enero de 2015, la mayoría de estas personas son de la generación de los mileniales (de dieciocho a treinta y tres años). Este grupo en particular está intensamente atraído por la búsqueda de la felicidad y cómo lograrla.

Una de las instructoras, la neurocientífica Emiliana Simon-Thomas, declaró: «Las personas están hambrientas de la ciencia de la felicidad, porque se han golpeado con una pared en la que han obtenido todas las cosas que pensaban que les harían felices, y se encontraron aún desilusionados.» [8]¿Se siente identificado con esto? Algunas personas creen que la felicidad es la ausencia de dificultades, dolor o conflicto. Otros asocian la felicidad con el éxito material. Muchos piensan que la felicidad está ligada a mantener sus opciones abiertas y a la libertad de elegir.

Sin embargo, la felicidad no se trata de ninguna de estas cosas. Como concluye el curso, la felicidad se trata de la conexión humana, la aceptación de la vida y las circunstancias, la generosidad, el agradecimiento y compromiso con algo más grande que usted.

¿Qué tiene que ver esto con el matrimonio? Todo. El matrimonio se trata de *conexión humana* en los niveles más profundos. En el matrimonio, usted va más allá de la fachada que le muestra al mundo exterior y expone toda su cruda belleza y peculiar idiosincrasia. Su compañero tiene peculiaridades y defectos también. Si van a crecer como pareja, tienen que *aceptarse* mutuamente. Para aceptar a su pareja plenamente tendrá que ser *generoso* y perdonar, incluso cuando esas cosas son inconvenientes. En una relación creciente, tendrá innumerables oportunidades para estar *agradecido* por su pareja. Y juntos, en esta gran aventura del matrimonio, ustedes se están *comprometiendo* con algo mucho más grande que ustedes mismos.

El matrimonio le proporciona el potencial para la felicidad, pero la forma en que piensa acerca del matrimonio tiene un fuerte impacto en si lo experimentará o no. Si usted piensa que su compañero es el responsable de su felicidad, sus expectativas decepcionadas pueden hacer que usted se proteja y se desconecte de las mismas. Si no puede aceptar las diferencias de su pareja, responderá negativamente cuando salgan a la superficie. Usted será incapaz de ser generoso con los defectos de su pareja o incapaz de estar agradecido por las contribuciones positivas y atributos. Cuando tiene una mentalidad negativa en el matrimonio, usted tiende a centrarse demasiado en lo que está mal, además pierde la capacidad de mirar más allá de ustedes mismos a algo que es más grande que ustedes mismos.

Muchas parejas se enfrentan a la desesperación en sus matrimonios. No ven que haya algún remedio a los desafíos que están enfrentado y caen en espirales de interacción dañinas. En la mayoría de los casos, estas parejas pueden recuperarse de sus dificultades, redescubrir el amor por sus compañeros y experimentar alegría. Sin embargo, algunos optan por poner fin a sus matrimonios, una decisión que no garantiza la felicidad. La mayoría admite que nunca anticipó las dolorosas consecuencias de terminar la unión.

La forma en que piensa acerca del matrimonio en estos tiempos de dificultad es crítica. Cuando mi esposo y yo estábamos en una época profundamente difícil de nuestro matrimonio, seguimos casados únicamente por nuestro compromiso con algo más grande que nosotros mismos. Cuando nos casamos, creíamos que entramos en algo sagrado, algo más grande que nosotros dos. Debido a nuestra creencia de que Dios nos ama completamente e incondicionalmente (mientras nuestro compañero sólo puede amarnos imperfectamente) y ha prometido actuar en nosotros y, por lo tanto, en nuestro matrimonio,[9] hemos sido capaces de soportar las temporadas duras.

Con el tiempo, empezamos a vernos a nosotros mismos, y el uno al otro, a la luz del generoso amor de Dios por nosotros. Llegamos a darnos cuenta de que la intención de Dios para nosotros no era sólo permanecer casados, sino experimentar la riqueza que proviene de resistir los tiempos difíciles juntos.

La felicidad no es algo que se persigue, no se puede alcanzar. Es el fruto de un corazón abierto y la voluntad de aceptar los desafíos de su vida. Si usted sabe que Dios lo apoya y tiene la intención de traerle alegría, usted puede estar agradecido mientras Él está ocupado trabajando de maneras que usted no puede ver.

Más de lo que imaginó

Para experimentar sus máximas posibilidades maritales, se necesitan dos cosas. La primera es cambiar su forma de pensar sobre el matrimonio. Si usted cree que su pareja debe hacerle feliz, probablemente será miserable. Si ve las diferencias entre usted y su pareja como un signo de incompatibilidad, es probable que se dé la vuelta y huya. Si usted está seguro de que la realización personal le traerá satisfacción, se perderá la alegría de tener un matrimonio donde se comparte y hay apoyo mutuo. Si valora proteger su libertad personal más que aprender a amar, perderá la alegría de la conexión íntima.

La segunda necesidad que existe es la de cambiar su perspectiva sobre quién es el culpable de los problemas en el matrimonio. La mayoría de las parejas que vienen a la terapia marital ven a su pareja como el problema. A menudo las parejas son incapaces o no están dispuestas a ver cómo contribuyen ellas mismas a los problemas del matrimonio. Cada cual guarda su posición como general en guerra. Subyacente a su postura intratable se encuentra el miedo, ese temor de ser lastimados si dejan sus defensas abajo, el miedo a la vulnerabilidad si admiten una necesidad de cambio.

La realidad es que la mayoría de los problemas en el matrimonio se crean entre la pareja. Aunque cada cónyuge prefiere culpar al otro, es la dinámica de la relación la que sostiene el callejón sin salida. El pensamiento de cada uno, y la forma en que responden basados en su pensamiento, es el combustible de esa dinámica.

Cuando Seth y Amber entraron en mi oficina, su nivel de tensión era eléctrico. Después de presentarse, les invité a describir su razón para venir. Con un vistazo, Seth se aferró a Amber para que describiera cuál era la dificultad.

«No confío en él», dijo. «Él quiere que yo sea cariñosa y juguetona, pero en el momento en que no consigue lo que quiere, o digo algo que no le gusta, entra en erupción de ira. Me asusta. Sólo quiero irme.»

«Siempre te vas», dijo Seth. «Eres demasiado sensible. Si me molesto un poco, te desarmas.»

«Tú también te habrías deshecho si pudieras ver tu cara», contestó Amber. «También asusta a los niños.»

«Ahí tienes, escondiéndote detrás de los niños», dijo Seth. Nunca se han quejado conmigo.

«No se atreverían», dijo Amber.

«Ella siempre está haciendo una gran cosa de la nada», dijo Seth. «Ella es la que tiene el problema. Ella vuelve a los niños contra mí».

Después de varias semanas en terapia, era evidente que Seth tenía un problema de ira. Nunca había golpeado a Amber o a los niños, pero había atacado verbalmente a su esposa en varias ocasiones. Discutimos lo que podía hacer cuando se produjeran esos estallidos. Con un plan de seguridad ya implementado, continuamos trabajando en sus interacciones.

Estaba claro que Seth culpaba a Amber de sus dificultades. Él la veía como exagerada y socavando. Amber, a su vez, culpaba a Seth, ella veía la ira de él como la fuente de sus problemas.

Amber compartió que había estado ansiosa desde que era una niña, pero había empezado a tener ataques de pánico hacía cuatro meses. Seis meses atrás, Seth se había vuelto exigente acerca de tener relaciones sexuales con más frecuencia. Finalmente, Amber salió del dormitorio y empezó a dormir en el cuarto de estar.

«Me sentí culpable por eso», dijo, «pero parecía que era lo único que podía hacer. Había mucha tensión y no estaba durmiendo bien.»

«¿Cómo te sentiste sobre eso, Seth?», le pregunté.

«Me sentía rechazado y sin esperanza.»

«Se enfadó y dijo cosas bastante crueles», dijo Amber.

«No fueron crueles», dijo Seth. «Yo estaba muy frustrado.»

Seth no estaba preparado para asumir la responsabilidad de los comentarios que hacía y se sentía impotente para cambiar la situación. Fue entonces que decidí introducir un cambio de enfoque.

«Si te despertaras una mañana y tu matrimonio hubiera

cambiado completamente de la noche a la mañana, convirtiéndose en la relación que siempre has deseado, ¿qué es lo primero que verías?» le pregunté.

«La tensión desaparecería. Amber querría estar cerca de mí».

«Y si tuvieras el poder de hacer que eso sucediera, ¿lo harías?»

«Claro que sí.»

La voluntad de Seth de participar en el cambio era un signo esperanzador.

Pasamos el mes siguiente explorando la historia familiar y el desarrollo de sus patrones relacionales. Seth había venido de una casa con un papá enojado y crítico que lo avergonzaba por su falta de destreza atlética. Siendo muy joven, Seth desarrolló su defensa autoprotectora de la ira. Cuando Amber se alejó de él, sintió miedo y vergüenza, lo que provocó su respuesta de enojo.

La madre de Amber había estado demasiado ansiosa. Había microgestionado muchos aspectos de la vida de Amber. En una ocasión, sin ninguna razón válida de preocupación, temía que Amber hubiera sido secuestrada en su camino a la escuela. Condujo hasta la escuela, la sacó de clase y la trajo a casa. Este y otros incidentes vergonzosos, junto con el nivel crónico de reactividad de su madre, llevaron a Amber a protegerse de las interacciones emocionales cargadas.

Mientras Seth y Amber escuchaban las historias de cada uno, ambos comenzaron a tener más compasión de uno hacia el otro. Cada cual había aprendido sobre los comportamientos de las familias de donde provenían que se estaban desarrollando en su relación. Amber vio cómo su alejamiento provocó temor y vergüenza en Seth. Seth vio cómo su ira desencadenaba ansiedad en Amber. Con el tiempo, fueron capaces de asumir la responsabilidad de sus patrones de comportamiento y obtener herramientas para comunicar sus necesidades de manera diferente. El problema ya no era sólo culpa del otro.

En el último día de la terapia, Amber compartió con entusiasmo los resultados de su trabajo. «Seth me ha dejado a mí tener la iniciativa en el sexo, y estoy descubriendo que estoy más interesada.»

Le lanzó a Seth una sonrisa cariñosa.

«Me he dado cuenta de que Amber ha estado ansiosa por muchas cosas», añadió Seth, «así que quería aliviarla de tener que sentirse presionada en la cama. Me siento mal de haber hecho de nuestra cama un lugar tan inseguro para ella, durante tanto tiempo. Nunca hice la conexión entre mi ira y el nerviosismo y desconfianza de ella.»

«Él es un buen chico», dijo Amber, mientras le daba un empujoncito con el hombro a su esposo. «No estoy segura de cómo perdimos nuestro camino, pero no quiero volver a ese punto.»

«Eso no sucederá», dijo Seth, «ahora somos diferentes.»

• • •

Su matrimonio puede ser más satisfactorio de lo que nunca haya imaginado si tiene el valor de afrontar las formas en que usted contribuye a las dificultades y reflexiona sobre algunas de sus suposiciones. Seth y Amber se dieron cuenta de los patrones que estaban destruyendo su relación. Ellos reconocieron que su matrimonio no era sólo para satisfacer las necesidades personales. Al utilizar las habilidades que se discuten en los capítulos 4-9, ellos fueron capaces de acercarse el uno al otro con más compasión y así satisfacer las necesidades del otro, de maneras en que ellos no pudieron anticipar. Empezaron a pensar diferente sobre su relación.

Para tener un gran matrimonio, usted tiene que ser diferente a la masa. No puede asumir la norma cultural que dice que el compromiso debe evitarse porque reduce las opciones y es necesario mantenerlas abiertas. Ese pensamiento nunca proporcionará la seguridad necesaria para una relación íntima y vulnerable.

Tampoco puede suponer que su pareja debe hacerle feliz y, si no lo hace, está bien dejar a la persona. Esa mentalidad le pondrá en un camino de numerosas relaciones superficiales.

La Biblia tiene un abordaje interesante del matrimonio. Se refiere al matrimonio como una aventura amorosa apasionada en la que dos personas egocéntricas (que seríamos todos nosotros) aprenden a amarse y refinarse en el proceso.[10] Bajo este punto de vista, el matrimonio es una forma increíblemente innovadora de tomar a dos personas y a su relación y crear algo nuevo.

Si deja que su pensamiento sea transformado, dejando de lado manera egocéntricas de mirar las cosas y acercándose a formas extraordinarias de amar, algo nuevo e innovador puede estar justo a la vuelta de la esquina.

Preguntas para discusión: Capítulo 2

Preguntas de grupo y pareja

1. ¿Empezó su vida matrimonial como un matrimonio que arranca de cero o como un matrimonio parecido a dos empresas independientes que se unen? ¿Cuáles fueron los desafíos que enfrentó desde el principio? ¿Ha sido capaz de navegar los desafíos para unir efectivamente sus fuerzas?

2. La conclusión del estudio «La sorprendente ciencia de la felicidad» fue que, aunque la mayoría de los estudiantes prefirieron tener la libertad de cambiar de opinión, la libertad de mantener sus opciones abiertas les dejó ambivalentes e insatisfechos. Una vez que sus decisiones fueron tomadas y las opciones estaban fuera de la mesa, llegaron a aceptar y apreciar sus opciones y fueron mucho más felices. ¿Le sorprendieron estos hallazgos? ¿Cómo cree que esto podría aplicarse al matrimonio?

3. ¿De qué manera cada uno ha tenido que renunciar a alguna medida de independencia para dar prioridad a su relación? ¿Qué ha sido más difícil sobre renunciar a esa independencia? ¿Qué puede ser un buen equilibrio entre la independencia y la conexión? ¿Qué dice Filipenses 2:3-11 acerca de la

realización personal?

4. ¿Han tenido usted o su cónyuge que renunciar o comprometer alguno de sus sueños personales para construir una vida compartida? ¿Cuáles han sido los desafíos y beneficios de hacerlo?

5. Lea 1 Juan 4:9-12, Filipenses 4:12-13, 2 Corintios 8:7, 1 Tesalonicenses 5:18 y 1 Crónicas 22:19. ¿Cómo sugieren estos versículos que podemos experimentar alegría en nuestras relaciones, especialmente en el matrimonio? ¿Cómo nos urgen hacia la conexión humana, la aceptación de nuestra vida y circunstancias, la generosidad, la gratitud y un compromiso con algo más grande que nosotros mismos?

Para la reflexión personal

1. ¿Cree usted que su cónyuge debe hacerle feliz? ¿Por qué o por qué no?

2. ¿Le costó tener que renunciar a algo de su independencia personal cuando se casó? ¿Tiene algún resentimiento hacia su cónyuge por los compromisos que ha tenido que hacer para dar prioridad a su relación?

3. ¿Ha estado viendo su matrimonio como un contrato revocable con opciones para salir si sus necesidades no se cumplen? Si es así, ¿cómo cree que este punto de vista podría afectar los sentimientos de seguridad y confianza entre ustedes?

4. ¿Está usted de acuerdo en que la felicidad se trata de la conexión humana, la aceptación de su vida y circunstancias, la generosidad, el agradecimiento y un compromiso con algo más grande que usted mismo? ¿Cómo ofrece el matrimonio oportunidades únicas para experimentar cada uno de estos aspectos?

3

Por qué vale la pena el matrimonio

> El origen del amor radica en la voluntad que se tiene para dejar que los que amamos sean perfectamente ellos mismos; ese amor manifiesto es la resolución de no torcerlos para que se ajusten a nuestra propia imagen. Si al amarlos no amamos lo que son, sino sólo su potencial semejanza con nosotros mismos, entonces no los amamos: sólo amamos el reflejo de nosotros mismos que encontramos en ellos.
>
> Thomas Merton

Si usted está en la agonía de una relación marital difícil, es probable que se haya preguntado: *¿Vale la pena el matrimonio?* ¿Conducirá toda esta infelicidad a algo mejor, o debe salir de esa relación y evitar más dolor? Si decide quedarse, ¿hay esperanza para tener un futuro con una relación de mejor amigo? La incertidumbre de lo que está adelante parece avecinarse como una tormenta amenazante.

Claro, la vida matrimonial tiene sus beneficios, pero ¿son lo suficientemente convincentes como para hacer que le hagan permanecer ahí? Considere esto: un estudio de matrimonios insatisfechos conducido por el Instituto para los Valores Americanos demostró que no había *ninguna evidencia* de que la gente que estaba casada e insatisfecha estuviera mejor cuando se divorciaba que la gente que estaba casada y triste que permaneció casada. De hecho, dos tercios de los cónyuges casados y descontentos que se quedaron juntos, luego informaron que sus matrimonios eran felices cinco años más tarde.[11]

El investigador marital John Gottman señala los beneficios físicos de la vida matrimonial:

> Numerosos proyectos de investigación muestran que las parejas felizmente casadas tienen una tasa mucho menor de problemas físicos como presión arterial alta, enfermedades del corazón, ansiedad, depresión, psicosis, adicciones, etc. y viven cuatro años más que las personas que terminan sus matrimonios.[12]

Es más, según un estudio nacional, más de tres quintos de estadounidenses divorciados dicen que desearían que ellos o sus cónyuges hubieran trabajado más duro para salvar sus matrimonios.[13]

Estos son hallazgos impresionantes, pero ¿responden a la pregunta de por qué *su* matrimonio podría valer la pena el esfuerzo? ¿Por qué usted debería invertir energía, emociones y tiempo en un esfuerzo que parece agotar mucho más que alentar? ¿Por qué sostenerse del «en las buenas o en las malas»? ¿Por qué debería elegir soportar sin ninguna promesa de alivio? Es una pregunta importante que merece una reflexión seria.

La realidad es que el matrimonio es difícil. No hay un manual con todas las instrucciones del juego y no hay días libres. En su peor momento es la relación más desafiante que pueda tener, y en su mejor momento es la experiencia más profundamente gratificante de la vida. Expondrá sus heridas más profundas y exigirá su máximo altruismo. Expondrá sus defensas protectoras y le invitará a revelar sus vulnerabilidades más sensibles. No es equitativo o justo, sino un sube y baja siempre cambiante de dar y recibir.

No hay sistema de puntuación para medir cómo lo está haciendo. No hay seguro que pueda comprar para compensar el capital emocional que invierte y no hay ninguna póliza paraguas para protegerlo de las pérdidas. El matrimonio les proporciona a usted y a su cónyuge la oportunidad de verse el uno al otro en su mejor y en su peor momento. Y por esa razón, es la única relación en la vida que le da la mayor oportunidad de llegar a ser una persona que ama bien y es amada, con sus defectos e imperfecciones.

Hay una cosa segura

La vida es desordenada e impredecible. Justo cuando usted piensa que tiene todo en la mano, algo sucede: su cónyuge pierde su trabajo, un padre tiene cáncer, un amigo de toda la vida corta la relación, una mascota muere, su computadora portátil colapsa.

Esta generación ha conocido la incertidumbre financiera. La Gran Recesión aumentó la confianza de que el «Sueño Americano» era alcanzable. Muchas personas entre los veinte y los treinta años se sorprendieron al descubrir que las oportunidades económicas disponibles para los graduados universitarios en las dos generaciones anteriores no estaban disponibles para ellos. Por el contrario, el desempleo se disparó, alcanzando su pico en la primera década de este siglo, dejando a muchos incapaces de encontrar trabajo, enterrados en la deuda de la universidad, y financieramente dependientes de sus padres.

Muchos mileniales han entrado en mi oficina sintiéndose perdidos y engañados. Habían entendido que éstos serían los mejores años de sus vidas, pero estaban luchando por encontrar su lugar en el mundo. No tenían ni idea de qué carrera elegir, dónde vivirían o cuánto tiempo tendrían que esperar para encontrar una relación significativa que fuese para toda la vida. Se sentían inseguros acerca de encontrar a alguien especial y aún más inseguros acerca de las perspectivas de mantener un matrimonio satisfactorio. Toda esta incertidumbre se tradujo en ansiedad por el futuro.

Los jóvenes adultos no están solos en esto. Nuestra cultura promueve un concepto de éxito que incluye riqueza material, logros altos y relaciones intensas y apasionadas. De acuerdo con el Instituto Nacional de Salud Mental, los trastornos de ansiedad afectan al 18,1 por ciento de los adultos en los Estados Unidos (aproximadamente cuarenta millones de personas entre los dieciocho y los cincuenta y cuatro años). Si las estimaciones incluyen a aquellos que no buscan ayuda, se diagnostican mal, o no saben que tienen problemas de ansiedad, el número está cerca del 30 por ciento.[14]

¿Por qué existe esta discusión sobre la ansiedad? Porque la indecisión sobre la persona con la que está casado crea ansiedad.

Yo lo veo en mi oficina todos los días. Las parejas que están comprometidas entre sí y buscan ayuda, incluso si están en altos grados de conflicto cuando vienen a mí para terapia, progresan mucho más rápidamente y sienten más alivio que aquellos que están entreteniendo la posibilidad de separarse. Cuando se ha resuelto la cuestión de la permanencia, son libres de invertir su energía en la reparación, el crecimiento y la construcción de un futuro juntos. Cuando usted está en una relación a largo plazo, tiene menos ansiedad y puede abocarse por completo a trabajar en el matrimonio.

Cuando Jill y Steve entraron en mi consultorio de terapia, habían caído en un parche difícil. Ella se sentía emocionalmente distante de él y estaba reconsiderando su compromiso con él. Steve había estado desempleado durante diez meses y se sentía un poco deprimido. Le había costado mucho trabajo motivarse y se resintió de la presión que sentía de parte de ella para que buscara y encontrara trabajo. Steve había comenzado a enojarse con Jill y a criticar cómo ella manejaba a los niños.

Steve estaba luchando con la ansiedad. Él sabía que necesitaba acelerar su búsqueda de empleo, pero la actitud de Jill le paralizaba. El miedo que él experimentaba al pensar que ella lo abandonara lo dejó inmovilizado y nervioso. Le pedí a Steve que describiera cómo se sentía físicamente cuando ella hablaba de separarse.

«Mi pecho empieza a sentirse apretado, el estómago se siente torcido, y mis pensamientos se disparan», dijo él.

Entonces le pregunté si esos sentimientos le recordaban alguna experiencia física similar que hubiera tenido en la infancia.

«¡Oh sí! Cuando mis padres me dejaban en la casa de mis abuelos durante el fin de semana, me sentía así. Traté de compartir mis miedos con ellos, pero simplemente descartaron mis sentimientos y me dijeron que lo pasaría muy bien ahí. Si me quejaba cuando llegábamos a casa, mis padres me decían que era hora de crecer y que lo superara.»

Los padres de Steve no sabían cómo ayudarlo con los sentimientos de ansiedad que él tenía. El papá trabajaba largas horas, y aunque la mamá se quedaba en casa, tenía dificultades para reconocer sus propios sentimientos, y mucho menos iba a reconocer los de Steve. Entonces cuando dejaban a Steve con sus abuelos, él se sintió abandonado. Después de que Steve contó su historia, Jill dijo: «No me di cuenta de la frecuencia con que los padres de Steve lo dejaron. Eso debió ser muy difícil para un muchacho tan joven.»

Jill hizo entonces hizo la conexión entre su distanciamiento de Steve y la sensación de abandono y ansiedad resultante que él había experimentado en el pasado. «No tenía ni idea de que mis palabras sobre dejar el matrimonio hacían sentir a Steve de esta manera. Yo he estado tan frustrada con la falta de esfuerzo de parte de él, que supongo que pensé que el amenazar con separarnos lo motivaría a conseguir un trabajo.»

Steve se acercó a su esposa y le dijo: «Cuando dijiste por primera vez que te podrías ir, sentí que iba vomitar, pero lo contuve. Después de eso, me sentí aún más incapaz de hacer llamadas para conseguir empleo. Y cuando me presionaste, me enojé.»

Jill tomó la mano de Steve y le dijo: «Lo siento, sólo estaba asustada. No sé cómo lo vamos a hacer financieramente, y parecía que no te importaba.»

Durante las siguientes dos sesiones, Steve y Jill comenzaron a ver cómo las respuestas que se daban entre sí estaban exacerbando sus dificultades. Steve se hizo más consciente de cómo la inseguridad financiera estaba afectando a Jill, cuyos padres habían sufrido una bancarrota. Y por su lado, Jill se dio cuenta de cómo sus respuestas alimentaban la depresión y ansiedad de Steve.

La siguiente sesión fue fundamental.

Después de resumir cómo habían crecido a partir de las dos sesiones anteriores, Jill se volvió hacia Steve y él dijo: «He estado pensando mucho. Quiero que sepas que no me voy a ir. Te amo y vamos a resolver esto.» Steve soltó un suspiro de alivio y con lágrimas en los ojos, dijo: «Haré lo que sea necesario para encontrar un trabajo, así que no necesitas tener esos temores.»

Steve y Jill continuaron trabajando en su relación, interceptando patrones negativos y aprendiendo a apoyarse mutuamente de nuevas maneras. ¿Qué les permitió reavivar su camino marital y les dio energía para el camino que les esperaba? La seguridad de saber que, por lo menos entre ellos, tenían una cosa segura.

Castillos y Fosos

Cuando hay inseguridad sobre cuál va a ser el futuro del matrimonio, es imposible experimentar la tranquilidad necesaria para convertirse en socios verdaderamente íntimos. A fin de que uno revele todo lo que es a otra persona y que además le permita a esa persona llegar a los lugares más vulnerables, se requiere la garantía de que estarán juntos a largo plazo.

Es como si fuéramos castillos, rodeados por un foso de protección para asegurar que no seremos superados por las fuerzas enemigas. Cuando nos sentimos seguros, bajamos el puente levadizo, que cruza el foso, y permitimos que otras personas accedan al interior. Desde adentro, nuestros seres queridos pueden ver nuestras vulnerabilidades, nuestros lugares especiales y secretos desconocidos para los demás. Pueden ver nuestras debilidades, así como nuestras fortalezas. Sin la promesa de la fidelidad y la seguridad de que la otra persona estará con usted y para usted por siempre, el riesgo de una apertura tan íntima es demasiado grande. Sentir que hay condiciones para la relación, pone a ambas partes en guardia. Cada uno sabe lo que debe hacer para asegurar una relación continua y proteger lo que podría perderse si el otro fuera a salir. Es necesario tener la seguridad de una sociedad inquebrantable para que corramos el riesgo de permitir que otro ser humano nos conozca en estos niveles tan profundos.

Incluso dentro de la seguridad de una relación comprometida, podemos herir a nuestro compañero si somos descuidados con el conocimiento que nos han confiado. Si un secreto compartido en un momento de vulnerabilidad se usa más adelante en un argumento, nuestro puente levadizo se levanta para defenderse de un nuevo ataque. En una relación comprometida, aprenda a perdonar y a abrir puertas de confianza otra vez. Si su puente levadizo está bien engrasado, puede subir y bajar de acuerdo con su voluntad. A medida que su matrimonio madura con el tiempo, su puente levadizo puede permanecer abajo por períodos más largos de tiempo.

Cuando la relación es segura y ustedes están comprometidos el uno con el otro para toda la vida, usted y su cónyuge son libres de compartir en niveles profundamente íntimos. Incluso cuando surgen escaramuzas dentro de las paredes de su castillo, tienen un profundo y permanente sentido de que ambos estarán allí el uno para el otro, sin importar lo que sea. El vínculo exclusivo que ha creado le alivia de la ansiedad de tener que vigilar constantemente su castillo. Crea la seguridad necesaria para que lo conozcan verdaderamente y para conocerse plenamente el uno al otro.

Ser mejores amigos

Cuando se casó, probablemente esperaba que su cónyuge sería su mejor amigo para toda la vida. Las razones por las que escogió a su pareja revelan lo que busca en un mejor amigo: alguien que le amará sin importar lo que pase, alguien que le ayude a ser lo mejor que puedasl ser, alguien a quien pueda confiar sus pensamientos íntimos y alguien que está dedicado a su bienestar. Tal vez sus razones eran menos específicas: simplemente no podía imaginar su vida sin esa persona o sentía una conexión intensa que le decía: *esta es la persona.*

Sea cual sea la razón para elegir a su cónyuge, la creación y el mantenimiento de una relación de mejor amigo requiere una voluntad de ofrecer a la otra persona espacio en la relación para que crezca.

En cada pareja de recién casados, llega un momento en que ambas partes se dan cuenta de que se han casado con alguien que es imperfecto. La primera decepción puede ser pequeña: no aprietan el tubo de la pasta de dientes de manera correcta; o puede ser enorme: son adictos a la pornografía. Incluso las pequeñas decepciones pueden llevar a algunas parejas a considerar la posibilidad de abandonar la relación, sobre todo si entraron en el matrimonio con fuertes expectativas de lo que sus cónyuges tenían que ser para ellos.

Las decepciones enormes, especialmente si violan la confianza, pueden causar estragos en un matrimonio novato y pueden hacer que uno de los cónyuges considere si se casó con la persona «correcta». Sea cual sea la gravedad de la transgresión, ya sea que la sobrevivan y construyan un matrimonio amoroso, o duradero, o decidan terminarlo, todo va a depender de cuán dispuestos a cambiar está cada uno de ustedes, y de cuánta gracia se ofrezcan mutuamente mientras se enfrentan los tropiezos del crecimiento.

Sea cual sea la gravedad de la transgresión, ya sea que la sobrevivan y construyan un matrimonio amoroso, o duradero, o decidan terminarlo, todo va a depender de cuán dispuestos a cambiar está cada uno de ustedes, y de cuánta gracia se ofrezcan mutuamente mientras se enfrentan los tropiezos del crecimiento.

Por loco que parezca, a menudo pensamos en nosotros mismos como personas totalmente formadas, y por lo tanto resistimos la sugerencia de que tenemos que crecer en algo. Cuando un mal hábito o un comentario indiferente ofende a nuestro cónyuge, defendemos nuestro comportamiento y culpamos a la pareja por ser demasiado sensible. No queremos hacer frente a nuestras verrugas, por lo que tratamos de suavizar las quejas no tomándolas en serio.

La verdad es que todos tenemos muchas áreas y aspectos donde debemos crecer, y el matrimonio es el lugar perfecto para hacerlo. ¿Por qué? Porque usted y su pareja han prometido amarse mutuamente en las buenas y en las malas. La seguridad que crea esta promesa es el suelo perfecto en el cual se puede nutrir el nuevo crecimiento.

A medida que nos mantenemos dedicados y aceptamos a nuestro cónyuge, le ofrecemos espacio para crecer. Somos como anfitriones, extendiendo la hospitalidad a la persona total de nuestro compañero.

Cada uno de nosotros tiene el anhelo de ser incondicionalmente amado, de tener a alguien en este mundo que nos ve por lo que realmente somos y aún así nos ama. En presencia de esta persona, podemos ser plenamente nosotros mismos sin fingir ni actuar, sabemos que este individuo nos ama y podemos derribar nuestros muros y nuestras defensas.

Aunque deseamos este tipo de amor, nos cuesta trabajo darlo. Si somos honestos con nosotros mismos, no queremos proporcionar tal amor a otra persona. Amar a alguien incondicionalmente, sin requerir algo a cambio, está más allá de nuestra capacidad humana. Sin embargo, queremos que alguien se comprometa incondicionalmente con nosotros. Eso es porque el amor incondicional libera, es reconfortante y transformador.

En el mejor de los casos, nuestra capacidad para amar incondicionalmente a nuestro compañero será esporádica. Pero enmarcados en la seguridad del amor comprometido, nuestra capacidad aumenta y es mejorada. A medida que nos mantenemos dedicados y aceptamos a nuestro cónyuge, le ofrecemos espacio para crecer. Somos como anfitriones, extendiendo la hospitalidad a la persona total de nuestro compañero. El matrimonio se convierte entonces en una invitación a nuestro cónyuge para crecer siendo receptivo a lo que es ahora y en lo que se está convirtiendo.[15]

El amor incondicional es algo que podemos experimentar en un sentido espiritual. La Biblia nos dice que el amor de Dios por nosotros es incondicional.[16] Es generoso, irrevocable y completo.[17] Cuando nos sentimos amados de esa manera, somos libres de ser totalmente nosotros mismos. No tenemos que estar a la altura, ser buenos, o estar a raya; tampoco tenemos que actuar, ni probar de qué somos capaces, ni escondernos. Somos libres de ser auténticos y de convertirnos en quienes realmente somos.

El amor incondicional de Dios siempre está disponible.[18] Cuando sentimos que no somos suficientes, o nuestro compañero no es suficiente, podemos descansar sabiendo que somos amados. Su amor puede llenar el tanque cuando el nuestro se queda seco.

A medida que llegamos a comprender la profundidad del amor incondicional de Dios por nosotros, podemos aprender a dejar ir nuestras demandas a nuestro compañero para ser nuestra única fuente de amor y valor. Al liberar nuestro control sobre él o ella, nos transformamos en personas que pueden amar más incondicionalmente. Y liberamos a nuestro cónyuge para que llegue a ser más plenamente él mismo. Le damos espacio para crecer.

Usted puede sentirse un poco amenazado por las imperfecciones de su pareja. Más allá de simplemente ser algo inconveniente, los defectos de su conyugue podrían desencadenar el temor de que sus necesidades no serán satisfechas. Cuando uno teme, tiende a restringir el espacio necesario para que la pareja crezca.

James y Amy tuvieron dificultad para darse este espacio. James a veces se sentía atrapado por el deseo de ella de pasar tiempo juntos, lo cual hizo que él se alejara. Entonces, cuando él se alejó, el miedo de Amy de no ser amada la hizo perseguirlo más intensamente. Esto provocó un temor en James de que estaba perdiendo su independencia, por lo que se alejó aún más. Este patrón de perseguidor y perseguido fue impulsado por el miedo. Ninguno de los dos tenía la esperanza de que el otro pudiera cambiar de manera significativa, lo que impulsó sus esfuerzos de autoprotección.

Una sesión destacó este punto muerto.

«Ella es tan insegura», dijo James. «Me siento sofocado por su necesidad de pasar juntos cada minuto en los fines de semana. Ni siquiera puedo jugar al golf con mis amigos».

«¡Son cinco horas de juego!», dijo Amy. «Es un cuarto de nuestro fin de semana».

James me miró y dijo: «Lo ve, ella cuenta las horas, yo no puedo vivir así».

«Él no lo entiende», Amy bajó la mirada. «Él nunca podrá darme lo que necesito».

«Y yo nunca seré suficiente para ella».

Ni James ni Amy creían que el otro pudiera cambiar. Vieron en su matrimonio un patrón de derrota, donde sus necesidades nunca serían comprendidas ni atendidas. Su miedo mutuo restringió la relación. En lugar de crear un espacio abierto en el que cada uno pudiera entender las necesidades del otro, las respuestas de James y Amy se confinaban entre sí.

Dar tiempo y espacio a su pareja para crecer no es fácil; además, ofrecer un lugar a su pareja donde se pueda quitar la máscara y ser real con usted es especialmente difícil, cuando las necesidades y deseos suyos están clamando por la atención.

A menudo, aprender a dar espacio a nuestro compañero requiere que entendamos cómo nuestras propias heridas están siendo activadas por el comportamiento que él o ella tiene. También requiere una conciencia de que nuestro compañero no está en control de nuestra felicidad. Esta conciencia nos permite renunciar a nuestras exigencias de que nuestro compañero nos tiene que hacer felices. Eventualmente, si usted es capaz de ofrecerle a su cónyuge un espacio para crecer, este espacio para que pueda ser verdaderamente él o ella misma, su matrimonio brindará vida y se van a sentar las bases para que ambos puedan convertirse en los mejores amigos para toda la vida.

Las etapas de la vida casada

Si usted está en una temporada difícil en su vida matrimonial, permítanme asegurarle que, para la mayoría de las parejas casadas que se mantienen unidas, ¡la vida realmente mejora! Todas las relaciones pasan por etapas de desarrollo predecibles.[19] Si usted puede identificar las características de cada etapa, puede comenzar a invertir energía en esfuerzos con un norte claro que le ayudarán a pasar a la siguiente etapa.

Cuando usted y su cónyuge se conocieron por primera vez, probablemente pasó un largo período mientras exploraban los intereses, sentimientos, pensamientos y las personalidades de cada uno. Conforme la relación avanzaba, se echaban de menos cuando estaban separados y esperaban con ansias el tiempo de «nosotros», ese momento cuando los dos pudieran estar juntos. El deseo de permanecer independiente fue eclipsado gradualmente por su deseo de estar juntos.

En esta etapa *romántica* de la relación, disfrutaron de la experiencia de unirse el uno al otro, el deleite de darle a su pareja y recibir de la misma. Usted vio lo mejor en el otro y experimentó la alegría de sentirse amado de manera incondicional.

Si mira hacia atrás ahora, puede darse cuenta de que aplazaron sus propias necesidades, deseos e incluso la personalidad, a medida que ustedes mezclaban sus vidas individuales para convertirse en una pareja. Quienes eran juntos se volvió algo más importante que quienes eran individualmente.

A medida que se adentraban en el matrimonio, el sueño que comenzaron a crear juntos continuó impulsando su relación. El conflicto fue evitado, en su mayor parte, ya que se consideraba perjudicial para su vida compartida. Se minimizaron las diferencias y se destacaron las similitudes. La comunicación se centró principalmente en las expectativas que cada uno de ustedes trajo a la vida de casados. Estas expectativas dirigieron los roles que ustedes asumieron en la vida del hogar, trabajo, y como padres. Las expectativas acerca de cómo el otro debería ser o comportarse eran en su mayoría silenciosas y sugerentes, no fueron abiertas ni dictadas. El sueño que tuvieron de una vida juntos les dio la esperanza de que sus necesidades y deseos quedarían satisfechos.

La conexión poderosa de esta etapa romántica temprana es crucial, ya que establece un fundamento de confianza y cuidado que será un recurso necesario para la futura vida matrimonial.[20] El sueño de esta etapa es, sin embargo, principalmente una ilusión. A medida que la felicidad del romance disminuye, y la realidad de una vida matrimonial emerge con dos individuos reales, se presenta una nueva oportunidad.

En la segunda etapa de la vida matrimonial, *la desilusión*, las identidades individuales, las personalidades, las prioridades y las expectativas de cada compañero resurgen y el sueño se ve amenazado. Las diferencias, tan largamente suprimidas, comienzan a surgir. En un intento por eliminarlos, usted o su pareja pueden recurrir a la crítica, la vergüenza, la coerción, la evitación, la exigencia y otras formas de manipulación.

A menudo, los conflictos estallan en ciclos de lucha y de retirada. Las discusiones se intensifican rápidamente y la comunicación puede ser perjudicial e irrespetuosa a medida que los dos compiten para que sus necesidades sean abordadas y cumplidas. Las imperfecciones, que permanecieron sumergidas o pasadas por alto en la aventura conjunta del cortejo y la vinculación temprana, ahora salen a la luz. Estas imperfecciones, junto con las dolorosas diferencias que surgen, crean ansiedad, frustración y desilusión.

Como resultado, usted o su cónyuge pueden tratar de restablecer sus identidades reanudando la búsqueda de sus intereses únicos, ya sea con otras personas o solos. El hecho de que vuelvan a emerger ambos individuos, aunque es inevitable y necesario para que se experimente una verdadera intimidad, puede amenazar al «nosotros» de la relación.

Uno de ustedes puede reafirmar su identidad antes que el otro, lo que puede iniciar un patrón de perseguidor y perseguido. Si ambos se alejan al mismo tiempo, pueden terminar sintiéndose más como compañeros de habitación que como amantes. Aunque puede sentirse miedo al vivir la interrupción y muerte potencial del sueño, este es un paso importante en el aprendizaje para abrazar la realidad de la vida íntima con otro ser humano.

La tercera etapa del matrimonio es el *redescubrimiento*. En esta etapa, cada uno ha explorado y aclarado su identidad y puede hablar sin exigir que su pareja se sienta y piense de manera diferente. Cada uno puede aceptar los defectos y las diferencias del otro y, en consecuencia, pueden traer sus yos auténticos a la relación.

Los desacuerdos todavía se producen, pero están vacíos de la reactividad negativa y los esfuerzos de manipulación de la etapa 2. Usted es más capaz de des-escalar un conflicto y reparar el daño rápidamente. Las comunicaciones son más respetuosas y productivas, caracterizadas por la libertad de expresar sus sentimientos y pensamientos y su disposición a escuchar.

Debido a que ambos están abiertos a las necesidades y deseos del otro, hay un equilibrio más equilibrado de roles y un sentido de responsabilidad compartida por las exigencias de la vida cotidiana. Un nuevo sentido de «nosotros» se desarrolla, lo cual honra el valor y la contribución de ambos compañeros, mientras se disfruta de una unión que es orgánica y alentadora.

Usted y su compañero apoyan los intereses individuales de cada uno, pero están atentos para equilibrar estos intereses con un amplio tiempo de pareja. Una verdadera interdependencia emerge que le permite a cada uno ser plenamente él o ella y plenamente juntos. En esta etapa, usted es capaz de ver a su cónyuge como una persona que, como usted, es defectuosa y fracturada, pero en el proceso de convertirse en su mejor versión.[21]

Debido a la creciente sensación de seguridad y calor, la intimidad sexual se revigoriza. Cualitativamente diferente del sexo en la etapa 2, donde la conexión física íntima está a merced de estados emocionales conflictivos, el sexo en la etapa 3 es cariñoso y profundamente satisfactorio, la recompensa de la verdadera amistad.

La cuarta etapa se caracteriza por una profunda intimidad y amistad esculpida a partir de las luchas y ajustes de la vida matrimonial. Esta temporada se caracteriza por una especie de *sinergia* donde las interacciones combinadas de la pareja han producido con el tiempo un efecto mayor que la suma de las contribuciones individuales.[22]

En esta etapa, cada uno de ustedes se vuelve más dador y comprensivo. Ustedes se alegran de las diferencias del otro y apoyan el desarrollo de cada uno. La comunicación es abierta, genuina y cuidadosa. El conflicto es aceptado como saludable, navegado sin hostilidad y utilizado para el crecimiento. Los roles no son un problema, ya que los auténticos ustedes mismos, los dones y la energía se liberan para contribuir al mundo y a aquellos que vienen después de ustedes. En esta etapa saboreará su historia compartida y disfrutará del fruto de la obra, el amor y los retos de su vida matrimonial.

• • •

La mayoría de las parejas lo logran en la primera etapa, pero se tambalean durante la segunda. En el fragor de la etapa 2, las parejas suelen actuar de alguna de las siguientes cuatro maneras:

1. Buscan reinstalar el sueño de la etapa 1, ocultando y negando las diferencias para evitar conflictos.
2. Continúan sus discusiones cada vez más intensas, que se vuelven más dolorosas y desalentadoras.
3. Salen de la relación.
4. Hacen espacio para la unicidad del otro y las diferencias que son una parte inevitable de su relación en desarrollo.

Si eligen la cuarta manera de abordar la etapa 2, la pareja reevaluará sus expectativas sobre el uno y el otro, además de las expectativas del matrimonio. De esta forma, se dan cuenta de que sus expectativas, a menudo inconscientes y rígidas, han ahogado más que alentar el matrimonio. Este cambio sólo es posible si uno o ambos están dispuestos a renunciar a la ilusión de la etapa romántica, a reconocer el daño de los esfuerzos manipuladores de la segunda etapa, y a descubrir la realidad de la vida juntos más allá del sueño. En mi experiencia, uno de los cónyuges de manera típica inicia este paso, usualmente seguido por el compañero, que nota la actitud de cambio de juego del primer cónyuge.

Aquellos que eligen el camino del divorcio tienen dificultad para imaginar que su dolor y conflicto actuales pueden dar paso a algo más satisfactorio. A menudo son atrapados en un ciclo de culpa mutua, luchando para liberarse de la abrumadora negatividad. Imaginan que la vida sería mejor con otra persona, o al menos sin su cónyuge.

El problema con este pensamiento es que las parejas que se divorcian y se vuelven a casar raras veces se mueven a la etapa 3, el redescubrimiento. La mayoría regresa a la etapa 1, la etapa romántica, y comienza un nuevo sueño que probablemente tendrá un fallecimiento eventual. Las parejas que se casan nuevamente se mueven más rápidamente a la etapa 2 que aquellas parejas que están en su primer matrimonio, ya que a menudo tienen estrés añadido como el que brinda la dinámica de la familia política, un excónyuge, la pensión alimenticia o manutención de los hijos.

Incluso sin estos desafíos adicionales, muchos de los que abandonan sus primeros matrimonios lo hacen culpando a sus cónyuges y no abordan sus propias contribuciones a los problemas maritales. Esto pone en riesgo el segundo matrimonio. Aunque usted puede pensar que está dejando atrás los problemas, usted se lleva con usted mismo a la próxima relación. Esto puede explicar la tasa de divorcio del 67 por ciento para las parejas que se casan por segunda vez.

Sin embargo, si acepta las diferencias y hace el trabajo duro necesario para que la intimidad crezca en su matrimonio actual, puede pasar a la etapa 3 y disfrutar de los beneficios de una mayor intimidad, una comunicación más amorosa y niveles más profundos de respeto y reciprocidad. Con menos energía centrada en el conflicto y la competencia por cubrir las necesidades, se es capaz de disfrutar el uno del otro de nuevas maneras. A medida que pasa el tiempo se deslizan a la etapa 4, donde la dulzura de lo que han creado juntos a través de los años se hace su mayor recompensa. Si actualmente se encuentra en la etapa 2, el compromiso puede parecer más una trampa que un camino hacia las alegrías de una relación a largo plazo. Usted puede tener miedo de permanecer en un matrimonio que requiere mucho esfuerzo y conlleva un conflicto tan doloroso. Puede resultarle difícil imaginar que el trabajo duro puede producir profundos niveles de intimidad y alegría.

En mis treinta años de trabajo en consejería matrimonial, he ayudado a guiar a cientos de parejas de la etapa 2 (la etapa en la que la mayoría de los esposos y las esposas entran en terapia) a la etapa 3, y aún no conozco una pareja que no esté contenta de haber hecho el esfuerzo de trabajar en medio de sus problemas y disfrutar de la reconexión y el crecimiento que tuvo como resultado de este esfuerzo.

El matrimonio es como el mercado de valores

En el mercado de valores, los inversionistas suelen hacerlo bien cuando no reaccionan a las oscilaciones cotidianas de los precios de las acciones.[23] Los inversionistas tienden a hacerlo mal cuando miran los periódicos cada mañana para ver si sus inversiones están tan bien como otras, y dependiendo de lo que encuentran cambian constantemente lo que invirtieron. Estos últimos inversionistas mueven su dinero con tanta frecuencia que el crecimiento a largo plazo se ve comprometido, y por lo general pierden más dinero que los que mantienen la inversión sin importar si el mercado está arriba o abajo.

Piense en su matrimonio como una inversión a largo plazo. Los altibajos de la satisfacción son inevitables y normales. En los matrimonios saludables, la satisfacción puede bajar por largos períodos de tiempo sólo para rebotar más tarde y producir dividendos valiosos. Si se enfoca demasiado en los ciclos de bajada, puede hacerse para atrás demasiado rápido y perder mucho de lo que ha invertido. Las parejas de éxito siguen invirtiendo, ya sea que la relación se sienta bien o no. Es por eso que se necesita compromiso, una visión a largo plazo.

Piense en su matrimonio como una inversión a largo plazo. Los altibajos de la satisfacción son inevitables y normales. En los matrimonios saludables, la satisfacción puede bajar por largos períodos de tiempo sólo para rebotar más tarde y producir dividendos valiosos.

¿Está cubriendo sus apuestas? Las personas con una visión a corto plazo del matrimonio examinan los costos y beneficios de su relación en el día a día. Es probable que estas personas «muevan sus inversiones de un lado al otro» buscando otros lugares para dedicar su energía: trabajo, deportes, voluntariado, amoríos o lo que les dé una sensación de ser valorados. Sus inversiones se vuelven tan desviadas que sus matrimonios pierden fuerza.

Los expertos financieros nos dicen que debemos diversificar. La forma saludable de hacer eso en el matrimonio es multiplicar el número de maneras en que invierte en la relación. Es como tener un fondo mutuo que incluye una amplia variedad de acciones. Además del sexo y el afecto, por ejemplo, usted puede desarrollar nuevos intereses compartidos, ser voluntario, nutrir su conexión espiritual, hacer una actividad lúdica cada semana, asistir a un retiro matrimonial, y más. De todas estas maneras está expandiendo sus vías de conexión: *dentro* del matrimonio. En varias ocasiones durante la vida, algunas de estas avenidas pueden no funcionar tan bien como otras. Pero al expandir sus activos, permanecerá conectado. La inversión diversificada regular es la clave para prevenir la erosión en su compromiso.

Debido a que los inversionistas con vistas a corto plazo tienden a quemarse en el mercado de valores, los expertos financieros abogan a menudo por una estrategia denominada promedio de costo en dólares. En este enfoque, usted elige un buen fondo mutuo y se apega a él. Entonces el inversionista contribuye con una cantidad fija en el fondo, a intervalos regulares (por ejemplo, $ 50 por mes), sin importar si el mercado está arriba o abajo. Esta estrategia es muy eficaz para derrotar la inflación y ahorrar algo para el futuro.

El matrimonio funciona de la misma manera. Es mejor si ambos socios están invirtiendo regularmente en la relación, sin importar si el nivel de satisfacción está arriba o abajo. Ustedes hacen depósitos cuando se escuchan atentamente, se validan de manera mutua, perdonan, apartan el interés propio para hacer algo que ayuda a la otra persona, se tratan con bondad y respeto, y así sucesivamente. Su cartera se fortalece y, con el tiempo, usted disfrutará de los dividendos de sus inversiones inteligentes.

• • •

¿Vale la pena permanecer en su matrimonio? ¿Hay alguna esperanza para un futuro satisfactorio con su cónyuge? En mi experiencia, la respuesta es muy probablemente. Cada matrimonio tiene dolores crecientes, pero también tiene un potencial increíble. El descubrir las posibilidades comienza con reimaginar lo que su matrimonio puede ser, manteniendo el curso, y la apertura a un nuevo crecimiento.

Preguntas para discusión: Capítulo 3

Preguntas de grupo y pareja

1. ¿Por qué el ver a su matrimonio como un territorio seguro puede crear las condiciones para crecer en el matrimonio? Lea Juan 10:11-15. ¿Cómo el amor comprometido de Jesús de amarnos nos da la seguridad?

2. Lea 1 Crónicas 16:34, Juan 3:16 y 1 Juan 3:1. ¿Qué dicen estos versículos acerca del amor de Dios por nosotros? ¿Cómo el saber que usted es amado de manera segura por Dios puede impactar su capacidad de amar en su matrimonio?

3. ¿Qué está haciendo para diversificar sus inversiones en el matrimonio? ¿De qué manera está haciendo depósitos regulares en su cuenta bancaria marital? Intercambie ideas.

4. ¿En qué etapa de la vida matrimonial se encuentra hoy: romance, desilusión, redescubrimiento o sinergia? Lea 2 Corintios 3:18, 5:17 y Romanos 12:2. ¿Cómo le animan estos versículos a entender que Dios mismo está trabajando, ayudándole a crecer hacia un mayor disfrute de Él y de usted con su pareja?

Reflexión personal

1. ¿Puede identificar las épocas en que usted ha dejado a su compañero «dentro de su castillo»? ¿Puede identificar momentos en los que se sintió obligado a mantener su puente levadizo arriba, temiendo que su pareja pudiera ver sus vulnerabilidades? ¿Qué tendría que suceder para que pueda mantenerlo abajo por períodos de tiempo más prolongados? Comparta esto con su pareja.

2. ¿De qué manera ha creado espacio en su relación para que su pareja crezca? ¿De qué maneras ha hecho el territorio inseguro para que su cónyuge revele el verdadero yo?

3. Ni James ni Amy creyeron que el otro pudiera cambiar. Vieron el matrimonio dentro de un patrón de derrota, donde sus necesidades nunca serían comprendidas ni atendidas. ¿Puede sentirse identificado con esa batalla? ¿Alguna vez ha permitido que su incredulidad en la capacidad de su pareja para crecer encierre la relación?

4. ¿Qué está haciendo para diversificar sus inversiones en el matrimonio? ¿De qué manera está haciendo depósitos regulares en su cuenta bancaria marital?

5. ¿En qué etapa de la vida matrimonial se encuentra hoy: romance, desilusión, redescubrimiento o sinergia? ¿Qué podría necesitar dejar de lado para que su matrimonio progrese a la siguiente etapa?

Segunda parte

CÓMO REVITALIZAR EL MATRIMONIO:

CAMBIE LA FORMA EN QUE SE RELACIONA

4

Examínese a usted mismo

> Uno de los mejores regalos de bodas que Dios le dio, fue un espejo de cuerpo entero llamado cónyuge. Si tuviera una tarjeta adjunta, diría: «¡Aquí está para ayudarte a descubrir cómo eres realmente!»
>
> Gary y Betsy Ricucci

Conocerse a sí mismo no es tan fácil como suena. La mayoría de nosotros puede identificar lo que prefiere: una noche en la ciudad o una noche tranquila en casa, un bistec jugoso o una ensalada de pollo; sin embargo, la comprensión de nosotros mismos en niveles más profundos no es algo tan obvio. Asumimos que nos conocemos bien, sobre todo si somos decisivos y orientados a objetivos. Parece que conocemos el camino por el que estamos y hacia dónde nos dirigimos. Pero si miramos un poco más cerca, cada uno tiene secciones dentro de sí mismo que son un poco misteriosas, incluso para nosotros.

La presencia de estas partes se evidencia por lo reactivos que podemos estar en ciertas situaciones. A su marido se le olvida recoger algo que le ha pedido que traiga a casa, y cuando llega sin lo solicitado usted lo hace pedazos. Su esposa expresa su decepción por no poder pagar un fin de semana fuera de casa, y usted la ataca por su falta de agradecimiento. Si somos honestos, admitiremos que a veces nuestras reacciones son mucho más intensas de lo que la situación amerita.

A menudo justificaremos nuestra reactividad y nos centraremos en la culpa de nuestro compañero. «Si él no lo hubiera olvidado, yo no me habría vuelto tan loca.» «Si ella no gastara tanto, yo no habría gritado.» Nosotros justificamos nuestro comportamiento incluso si tenemos una sospecha de que pudimos haber exagerado. Tanto nuestra reactividad como nuestra justificación pueden verse como partes de nosotros mismos que saltan cuando nuestras necesidades están amenazadas.

A veces nuestras respuestas no son tan obvias para los que miran desde afuera. Podemos ser expertos en mantener nuestras emociones dentro, sin dejar que nos perturben o afecten. Ya sea que nuestras reacciones sean obvias o se encuentren debajo de la superficie, a menudo indican heridas profundas que no son evidentes para nuestra conciencia en pleno uso de los sentidos.

¿Recuerda a Seth y Amber? La ira de Seth había aumentado en los meses previos a su ingreso a la terapia, pero inicialmente no pudo reconocer su intensidad o el efecto de la misma. Él negaba estar enojado, y trasladaba la culpa de su comportamiento a Amber, a quien acusaba de ser «demasiado sensible». Vio que el problema era principalmente de Amber, pero cuando estuvo dispuesto a admitir su propia frustración, rastreó lo que provocó la retirada sexual de su esposa.

Aunque Amber era más consciente de su creciente ansiedad, que surgía en forma de ataques de pánico, no era consciente de cuál era el origen y se sentía impotente para calmar la ansiedad. La combinación de las dos reacciones creó un nivel de tensión entre Seth y Amber que era palpable. Sin claridad acerca de por qué hicieron lo que estaban haciendo, permanecieron a merced de su patrón destructivo.

¿Por qué mirar hacia adentro?

Muchos de nosotros tememos mirar dentro de nosotros mismos. No sabemos lo que encontraremos. Si hemos tenido un pasado doloroso, preferimos dejarlo atrás y centrarnos en lo que esperamos sea un futuro más prometedor.

Entender nuestro funcionamiento interno no es una habilidad que hayamos aprendido mientras crecíamos. En cambio, aprendimos a enfocarnos en las necesidades y modos de los demás y adaptarnos en consecuencia. Al tener el deseo de estar conectados con quienes nos cuidaban, aprendimos a mostrar aquellas partes de nosotros mismos que eran agradables y aceptadas, y por otro lado, ocultamos aquellas partes que eran indeseadas o que presentaban necesidades.

Cuando uno es capaz de ver las maneras en que se protege y se defiende como formas que uno desarrolló para ayudarse a manejar la vida, usted encuentra que está menos impulsado por estos procederes y es más capaz de admitir libremente el impacto de los mismos en otros.

Por lo tanto, dar una mirada al interior a menudo es un esfuerzo desconocido y no hay mucha diferencia con el esfuerzo de comenzar por un camino con terreno irreconocible. No está seguro de lo que va a descubrir y se asume que la carretera que en la que se encuentra está bien. Esta carretera le ha llevado a través de la vida hasta llegar a este punto, así que ¿por qué hacer un lío con ella? Además, ¿qué pasará si no le gusta lo que descubre y termina sintiendo más vergüenza y culpa?

En el fondo, lo que deseamos es ser aceptados. Muchos de nosotros experimentamos voces de desaprobación o que nos avergonzaron cuando éramos niños y tenemos miedo de que si otros nos vieran verdaderamente, confirmarían que somos malos o inaceptables. Tememos el juicio y el rechazo de los demás, es por esto que escondemos nuestros aspectos más feos y negamos que existen. No somos conscientes de que la gracia está disponible, incluso para nuestras partes más desagradables.[24] Sin embargo, para recibir esta gracia debemos salir de la clandestinidad.

Conocerse profundamente y aprender a reconocer todas las partes de uno mismo es liberador. Cuando uno es capaz de ver las maneras en que se protege y se defiende como formas que uno desarrolló para ayudarse a manejar la vida, usted encuentra que está menos impulsado por estos procederes y es más capaz de admitir libremente el impacto de los mismos en otros.[25]

Usted puede comenzar a mirar su reactividad, y en lugar de estar a la defensiva debido a la misma, es importante abordarla con curiosidad. Examinarse a sí mismo le libera del ciclo interminable de comportamientos pobres y de las justificaciones de estos. Le permite retroceder y experimentar una separación saludable entre usted y las maneras que ha aprendido para protegerse. Una vez que es consciente y puede identificar estas áreas en usted mismo, tiene más espacio interno para elegir responder en vez de reaccionar. Richard Schwartz, quién desarrolló el modelo de Sistemas Internos de Familia, es responsable de este concepto de «comprensión de las áreas», que le libera para verse a sí mismo con mayor claridad.

Como resultado de esta libertad, usted podrá vivir más auténticamente. En lugar de vivir de acuerdo con los deberes o guiones que le fueron asignados a usted cuando era niño, será más capaz de vivir de acuerdo con su verdadero yo. Como describe Frederick Buechner:

> [Nuestro] yo original resplandeciente se entierra tan profundo que apenas vivimos de acuerdo con él ... Más bien, aprendemos a vivir fuera de todos los otros seres internos a los cuales estamos constantemente poniendo y sacando como abrigos y sombreros, contra el clima del mundo.[26]

Su auténtico yo original es aquello para lo que fue creado.[27] Entonces, vivir auténticamente es descubrir su «yo resplandeciente original» tal como se lo refleja Aquel que le hizo. Debe estar abierto a aprender continuamente de sí mismo, tener el coraje de enfrentar sus temores y dudas, clasificar los mensajes y el equipaje de la infancia. El yo auténtico no teme el juicio de los demás, sino que está contento de ser uno mismo, por imperfecto que sea. Ser auténtico es involucrarse en el proceso de conocerse profundamente y vivir desde el corazón.

Otro beneficio de la búsqueda de usted mismo es poder disfrutar de relaciones más fértiles. Cuando uno es libre para examinarse a sí mismo, puede relacionarse con otros, incluyendo a la pareja, de una manera más transparente. A medida que vaya conociendo las áreas reactivas de usted mismo y por qué intentan protegerle en la forma en que lo hacen, ya no necesita defenderlas. Puede apreciar estas áreas y saber que son sólo *partes* de usted, estas no lo definen. A partir de esto, puede disculparse y pedir perdón más fácilmente. A medida que usted se relaciona con su pareja en esta forma menos a la defensiva, es capaz de disfrutar de interacciones más receptivas y menos reactivas que permiten una mayor cercanía.

A medida que se examina a usted mismo y se ofrece a usted mismo comprensión compasiva, es capaz de ofrecer lo mismo a su pareja. En lugar de juzgar y acusar, puede ofrecer compasión a las áreas heridas y entendimiento a los protectores. A medida que usted abraza todas sus áreas y su verdadero yo, es capaz de ser más receptivo a todo de su pareja, ofreciéndole espacio para ser real, espacio para crecer.

Por qué hacemos lo que hacemos

Los seres humanos nacemos con un profundo anhelo de amor incondicional. Anhelamos que alguien nos vea por completo y que aun así nos ame. Darse a conocer y no ser amado es doloroso, ser rechazado es herir la médula de lo que somos. Es por esto que deseamos relaciones en las que podemos darnos a conocer plenamente y ser amados libremente.

También anhelamos sentirnos valorados, saber que le importamos a alguien. Queremos tener un impacto en el mundo que nos rodea. Inicialmente descubrimos nuestra importancia a través de la persona que nos cuida principalmente, la mayoría de las veces nuestra madre. Cuando era niño se sintió reconfortado cuando su madre le atendía cuando lloraba porque tenía hambre o necesitaba ser cambiado. La presencia, atención y calidez que ella le brindó ayudó para que usted se sintiera seguro en el mundo, usted era importante.

Si en esa etapa sus necesidades primarias de sentirse amado y valorado no fueron suplidas plenamente, usted sintió dolor. Como era un niño pequeño, no fue capaz de poner en palabras este dolor, sin embargo lo sintió. Para hacerle frente, desarrolló protectores: formas de ser que le ayudaron a manejarlo y evitar sentirlo. A pesar de que estos protectores intentan protegernos contra futuras lesiones defendiéndonos, también trabajan para mantener nuestras áreas inexpertas y vulnerables lejos de nuestra conciencia.[28]

Si sus padres estaban enojados, puede haber aprendido a ocultar sus sentimientos y necesidades, y acomodar sus estados de ánimo. Si sus padres estaban demasiado ocupados para atenderle, puede haber gritado para llamarles la atención para satisfacer sus necesidades, o aprendido a no requerir la satisfacción de las mismas, para no ser una carga. Es posible que haya desarrollado una estrategia protectora que demanda o evita la atención para así ayudarle a lidiar con los padres que no estuvieron disponibles. Si sus padres fueron críticos, puede haber tratado de complacerlos para evitar el disgusto o el enojo de ellos, con el fin de defenderse. En resumen, todos hemos desarrollado estrategias protectoras: formas para protegernos de lesiones adicionales y gestionar la vida.

Todos llevamos estas estrategias protectoras a nuestras relaciones adultas. Son como polizones a bordo de la nave de nuestra vida, nosotros no nos percatamos de que están ahí hasta que salen de la bodega cuando aterrizamos en una relación.

James y Amy descubrieron sus «polizones» cuando el matrimonio golpeó una orilla rocosa. La mamá de Amy tenía altas expectativas con respecto a la escuela y el desempeño en las tareas y tendió a microgestionar los deberes de su hija y las actividades extracurriculares aún durante la escuela secundaria. Amy desarrolló inconscientemente un protector orientado a tareas que acomodó las expectativas de su mamá.

Cuando Amy se casó con James, esa área trabajó duro para crear un hogar ordenado. Cuando James ignoró su deseo de limpieza, Amy se frustró y se enfadó. Esa área sensible y vulnerable de Amy, quien temía el rechazo si no mantenía una casa perfecta, estaba escudada por este protector.

Del mismo modo, James era igualmente inconsciente de lo que estaba impulsando su comportamiento. Minimizó los sentimientos de Amy porque le parecía que eran irrazonables. Al crecer en una casa donde sus sentimientos no eran bienvenidos, había aprendido a protegerse a sí mismo no tomando en serio sus propias emociones. Cuando se casó con Amy, James encontró el deseo de cercanía de Amy emocional amenazante. Al no haber prestado mucha atención a sus propios sentimientos, se sintió inadecuado para tratar con los de ella. Su estrategia protectora de evasión desacreditó a Amy por el constante deseo de atención. El deseo vulnerable de James de amor incondicional y sintonía, que fue por mucho tiempo descuidado, fue enterrado profundamente.

James y Amy necesitaban entender sus protectores y los papeles que estaban jugando, así como prestar atención a sus partes heridas, con el fin de forjar nuevos patrones de relación. Toni Herbine-Blank aplicó los Sistemas Internos de Familia para trabajar con parejas, y creó un modelo de «comunicación valiente» que ha sido inminentemente útil en mi trabajo para ayudar a las parejas a cambiar sus interacciones.

La sesión en la que comenzamos a abordar estas cuestiones se convirtió en un momento decisivo. La tensión era espesa mientras se sentaban en mi oficina. James reportó que el día anterior, Amy había «explotado» cuando él le informó que el viaje que habían planeado para el final del mes tendría que ser aplazado debido a una obligación de trabajo. Mientras Amy escuchaba el relato de James, cruzó los brazos y lo miró furiosa.

«Ella estaba tan irracional», se quejó James. «No es la gran cosa. Podemos ir en otra ocasión».

«¿Irracional?» reclamó Amy. «¡No invertiste *tu* tiempo en hacer todos los preparativos!» El labio inferior de ella temblaba. «Simplemente no quieres ir de vacaciones conmigo.»

«¡No he dicho eso! ¿Por qué no puedes ser razonable?»

«Ah, ¿ahora es mi culpa?»

En ese momento intercedí diciendo: «Me gustaría desacelerar esto para que podamos entender lo que pasó.» Entonces hice contacto visual con Amy: «Cuando James le dijo que quería posponer el viaje, ¿qué sucedió dentro de usted?»[29]

«Me sentí herida y decepcionada», dijo Amy.

«¿Puede identificar en qué parte de su cuerpo sentía ese dolor y la decepción?»

«Mi pecho se tensó… y mi corazón.»

«¿Y qué cosas pasaron por su mente?» pregunté.

«Pensé: «Lo está haciendo otra vez. No quiere estar conmigo. Está poniendo excusas.»

«¿Y qué hizo o le dijo a James?»

Entonces ella se encogió de hombros y dijo: «Me enojé. Le dije que fuera honesto, para admitir que él realmente no quiere pasar tiempo conmigo.» sollozó Amy.

«El trabajo es siempre más importante para él que yo.»

Me volví hacia James y le dije: «¿Y conoce esta fase de enojo de Amy?»

«Oh sí.»

«¿Y qué notó que le estaba pasando a usted internamente cuando ella se enojó?» pregunté.

«No lo sé.» James no había tenido mucha experiencia sintonizando sus emociones y las reacciones físicas, ya que rara vez estas fueron reconocidas por sus padres. Aprender a hacer este reconocimiento sería un importante objetivo de crecimiento para él.

Después de un minuto, James dijo: «Creo me sentí frustrado y luego me entumecí.»

Entonces le dije: «James, esa parte suya que se entumeció, ¿a qué le teme que puede pasar si no reacciona así?»

«Creo que teme que yo podría abrumarme, y yo no sabría qué hacer ante eso.»

«¿Sucede eso a menudo?» Le pregunté.

«Ahora que lo pienso, supongo que sí.»

«Cuando se sentía así, ¿qué se dijo a usted mismo?» pregunté.

James apartó la mirada y dijo: «Que nunca seré suficiente para Amy».

«¿Alguna vez ha pensado eso antes, como si no fuera suficiente para alguien?»

«Oh sí. Mi padre era muy difícil de complacer. Incluso cuando yo tenía éxito en los deportes, apenas parecía notarlo.» James estaba empezando a conectar con su parte sensible y herida que estaba desencadenando su estrategia protectora.

«Cuando sintió que no era suficiente para Amy, ¿qué hizo?»

«Me fui, entré en mi coche y me fui; sólo necesitaba ir a dar una vuelta.»

Entonces regresé con Amy: «Cuando James se fue a dar la vuelta, ¿qué estaba pasando dentro de usted?»

«Me sentía desesperada y sola.»

«¿Y qué se escuchó decir a usted misma?» pregunté.

«Que él nunca lo va a entender, y que yo nunca voy a tener lo que necesito.»

«¿Ha tenido esa sensación antes?»

Ella bajó la mirada y dijo: «Realmente quería la atención de mi papá, pero se iba mucho. Sentí que siempre lo estaba esperando.»

Ayudar a Amy a disminuir la velocidad e identificar sus sentimientos fue el primer paso hacia el reconocimiento de la parte sensible de ella misma que anhelaba la conexión.

«Amy, ¿qué es lo que esa parte de su miedo piensa que pasará si James no pasa tiempo con usted?»

«Que siempre estaré sola», dijo Amy. De esta manera se puso en contacto con su miedo más profundo.

Mientras seguíamos, Amy se dio cuenta de que uno de sus protectores se enojaba cada vez que sentía que James se alejaba. Ella había estado haciendo esto desde la niñez temprana, cuando su papá no estaba disponible o estaba ausente, y su mamá estaba preocupada por el desempeño y los deberes. El dolor de su necesidad insatisfecha de cercanía activó a su enojado protector.

Mientras explorábamos esta conexión entre el deseo de conexión de Amy y su reactividad, James vio cómo su retirada desencadenó un viejo dolor. A su vez, Amy comenzó a sentir más compasión por James también. Amy pudo ver cómo James temía no ser suficiente para ella y cómo necesitaba sentirse aceptado antes de que pudiera reconectarse con ella.

El anhelo de tener relaciones amorosas y de impacto es bueno, es parte de la forma en que hemos sido creados. Nunca he conocido a un individuo que no desee este tipo de relaciones, ni he conocido a una persona que no haya experimentado dolor cuando esos anhelos han sido insatisfechos hasta cierto punto.

Debido a que todos somos imperfectos, no podemos amar de manera perfecta. Ningún ser humano, incluido su cónyuge y sus padres, puede satisfacer plenamente la profundidad del deseo de ser incondicionalmente amado y valorado. Incluso después de separarnos físicamente o emocionalmente de nuestros padres, todavía intentamos obtener lo que necesitamos de ellos. Sin embargo, no tienen las llaves de nuestras almas, ellos son seres humanos falibles como nosotros.

Cuando nuestros padres fallan en llegar a nuestro rescate, a menudo nos volvemos a nuestro cónyuge para llenar ese vacío, el problema es que él o ella también está herido. Nuestras áreas quieren ser entendidas y escuchadas, pero creen que la única manera de hacerlo es exigir, manipular y avergonzar a nuestro compañero para que satisfaga nuestras necesidades. Las estrategias protectoras de nuestra pareja responden de acuerdo a esto y ambos quedamos frustrados y heridos.

En cierto sentido, las estrategias protectoras son bien intencionadas. Ellas quieren mantenerle seguro y funcionando. Sin embargo, debido a que han estado haciendo su trabajo durante tanto tiempo, habitualmente asumen el control e interfieren en la intimidad y la autenticidad que usted desea. También temen que, si las áreas sensibles y vulnerables de usted son expuestas, podrían abrumarle y volverlo a herir. No obstante, al mantener estas áreas escondidas, los protectores dificultan la sanidad. Lo que no entienden es que las áreas sensibles han estado llevando cargas que, una vez liberadas, también aliviarán a los protectores de la necesidad de trabajar tan duro.[30]

En cierto sentido, las estrategias protectoras son bien intencionadas. Sin embargo, debido a que han estado haciendo su trabajo durante tanto tiempo, habitualmente asumen el control e interfieren en la intimidad y la autenticidad que usted desea.

Sus áreas sensibles desean ser comprendidas y atendidas. A medida que usted toma tiempo para conocer sus protectores, aprecia el trabajo duro que han hecho y les ofrece compasión, estos protectores pueden calmarse, permitiéndole engranarse con sus áreas sensibles. Pero a veces estos protectores que tienen buena fe, también tienen dificultad para retirarse.

En una ocasión, unos niños fueron llevados a Jesús,[31] y sus amigos adultos, los discípulos, se disgustaron. Pensaron que era una intrusión y querían proteger a Jesús de la interrupción. Jesús les pidió que retrocedieran y dejaran que los niños vinieran a Él. Él dio la bienvenida a los niños y los bendijo. Aunque los discípulos pensaban que estaban ayudando, en realidad estaban interfiriendo en el cuidado que Jesús buscaba ofrecer.

Sus áreas protectoras a menudo piensan que saben qué es lo mejor. Pueden ser ferozmente autosuficientes y temerosas de ceder su puesto. Las áreas están convencidas de que su camino es la única manera de sobrevivir y ellas tienen poca confianza en que su verdadero yo sea capaz de proveer protección y el liderazgo adecuados. Por otro lado, no reconocen la presencia de un mayor poder para proporcionar seguridad.[32]

Usted puede comenzar a calmar estos protectores invitándolos a confiar en que usted cuida de sus áreas sensibles. Puede pedirles que retrocedan, asegurándoles que sus áreas sensibles pueden estar a salvo con usted. Y al igual que los niños con Jesús, sus áreas sensibles también están a salvo con Dios. Él las ve y desea consolarlas y sanarlas.[33] Él las ve, las acepta completamente y las ama más allá de su imaginación más salvaje. A medida que vaya comprendiendo el amor de Dios por usted, se crea un espacio para que todas sus áreas se conozcan y se cuiden.[34] A medida que usted comprende los temores y las intenciones de sus protectores y se apoya en la presencia de Dios, su verdadero yo emerge y sus protectores empiezan a aquietarse.

Como usted es capaz de ofrecer más comprensión a sus propias áreas, puede comenzar a relacionarse con su cónyuge desde un lugar de compasión, ofreciendo entendimiento a las áreas sensibles de su pareja también.

Conociéndose a usted mismo

Entonces, ¿cómo va a conocerse a sí mismo? ¿Cómo se gana la conciencia de sí mismo necesaria para vivir una vida más consciente y tener un matrimonio más íntimo? Aquí hay algunos pasos que le ayudarán a comenzar.

1. Compruebe su tablero de instrumentos

El primer paso para hacer una autoindagación saludable es prestar atención a sus sentimientos. En un sentido, sus emociones son como las luces indicadoras en el cuadro de mando de su coche. Cuando se encienden, es muy probable que algo esté sucediendo, y usted necesita prestar atención. Las luces pueden haber estado parpadeando durante algún tiempo, pero usted no ha hecho nada al respecto porque tiene miedo de lo que podría encontrar. Para tener un vehículo con un muy buen funcionamiento, necesita saber lo que está pasando bajo el capó. Con la cantidad adecuada de atención, su coche será capaz de recorrer todas las distancias.

La mayoría de nosotros tomamos decisiones a partir de una combinación de nuestros pensamientos y emociones. Cuando se trata de tomar grandes decisiones como dónde va a vivir o cuándo se va a casar, es probable que sea influenciado por cómo se siente y las realidades prácticas. Algunas personas, sin embargo, están tan impulsadas por sus emociones que tienden a reaccionar a los eventos, y otros individuos no utilizan un equilibrio de sentimientos y pensamientos. Otras personas están tan aisladas de sus emociones que ni siquiera consideran los sentimientos cuando toman decisiones. Es importante para cualquier persona que quiera vivir una vida plenamente consciente y significativa, que preste atención tanto a cómo se siente como a lo que piensa, además de explorar las motivaciones subyacentes.

Una manera simple de comenzar a ser más consciente de sí mismo es identificar sentimientos y pensamientos que surgen durante el día. Mantenga un diario y registre por lo menos tres emociones que experimentó cada día, junto con las reacciones físicas y los pensamientos que coinciden con cada sentimiento. He aquí un ejemplo:

> Qué sucedió: Entré en una reunión de negocios hoy.
> Sentimiento: Ansiedad.
> Reacción física: Mis manos estaban nerviosas y mi estómago estaba apretado.
> Pensamiento: Esta presentación tenía que ser mejor. La última que hice no fue tan afinada como podría haber sido.

Aquí hay otro ejemplo:

> Qué sucedió: Jack llegó a casa de la escuela hoy con una nota del profesor diciendo que no entregó una tarea.
> Sentimientos: Cólera y vergüenza.
> Reacción física: Mis hombros estaban apretados y mis mejillas estaban enrojecidas.
> Pensamiento: El profesor pensará que soy un mal padre.

Utilice la lista de «palabras que describen emociones» en el apéndice A para ayudar a describir sus emociones.

2. *Explore su crianza*

Entender el impacto de cómo le criaron puede ayudarle a obtener claridad sobre cómo se relaciona con los demás, en particular con su cónyuge. ¿Cómo se manejó el conflicto en su hogar? ¿Se le permitió expresar sentimientos? De ser así, ¿cuáles? ¿Tuvo padres que le proporcionaron un consuelo emocional cuando estaba sufriendo? ¿O se esperaba que resistiera y rechazara sus sentimientos?

Una mirada honesta a lo bueno y malo de la forma en que fue criado le permitirá ver lo que es verdad sobre usted mismo y sus circunstancias. Entonces puede evitar el pensamiento en blanco y negro que genera que le eche la culpa a sus padres o a usted mismo.

Al inicio, Amy se resistió a ver la ira que tenía hacia James como algo irrazonable. Cuando ella consideró el impacto de la ausencia de su papá y la ansiedad de su madre, que le produjo enfocarse en el desempeño, Amy se dio cuenta de cómo había dependido de James para reparar las heridas de su infancia. A medida que se volvía más consciente de cómo los temores y anhelos impulsaban su comportamiento, pudo sentir compasión por sus áreas heridas que desencadenaron la ira. En ese momento Amy fue capaz de liberar a James del peso de sus necesidades insatisfechas. Entonces, cuando

James ya no se sentía disminuido por las demandas y críticas de Amy, él pudo consolarla.

Ya que Amy ya no se sentía dependiente de sus padres para la validación de su valor, ella experimentó una relación más adulta con ellos. Ella pudo amarlos sin exigir algo a cambio y puso límites con las expectativas ansiosas de su madre.

Fuera cual fuera su crianza, o sus respuestas a ella, el hacer una introspección seria acerca de la dinámica de su hogar y el impacto que ha tenido en la forma en que entabla relaciones íntimas es imprescindible para disfrutar del matrimonio cálido, sano y duradero que desea. Aquí hay algunas preguntas que pueden ayudarle a comenzar su exploración.

1. ¿Tiene recuerdos claros de su infancia? Si usted tiene muy pocos recuerdos de su infancia, esto probablemente indica que tiene un protector que le desconecta de recuerdos dolorosos por temor a que se sienta abrumado o invalidado si aborda los recuerdos. Si esto es cierto, pregunte a sus hermanos u otras personas que lo conocieron de niño sobre las realidades de su vida en el hogar cuando era pequeño.
2. ¿Tienes recuerdos de ser escuchado y calurosamente afirmado por un padre? Piense en casos específicos que fueron importantes para usted. ¿Esta sintonización caracterizaba la forma en que su padre estuvo con usted durante la infancia, o se limitó a uno o dos casos notables?
3. ¿Cómo se expresaban los sentimientos en su familia? ¿Se compartían abiertamente o se dejaban de lado y fueron invalidados? ¿Sus padres se sentían incómodos al expresar sus propios sentimientos? ¿Qué sentimientos eran permitidos y cuáles no? ¿Tuvo un padre malhumorado o emocionalmente impredecible? ¿Qué hacía usted usualmente con sus propios sentimientos cuando era niño?
4. ¿Cuáles fueron las decepciones más significativas de su infancia? ¿Qué anheló que no recibió? ¿Puede pensar en casos

específicos de deseo de algún tipo de conexión emocional que no sucedió o deseo de afirmación que no recibió?

5. ¿Eran sus padres críticos o sobreprotectores? ¿Se ha encontrado anhelando la aprobación de ellos o tratando de ser muy bueno? ¿Se sintió ansioso cuando sus padres se fueron o regresaron? ¿A menudo no estaban disponibles o estaban demasiado involucrados? ¿Cómo le hizo sentir eso?
6. ¿Cuáles eran las expectativas de sus padres sobre usted? ¿Se esforzó usted para cumplir con esas expectativas? ¿Ha sentido que decepcionó a sus padres? Si es así, ¿qué hizo con el dolor de sentir que los había decepcionado?
7. A medida que piensa en las heridas o decepciones en su matrimonio, ¿puede rastrearlas de nuevo a las heridas de la infancia? ¿Qué temas o actividades le conciernen más? ¿Qué hace o dice su cónyuge que despierta la reacción más fuerte en usted? ¿Puede pensar en algo de su infancia que haya desencadenado una reacción similar?
8. ¿Tuvo la experiencia de padres que se divorciaron? Si es así, ¿qué sentimientos tuvo al respecto? ¿Cómo se lo dijeron? ¿Cómo hablaron sus padres del divorcio? ¿Cómo hablaban el uno del otro? ¿Le invitaron a hablar sobre sus sentimientos y le ofrecieron consuelo, o simplemente esperaron que usted se adaptara?
9. ¿Creció usted en un hogar donde hubo violencia, abuso, alcoholismo o enfermedad mental? ¿Cómo respondieron los miembros de la familia? ¿Hubo alguien que le brindara seguridad o protección? ¿Negaron que hubiese un problema o trataron de ocultarlo? ¿Esperaban que usted mantuviera secretos de familia? ¿Cómo lidió usted con la imprevisibilidad de su entorno?

Cuando considere la forma en que fue criado, trate de identificar los sentimientos que tuvo cuando era niño. ¿Estaba triste, enojado, confundido o asustado? ¿O estaba usted entumecido, desconectado, o ansioso? Sus emociones le pueden dar pistas sobre qué protectores puede haber desarrollado para hacer frente a las circunstancias.

Si tiene dificultad en identificar cualquier sentimiento, lo más probable es que tenga un área de «desconexión» que evita, rechaza y cierra. Eso ocurre a menudo cuando nuestros sentimientos fueron ignorados o castigado en la infancia.

3. Identifique sus protectores

Además de considerar la manera en que fue criado, una de las mejores maneras de identificar sus protectores es notar sus reacciones en medio del conflicto. Eso es porque normalmente reaccionamos ante las amenazas usando patrones de protección de nosotros mismos que aprendimos en la infancia. Algunos protectores son reactivos: saltan para asegurarse de que no seamos heridos de nuevo. Algunos protectores son preventivos: tratan de manejar situaciones para no estar expuestos al dolor. [35]

Los protectores vienen en todas las formas y tamaños. Aquí hay algunos ejemplos de protectores y sus propósitos:

- *La ira* suele ser un intento de obligar a otros a suplir su necesidad de respeto o atención, o para conseguir que retrocedan.
- *El retraimiento* garantiza que los demás no pueden acercarse lo suficiente para lastimarnos. También puede protegernos de ser expuestos como algo deficientes.
- *El bromear* puede mantener a otros alejados a través del humor y mantener una conversación ligera para no tocar nada demasiado profundo o doloroso.
- *El análisis* nos permite evaluar las situaciones con antelación para que no nos tomen por sorpresa. También, nos permite distanciarnos y sentirnos en control.

- *El juzgar* coloca la condena en otra persona para sentirse superior e invulnerable, o la coloca en nosotros mismos para desviar la atención de las áreas heridas de nuestros corazones.

La mayoría de la gente tiene varios protectores. Si desea una lista de posibles protectores, véase el apéndice B.

• • •

Tómese un tiempo para evaluar cómo respondió en un conflicto reciente con su cónyuge. Utilice las siguientes preguntas para ayudar en la exploración.[36]

1. ¿Qué pasó? ¿Qué dijo o hizo su cónyuge que provocó una reacción en usted?
2. ¿Qué emoción surgió en usted cuando esto ocurrió por primera vez? ¿Le siguieron otras emociones? (Utilice la lista de «palabras que describen emociones» en el apéndice A.)
3. ¿Cuál fue el primer pensamiento que le vino a la mente? ¿Le siguieron otros pensamientos? Por ejemplo: *quiero irme, no soy importante, tengo razón, ¿por qué no puede mi pareja...?*
4. ¿Qué quería hacer inmediatamente?
5. ¿Qué dijo o hizo realmente?
6. ¿Cómo respondió su pareja?
7. ¿Qué sintió, pensó e hizo cuando respondió de esa manera?
8. ¿Puede identificar un patrón común en sus interacciones?
9. ¿Qué hace normalmente para protegerse cuando entra en estos patrones?
10. ¿Sus sentimientos le recuerdan un momento de su infancia cuando se sintió obligado a protegerse de una manera similar?

Sus emociones, reacciones y esfuerzos de autoprotección le ayudan a identificar sus protectores. Una vez que haya identificado estos protectores quizás desee entrevistarlos.[37] Pregúntele a cada uno de sus protectores cuál es el papel qué creen tener y lo que temen que pueda suceder si no saltan a protegerle. Pregúnteles cuánto tiempo han estado haciendo ese trabajo y si son conscientes del área sensible que han estado tratando de proteger todo este tiempo. También puede preguntarles cuántos años creen que tiene usted (a menudo piensan que es usted bastante joven y todavía necesita de esa protección vigilante). Puede ser útil escribir las respuestas.

Permita que sus protectores sepan cuánto aprecia el trabajo duro que han hecho por usted e invítelos a darse cuenta de que usted es un adulto ahora. Usted tiene una voz y puede hablar en su propio nombre. Pídales que confíen en que usted va a cuidar de sus áreas sensibles y vulnerables. Invítelos a darse cuenta de que Dios es digno de confianza para cuidar sus áreas sensibles también.

Muestre compasión a sus protectores y a sus áreas sensibles. Con el tiempo, cuando usted sea capaz de identificar y tranquilizar a sus protectores presentes y además les indique a sus áreas sensibles que son amadas y están seguras, su sistema interno se calma. Sus áreas internas estarán menos inclinadas a saltar y secuestrarle, y usted será capaz de responder a su cónyuge con menos reactividad.

El identificar los sentimientos que tuvo en la infancia y los protectores adaptativos que puede haber desarrollado es beneficioso por varias razones. Primero, le da claridad sobre los orígenes de su manera de relacionarse. También le ayuda a desarrollar compasión por sí mismo, y a medida que aprenda acerca de lo que han contribuido a cualquier hábito perjudicial que haya desarrollado, estará menos inclinado a avergonzarse a sí mismo, y será más capaz de reconocer el daño y buscar el perdón. Además, estará facultado para tomar nuevas decisiones en el futuro. Recuerde, los protectores que ha desarrollado para ayudarle a afrontar los momentos difíciles y creer todavía le están ayudando, por esto es que comprenderlos y externarles compasión puede liberarle para ser menos defensivo y más consciente de sí mismo.

También puede desarrollar más compasión por su pareja, que también ha tenido experiencias negativas formativas. Cada uno de ustedes puede comenzar a identificar sus propios patrones y tomar nuevas decisiones de cómo relacionarse. Puede resultarle útil contratar el apoyo y la experiencia de un buen terapeuta para ayudarle a explorar el impacto de su pasado y ayudarle a establecer conexiones con su estilo actual de relación.

4. Invite los comentarios

Pida a los demás, incluyendo a su cónyuge, que le den retroalimentación cándida sobre cómo se encuentra usted. Hacer esto es valiente, ya que los aportes pueden ser difíciles de escuchar, y sin embargo puede cosechar recompensas significativas.

Las relaciones en nuestras vidas pueden ser como un espejo que nos refleja a nosotros mismos y revela cómo nos relacionamos con los demás. El matrimonio proporciona innumerables oportunidades para desarrollar esa conciencia, ya que expone nuestros patrones y protectores como ninguna otra relación lo hace.

Si viviéramos en una isla desierta, no tendríamos necesidad de desarrollarnos como seres humanos, pero vivimos con el reto diario de relacionarnos con otras personas que son diferentes a nosotros. Y con nuestra pareja vivimos cerca de alguien que está al tanto de nuestros patrones dañinos y egoísmo. Así que podemos defendernos de sus observaciones o dejarnos refinar por el desafío de relaciones íntimas.

Con frecuencia, dichosamente no estamos conscientes de nuestro funcionamiento interno y nuestro impacto en los que nos rodean. ¿Recuerda a Steve y Jill? Jill no había sido consciente de cómo su insistencia para que Steve encontrara trabajo afectó la ansiedad de él. Cuando descubrió lo paralizante de sus esfuerzos por motivar a su esposo, le preguntó a Steve en qué otras maneras su comportamiento estaba activando el protector de ansiedad en él.

Entonces Steve pensó en cómo su dificultad para buscar trabajo estaba afectando el sentido de seguridad de su esposa e invitó a Jill a compartir lo que sentía dentro de ella cuando él se paralizó en la búsqueda de trabajo y cuando él bloqueó las preocupaciones de ella. Esta exploración condujo a una comprensión de los protectores de ambos y sobre cómo funcionaba el ciclo de activación mutua. Pronto estuvieron discutiendo cómo ambos podrían participar para calmar la reactividad del uno y el otro.

El pedirle a su pareja que le dé retroalimentación es un acto de humildad y genera conexión. Esto le dice a su pareja que quiere crecer y aprender a amar mejor. Al invitar a otras personas de confianza que le conocen bien para que le compartan las percepciones que tienen sobre usted, mientras usted no está a la defensiva sino más bien se encuentra completamente receptivo, puede darle información rica que conduce a un cambio positivo. Asimismo, puede fortalecer esas amistades e inspirarlas a invitar la retroalimentación también. Como resultado, usted disfrutará de relaciones más profundas y más auténticas que le traen alegría y significado.

5. Cree espacio para el alma

La vida puede ser locamente agitada, así que muchas de las madres jóvenes con las que hablo están abrumadas con todo lo que tienen que realizar y desesperadas por algún tiempo para sí mismas: tiempo para pensar, descansar y simplemente ser. Aunque la oportunidad de tener tiempos de inactividad suena bien, la idea de tener que hacer todos los planes necesarios para disfrutar de esta salida (niñeras, preparar comida, hacer reservaciones, lavandería, etc.) hace que incluso una pequeña escapada sea un gran esfuerzo. Los esposos y los padres también están estresados, esforzándose por probar en el lugar de trabajo que son buenos, y además gestionan sus responsabilidades familiares, lo cual puede dejarlos con poco margen para algo más.

Estamos tan acostumbrados a correr tan rápido que, cuando finalmente disminuimos la velocidad, el silencio puede ser bastante inquietante. Es increíble cómo podemos acostumbraros a la estimulación constante. Hace poco un joven esposo me reveló que no puede irse a dormir a menos que la televisión esté encendida. El silencio crea ansiedad para él, tanto así que el zumbido constante del ruido es de alguna manera reconfortante.

Nuestra necesidad de estar constantemente conectados en Facebook, Twitter, Snapchat, Instagram y otros sitios de medios sociales nos lleva a preocuparnos si pasamos unas horas sin revisar nuestro teléfono. ¿Somos sólo animales sociales o tememos perder? ¿Tememos estar solos? ¿Es la conexión constante un protector que nos protege de sentirnos sin amor o sin importancia?[38]

Algunos de nosotros tenemos tanto miedo de bajar la velocidad y darle una mirada a nuestro interior que preferimos atizar el fuego furioso de la ocupación para que así podamos evitar ese momento con nosotros mismos.

Sólo el tiempo puede restaurar nuestro sentido de paz en medio de todos los empujones y tirones de la vida, o puede lanzarnos a la ansiedad. Mantenerse muy ocupado puede ser uno de nuestros protectores favoritos, ya que nos impide mirar hacia adentro y, como todos los protectores, empuja lo que no queremos ver. Algunos de nosotros tenemos tanto miedo de bajar la velocidad y darle una mirada a nuestro interior que preferimos atizar el fuego furioso de la ocupación para que así podamos evitar ese momento con nosotros mismos. La atracción de la vida inquieta es seductora, ya que nos adormece a nuestras inseguridades, temores y dudas. Incluso nos enorgullecemos de lo ocupados y conectados que podemos estar.

A veces nuestros protectores han sido tan activos que tememos que no nos guste lo que vamos a encontrar si vamos más despacio y le damos una mirada a nuestro interior. No sólo nos preocupa que nuestro dolor o que los temores nos alcancen, sino que también tememos que en nuestra esencia también estemos vacíos, que no haya mucho allí, lo cual es falso.

En su esencia, usted es un ser hermoso. Si no lo cree, ¿confiaría en Aquel que lo hizo? Dios dice que usted está hecho «a su propia imagen» (Génesis 1:27). Su verdadero yo refleja la naturaleza de Dios: compasivo, cariñoso, creativo, pacífico, justo, amable. Sus estrategias protectoras pueden asumir el control y eclipsar esa imagen pero nunca borrarla. Dios le considera digno de su amor y le persigue para restaurar su semejanza con Él.[39]

Nuestros protectores nos instan a confiar en ellos y a permanecer independientes de Dios. Ellos nos han cortejado con falsas promesas de encontrar vida aparte de Dios.[40] Sin embargo, no pueden satisfacer lo que nuestros corazones anhelan. Nuestro ser interior está hambriento de Dios. Es por eso que a medida que Dios nos ofrece una relación consigo mismo, podemos pedirle perdón por confiar en nuestros protectores y dejarles el control.

Nunca podremos tener una vida más significativa o relaciones íntimas a menos que estemos dispuestos a disminuir la velocidad y a darle una mirada a nuestro interior. El aprender a nutrir nuestra vida espiritual mientras respondemos a las demandas y deberes es un desafío, pero trae un equilibrio y una salud hermosos a nuestras vidas. Esto es más que encontrar nuestro propósito en la vida, aunque eso también se realza tomando momentos tranquilos de reflexión. Crear un espacio para el alma es encontrar un ritmo en su día, semana, mes y año que incluye tiempo para la nutrición espiritual.

Nuestro verdadero yo depende de Dios para vivir y ser nutrido. Necesitamos una inundación continua de su amor y tiempo en su presencia para ver nuestro camino claro y mantener nuestra conexión con nuestro «Yo resplandeciente». El libro de Salmos en el capítulo 36:9 se refiriere a Dios, diciendo: «En tu luz veremos la luz.» Al pasar tiempo con Él, podemos comenzar a vernos a nosotros mismos, a nuestro cónyuge, a la vida y al amor desde su perspectiva. Este tiempo a solas con Él nos da claridad y alimenta nuestras almas, además nos permite permanecer muy conscientes de nuestros protectores y no ser superados por ellos.

Para empezar, puede apartar de cinco a diez minutos al día para estar a solas con Dios. Puede usar el tiempo para simplemente orar, reflexionar o leer. Hay muchas aplicaciones móviles que pueden servir de guía, por ejemplo: *Examine* es una aplicación sencilla que le ayudará a reflexionar sobre algunas preguntas cada día, mientras que *YouVersion* ofrece un versículo de la Biblia para leer cada día y planes de lectura.

La oración es una parte importante de esta nutrición del alma. Su ser se fortalecerá reflexionando diariamente y deleitándose en su identidad como un hijo amado, perdonado y complacido de Dios mientras está en su presencia. Disfrútelo, dele las gracias e invítele a buscar dentro de usted y a revelarle cualquier protector que pueda estar interfiriendo en su capacidad de amar bien.

No es raro que sus protectores se irriten cuando empiece. Usted puede sentir un impulso desesperado de ocuparse con otras cosas y ver la práctica como una pérdida de tiempo. Espere un momento, asegure a sus protectores que usted puede manejar lo que pueda surgir. Cualquier nuevo comportamiento toma tiempo para adaptarse a un ritmo. A medida que se sienta más cómodo con la soledad y más atento a la presencia de Dios, disfrutará de una paz que impregna su día con una ligereza y sentido de propósito. ¡Incluso le dará un poco más de paciencia con los niños!

Además, puede apartar más tiempo para hacer uno o más de los ejercicios de la sección «Para reflexión personal» que se encuentra al final del capítulo.

• • •

A veces tenemos la idea de que la vida es lo que nos sucede. Pero como Carl Jung afirma en su declaración: «Hasta que hagas consciente al inconsciente, este dirigirá tu vida y lo llamarás destino.»[41]

Todos somos dirigidos por fuerzas desde nuestra infancia y elegimos o no ser conscientes de estas fuerzas. Si no somos conscientes, esas fuerzas seguirán impactando nuestras relaciones con nuestro cónyuge, nuestros hijos y con otros. Si elegimos el camino más difícil de llegar a ser personas conscientes de nosotros mismos, podemos tomar nuevas decisiones sobre nuestro futuro.

Es difícil renunciar a nuestros patrones de protección. Nos han permitido evitar el dolor, y jugar con nuestra forma normal de relacionarnos es arriesgado. No sabemos lo que nos espera, sin embargo. Sin el autoconocimiento no se puede ser libre de tomar decisiones y crecer. Siempre permanecerá esclavo de sus detonantes y heridas, además de la reactividad resultante.

Encuentre el valor para bucear y descubrir la belleza de su ser auténtico. Este es el primer paso hacia el disfrute de una relación verdaderamente íntima con su pareja.

Preguntas para discusión: Capítulo 4

Preguntas de grupo y pareja

1. ¿Cómo responde a la idea de buscarse a sí mismo? ¿Alguna vez se ha encontrado pensando:
   a) *¿Por qué debo buscarme a mí mismo cuando mi cónyuge es realmente el problema?*
   b) *Ya me siento mal por lo que soy. ¿Por qué empeorarlo?*
   c) *Tengo un pasado doloroso, y no quiero revivirlo. Yo quiero dejarlo atrás.*
   d) *No quiero culpar a mis padres.*
   e) *Enfocarme en mí mismo es egoísta.*

   ¿Por qué podría ser beneficioso explorarse a usted mismo? Lea Proverbios 20:5 y Salmos 139:23-24. ¿Qué dicen estos versículos sobre el autoexamen y permitir que Dios le examine?

2. ¿Estaría usted de acuerdo en que todos tienen un profundo deseo de ser completamente conocidos y completamente amados? ¿Alguna vez ha tenido la experiencia de ser amado, pero no verdaderamente conocido? ¿Alguna vez ha tenido la experiencia de ser conocido pero rechazado? ¿Cómo le hicieron sentir estas experiencias? Lea Salmos 139:1-4 y 1 Juan 4:16. ¿Qué diferencia le hace saber que Dios le conoce y le ama por completo?

3. Al leer sobre la sesión de terapia con James y Amy, ¿podría identificarse con la forma en que sus respuestas mutuas se activaban entre sí? ¿Ha notado si las interacciones con su pareja parecen detonar el uno al otro? ¿Alguna vez se ha preguntado por qué reacciona como lo hace? Lea Romanos 7:15-8:2. ¿Puede identificarse con la lucha de Pablo? ¿Cómo encontró Pablo descanso en su dilema?

4. ¿Es usted capaz de identificar uno o dos de sus protectores «favoritos» que salen a flote de manera predecible en una discusión con su pareja? ¿Tiene algún recuerdo de tener una reacción similar en la infancia? Si usted tiene esa conciencia y se siente cómodo, comparta lo que nota acerca de sí mismo con su grupo. (Esperemos que haya establecido un acuerdo con el grupo para honrar la confidencialidad de cada persona. Si lo hace, el compartir será mucho más honesto y útil para todos.)

5. Lea Mateo 19:13-14. ¿Cómo cree que Jesús ve las áreas sensibles, vulnerables o heridas de usted mismo? Lea Lucas 4:16-21 e Isaías 66:13. ¿Cuál es la posición de Dios con respecto a la restauración del quebranto?

6. Comprométanse el uno con el otro a trabajar por medio de los ejercicios de la sección «Para la reflexión personal» que

están a continuación. Mientras lo hace, tome tiempo en reuniones posteriores para compartir lo que está aprendiendo.

Para la reflexión personal

1. Ejercicio de pensamientos y sentimientos
   Una manera simple de comenzar a ser más consciente de sí mismo es identificar sentimientos y pensamientos que surgen durante el día. Mantenga un diario y registre al menos tres emociones que experimenta cada día, junto con las reacciones físicas y los pensamientos que coinciden con cada sentimiento (ver los ejemplos en el capítulo). Utilice la lista de «palabras que identifican emociones» del apéndice A para ayudarse describir sus emociones.

2. Ejercicio de explorar la crianza
   Sea cual sea la forma en que fue criado, o sus respuestas ante esta manera, realice una introspección reflexiva sobre la dinámica de su hogar y el impacto que ha tenido en la forma en que entabla relaciones íntimas. Las preguntas se proporcionan en el capítulo.

3. Ejercicio de identificar sus protectores
   Tómese su tiempo para evaluar cómo respondió en un conflicto reciente con su cónyuge. Use las preguntas de la sección «Identifique sus protectores» para ayudarse en la exploración. La mayoría de la gente tiene un grupo de protectores. Para una lista más completa de posibles «protectores» refiérase al apéndice B.

4. Ejercicio de retroalimentación
   Invite a otros, incluyendo a su cónyuge, a que le den información sincera sobre qué impresión da usted. Antes de acercarse a ellos, consulte con sus protectores y vea si tienen alguna preocupación acerca de hacer esto. Vea si puede

tranquilizar a sus protectores y pídales que retrocedan y le permitan pedir retroalimentación de una manera empática.

5. Ejercicio de crear espacio para el alma
   Aparte de cinco a diez minutos al día para estar a solas con Dios. Puede usar el tiempo para simplemente orar, reflexionar o leer. Hay muchas aplicaciones móviles que pueden ayudarle y guiarlo. *Examine* es una sencilla aplicación que le ayudará a reflexionar sobre unas cuantas preguntas cada día, y *YouVersion* ofrece un versículo bíblico para leer cada día, además de los planes de lectura.

Para un autoexamen adicional

Para continuar explorando la forma en que fue criado y su impacto en cómo se relaciona, puede hacer la prueba del «Estilo de amor» en el sitio web de *How We Love* (www.howwelove.com) [Cómo amamos]. También recomiendo tomar un ejemplar de *How We Love* [Cómo amamos] de Milan y Kay Yerkovich para familiarizarse con su estilo de amor individual y el estilo de pareja combinada. Utilice la sección del libro para profundizar en la conciencia de usted mismo.

5

Acepte las diferencias

Uno no llega a amar porque encontró a la persona adecuada, sino por ver completamente a una persona imperfecta.

Sam Keen

Stacey es organizada y determinada. Ella es muy detallista y minuciosa tanto en su trabajo como en su vida personal, pero a Matt, su marido, se le escapan los detalles. Él tiende a ser un tipo de gran imagen de hombre y deja los detalles y el seguimiento a otros. Stacey se frustra con Matt debido a que habitualmente «olvida» completar una tarea y espera que ella termine con los cabos sueltos.

James es escueto y analítico. Él disfruta de un buen argumento, siempre y cuando las emociones estén amansadas y el razonamiento siga siendo «lógico.» Amy, su esposa, está mucho más en sintonía con los sentimientos de la gente y trata de evitar las discusiones. Cuando está herida, tiende a razonar partiendo de sus sentimientos. Esto le causa frustración a James, por lo que se cierra y se vuelve crítico y distante.

Ambas parejas están enfrentando el desafío de las diferencias dentro de su matrimonio. Aunque sus disimilitudes les pueden haber atraído inicialmente a cada uno, con el tiempo estas diferencias pueden afectar cómo la pareja experimenta el apoyo emocional, la confianza, la conexión y la intimidad.

Para ser capaces de aceptar las diferencias, tendremos que explorar lo que son, por qué son un desafío para el matrimonio, y cómo celebrarlas puede ser beneficioso para una relación que crece.

Tipos de diferencias

Usted y su pareja son diferentes por muchas razones. Por un lado, como hablamos anteriormente, cada uno de ustedes tuvo una crianza infantil diferente, lo que impacta poderosamente en cómo una persona se relaciona.

Considere a James y a Amy. James creció en un hogar con padres desapegados que despreciaban los sentimientos. Aprendió a desconectarse de sus emociones y, como resultado, se sintió abrumado por el anhelo de conexión de su esposa. Amy creció en una casa donde el padre no estaba disponible y la madre estaba físicamente pero no emocionalmente presente. Debido a su anhelo insatisfecho de cercanía, se sintió abandonada por la falta de atención de James. Además, James creció en una casa desordenada y caótica, mientras que Amy estaba rígidamente organizada. Como resultado, cada uno tenía diferentes expectativas de cómo sería administrada la casa.

Las diferencias de personalidad agregan otra dimensión a la navegación de su relación matrimonial. Sean es enérgico y extrovertido. Se involucra fácilmente en la conversación con amigos y extraños por igual. Su esposa, Michelle, es un poco más introvertida. Ella disfruta del tiempo a solas y le resulta más difícil hablar, incluso con los amigos, por cualquier período de tiempo. Cuando asisten a las fiestas, generalmente él la deja para que se valga por sí misma y ella resiente el tiempo que Sean pasa conectándose con otros.

Uno de ustedes puede ser más activo y juguetón mientras que el otro puede ser más serio y concienzudo. Uno de ustedes puede ser más impulsado mientras que el otro puede ser más creativo y reflexivo.

Diferencias físicas

¿Alguna vez se ha preguntado por qué su esposa tiende a hablar mucho más que usted? ¿O por qué su esposo evita conversaciones largas o emocionales? Eso es porque el cerebro masculino es diferente al cerebro femenino. Comprender estas diferencias fascinantes puede ayudarle a cada uno a ser receptivo al diseño único del otro.

Las mujeres poseen una mayor densidad de neuronas en las partes del lóbulo temporal que están asociadas con el procesamiento del lenguaje y la comprensión. El hipocampo, la parte del cerebro responsable de la memoria y la formación de emociones, es más grande en el cerebro femenino, así como los circuitos cerebrales para el lenguaje y la observación de las emociones en otros.[42] Como resultado, las chicas tienden a desarrollar el lenguaje más rápido y más exhaustivamente que los niños. Esto no sólo explica la tendencia de una mujer a ser más verbal, sino que explica su sintonía social y la capacidad de recordar conversaciones emocionales.

Por otro lado, los varones realizan tareas desde su hemisferio izquierdo, que es el lado racional/ lógico del cerebro. Su desarrollo del lenguaje ocurre solamente en el hemisferio izquierdo del cerebro. Como resultado, los hombres tienden a ser más enfocados en la comunicación, para llegar directo al punto.

Nuestras diferentes estructuras cerebrales también explican por qué las mujeres pueden prestar atención a varias cosas a la vez y los hombres tienden a ser más enfocados en una sola cosa. El corpus callosum (la banda de neuronas que conectan los lados izquierdo y derecho del cerebro) permite que ambos lados del cerebro funcionen de manera coordinada. Debido a que el corpus callosum es más grande en mujeres, se ha propuesto que es una razón por la cual las mujeres son generalmente mejores que los hombres en la multitarea. Permite una mayor conectividad entre los lados izquierdo y derecho del cerebro.[43] El cerebro femenino puede reunir más información y recoger detalles a través de sus sentidos.

Si su marido parece tener «atención selectiva» y no le escucha cuando está sintonizado con algo más, es muy probable que la razón sea que su cerebro es mucho más enfocado en una sola cosa. Los varones tienen más conectividad *dentro* de cada hemisferio del cerebro, lo que les permite ser más compartimentados. Los varones también son mejores en el procesamiento espacial y la acción coordinada.[44] Louann Brizendine, en su libro *The Female Brain*, también señala que: «los hombres tienen procesadores más grandes en el núcleo del área más primitiva del cerebro, que registra el miedo y desencadena la agresión: la amígdala. Esta es la razón por la cual algunos hombres pueden pasar de "cero a un puñetazo" en segundos.»[45] Tanto la acción coordinada como la respuesta a la amenaza son importantes para la protección y supervivencia.

¿Alguna vez se ha preguntado por qué, cuando se trata de sexo, los hombres son más visualmente estimulados? El hipotálamo, situado en el centro del cerebro, controla muchas actividades como el hambre, la sed, sexo y sueño. El área pre-óptica del hipotálamo, que es el área del cerebro más involucrada en los comportamientos sexuales y de apareamiento, es 2,2 veces mayor en hombres que en mujeres y tiene el doble de células. Los hombres también tienen más de diez veces la cantidad de testosterona que las mujeres, lo que explica el hecho de que piensan en el sexo más a menudo, Brizendine comenta:

> Así como las mujeres tienen una autopista de ocho carriles para procesar la emoción, mientras que los hombres tienen un pequeño camino rural, los hombres tienen el aeropuerto O'Hare como un centro para procesar pensamientos sobre sexo, mientras que las mujeres tienen un campo de aterrizaje para aviones pequeños y privados.[46]

El entender estas diferencias en el cerebro humano puede ser muy útil a la hora de responder a su cónyuge. Si un marido aprecia la necesidad de su esposa de hablar y conectarse verbalmente, puede hacer un esfuerzo adicional para darle toda su atención. Con el fin de asegurarse de que ella tiene toda la atención de su marido, una esposa puede ser reflexiva sobre la elección del momento. También puede ser sensible si su marido se siente verbalmente abrumado y ajustar su conversación en consecuencia.

Una esposa que entiende que los cerebros de los hombres están *diseñados* para estar más enfocados en el sexo, puede brindar más aceptación al deseo sexual de su esposo y no desacreditarlo por lo que viene por naturaleza. Si ella reconoce su capacidad para la multitarea, puede elegir dar a la experiencia sexual toda su atención y optar por dejar de lado algunas de las tareas y responsabilidades que están clamando por su atención para que pueda sentirse relajada y presente con su marido y permitirse disfrutar de la intimidad sexual.

Sabiendo que su esposa puede tener dificultades para desactivar las demandas de su día con el fin de estar disponible para la intimidad, un marido inteligente puede ofrecer ayuda, planear momentos románticos, y expresar su amor tanto en y, lo que es más importante, fuera del dormitorio.

Las diferencias emocionales

Las mujeres y los hombres también parecen diferir en sus necesidades emocionales.[47] Lo que una esposa parece querer más de su marido es su tiempo, atención y apoyo. Anhela la dedicación y la sintonía de su marido. Ella quiere que su esposo traiga fuerza a su familia sin aspereza ni dominación. Anhela sentirse cuidada y validada. Por encima de todo, anhela ser amada, de manera tierna y consistente.

Los hombres, por otro lado, desean respeto aún más que el amor. El respeto transmite a un hombre que es visto como competente y capaz, que es «suficiente» para su esposa. Las expresiones de decepción le perforan como una espada. Anhela hacer feliz a su esposa, ser admirado y apreciado. Necesita confirmación de que sus contribuciones son valiosas y notadas.

Cuando un esposo y una esposa entienden sus diferentes necesidades emocionales, pueden ofrecer lo que el otro realmente desea, en lugar de lo que *piensan* que quiere el otro.

El surgimiento de las diferencias

En la fase romántica e idealizada de la relación, nuestro cerebro está saturado de sustancias químicas que le hacen sentir bien, como la dopamina, la adrenalina y la norepinefrina, que nos dan esa experiencia del corazón que late, y la euforia de estar enamorado.[48] La experiencia de enamorarse es aquella en la que nuestro cerebro está literalmente «drogado.» En este estado, nuestro nivel de conciencia se reduce, y en nuestro deseo de conectar y complacer, se pasan por alto los defectos y las diferencias de nuestra pareja; y las cosas que son similares captan nuestra atención.

En unos pocos meses o años, ese vuelo usualmente desaparece. Un día se despierta casado con un «extraño» que tiene deficiencias y hábitos molestos. La cercanía de su marido con la madre, que alguna vez fue una cosa dulce, se convierte en una dolorosa fuente de contención. La atención de su esposa a los detalles, que en algún momento fue útil, se convierte en algo irritante y se siente como arrogancia de ella.

Cuando los diferentes hábitos, necesidades y perspectivas de su pareja, que inicialmente le atraen el uno al otro, se vuelven difíciles y dolorosos, puede verlos como una amenaza a la relación: cosas que deben ser erradicadas o al menos suprimidas.

Cuando los diferentes hábitos, necesidades y perspectivas de su pareja, que inicialmente le atraen el uno al otro, se vuelven difíciles y dolorosos, puede verlos como una amenaza a la relación: cosas que deben ser erradicadas o al menos suprimidas. Así que intenta convencer a su cónyuge para pensar o actuar de manera diferente. Cuando eso no funciona, usted recurre a la manipulación, quizás avergonzándolo o criticándolo por sus posiciones o hábitos. Usted puede retirar algo que su pareja anhela, como la conexión sexual, el tiempo o la atención, todo para lograr que cambie.

Ahora, sorprenderse por rasgos, comportamientos, hábitos, pensamientos y reacciones de su pareja es completamente normal. Cuando el vuelo del enamoramiento se desploma, la realidad de estar casado con una persona real, con necesidades que son diferentes a las suyas es inevitable. Usted puede protestar, castigar o manipular en un esfuerzo por eliminar las diferencias entre usted y su cónyuge, pero eso sólo herirá a su pareja y dañará el matrimonio.

Puede ser que su respuesta a las molestas o dolorosas diferencias que existen con su pareja, esté siendo impulsada por un deseo inconsciente de sanar una herida que tiene desde la infancia. Si usted es altamente reactivo o evasivo como una forma de tratar con su pareja, es muy probable que lo descrito anteriormente sea cierto. Si usted está esperando encontrar en su pareja a una persona que pueda finalmente llegar a usted para satisfacer sus necesidades de amor y valor, la decepción puede ser inmensa. El liberar a su cónyuge de la obligación de compensar sus pérdidas de la infancia puede ser un gran punto decisivo para usted y su matrimonio.

Estos deseos inconscientes estaban definitivamente en funcionamiento cuando James y Amy se enamoraron. Él se sintió atraído por la energía emocional y las expresiones sinceras de afecto que ella manifestaba. Cuando ella estuvo detrás de James, la seca crianza emocional que él tuvo recibió corrientes de agua curativa. Finalmente, James había encontrado una mujer que le daba la atención y la conexión que había anhelado.

Al tener que vivir con las expectativas de peso de su madre y la limpieza obsesiva, Amy se sintió atraída por la naturaleza relajada de James y su sentido de la aventura. Cuando ella se ponía ansiosa o nerviosa, él la ayudaba a obtener perspectiva y a calmarse. Ella estaba entretenida con el apartamento desordenado de él, y aunque estaba segura de que podía ayudarlo a ser más organizado, apreciaba su actitud de soltura. Cuando James planeaba citas alegres, Amy se sintió muy amada.

Los impulsos inconscientes que los llevaron a casarse también jugaron un papel en sus tempranas decepciones y conflictos. Después del primer año de matrimonio, las cualidades que una vez encontraron adorables y atractivas se convirtieron en una fuente de dolor. La actitud relajada de James comenzó a molestarle a Amy cuando tropezaba con la ropa sucia de él en el piso del dormitorio. Por otro lado, la expresividad emocional de ella comenzó a crear una gran incomodidad para James. Como las atenciones de James fueron desviadas a las crecientes demandas de su trabajo, Amy sintió la punzada de la imprevisible participación de su padre en la vida de ella. Entonces cuando ella reaccionó con arrebatos emocionales, James se sintió abrumado y frustrado. El desierto emocional de la crianza de James no le había preparado para la avalancha de sentimientos que fluían de Amy, por lo que al sentirse mal equipado para manejar la situación, la culpó y se alejó.

Como la mayoría de las parejas, James y Amy intentaron inicialmente que el otro cambiara. Sus esfuerzos salieron a la luz en nuestra quinta sesión de terapia. Amy se movió hacia el borde del sofá, y temblando dijo: «No entiendo por qué es tan difícil tirar la ropa sucia en la canasta. ¡Únicamente le toma dos segundos!»

«Sólo se me olvidó.» James se encogió de hombros. «Tengo prisa por la mañana.»

Entonces ella se dirigió a mí y dijo: «¡No estoy pidiendo mucho! ¿Cómo puede ser tan perezoso?»

James hizo un gesto y respondió: «¿Por qué no puedes dejarlo pasar? ¿Es realmente algo tan importante?»

Animé a James y Amy a desacelerar su interacción y mirar los sentimientos subyacentes a sus posiciones. Amy reveló que se sentía sin importancia y ansiosa cuando James le tiraba la ropa al suelo. La parte maternal de ella quería enseñarle a comportarse mejor, y la parte del juicio quería demostrar que estaba equivocado. A su vez, James se sintió manejado y criticado. La parte adolescente de él quería que «Mamá» retrocediera. A medida que los dos fueron capaces de ver cómo sus partes vulnerables y de protección se activaban, también fueron capaces de asumir la responsabilidad de sus respuestas y tener una conversación muy diferente.

Amy se acercó un poco más a James: «Siento mucho hacerte trabajar con esto, pero a veces simplemente no siento que me escuches o que te importe.»

«Puedo ver cómo te sentías de esa manera», respondió James. «Debido a la crianza que recibimos de nuestra familia, tenemos diferentes expectativas de cuán bien tiene que estar la casa.»

«Sé que el desorden no te molesta»dijo Amy,«pero eso me rechina en la cabeza por la forma en que fui criada.»

«No quiero ser desconsiderado, en realidad no pienso en ello.»

«Me pregunto si hay una manera de satisfacer nuestras dos necesidades.»

<Yo podría utilizar algo visual para ayudarme a recordar,» ofreció James. «¿Qué tal si sacamos la canasta del armario y la ponemos al final de la cama donde la veré?»

Amy estuvo de acuerdo, obviamente animada por la voluntad de James de hacer un esfuerzo.

Una vez que ambos estaban dispuestos a reconocer que su perspectiva no era la única manera correcta, fueron capaces de escuchar y ser escuchados. El enfoque pasó de tratar de cambiar a su pareja a la comunicación de sus propios sentimientos y necesidades de una manera respetuosa.

Diferentes por diseño

¿Alguna vez ha pensado en cómo sería la vida si estuviera casado con alguien exactamente igual a usted, con el mismo trasfondo, los mismos pensamientos, fortalezas y debilidades, experiencias, y género; en otras palabras, casarse con usted mismo? Sería aburrido,

¿verdad? La mayoría de nosotros nos casamos con alguien que nos complementa, alguien cuya personalidad y talento completa lo que nos falta.

Mi esposo es un pensador analítico y yo soy más relacional. Él resuelve nuestros problemas de computación y yo me conecto con amigos. Si Dios diseñó el matrimonio como una unión de dos personas similares, dudo que las hubiera hecho hombres y mujeres o creado la multiplicidad de personalidades que existen. Parece mucho más probable que Él diseñó el matrimonio como la unión de dos individuos con diferencias significativas que requerirían «trabajar» a través de los retos de la vida matrimonial.

Así que, si hay un propósito para las diferencias, ¿qué podría ser? Puedo pensar en varias posibilidades.

Las diferencias nos ayudan a ver que nuestra manera no es la única manera

Usted y su cónyuge provienen de diferentes orígenes familiares. Es probable que tengan diferentes puntos de vista sobre cuánto tiempo pasar con el círculo familiar extendido, dónde pasar las vacaciones, cuánto revelar a los miembros de la familia, cuánto dinero ahorrar o gastar, y cómo criar a los niños. Puede elegir ver la opinión de su pareja como incorrecta, inferior o informativa. La última opción le abre a nuevas contribuciones y a un matrimonio más feliz.

Puede elegir ver la opinión de su pareja como incorrecta, inferior o informativa.

Es probable que incluso tenga puntos de vista opuestos de lo bien que una tarea debe hacerse. Yo crecí en una casa donde mi padre tenía una manera correcta de hacer cualquier tarea doméstica. Cuando mi marido y yo estábamos recién casados, se ofreció voluntariamente a barrer nuestro pequeño patio. Él no se imaginaba que yo era una barredora de patio *experta,* ¡la guardiana de la única manera en que se debe barrer un patio! Pensé que se beneficiaría de mi entrenamiento, pero eso no salió bien. Lanzó la escoba y dejó la tarea a la «experta.» Ambos teníamos nuestros propios conceptos de lo que parecía un patio barrido de nuestras experiencias pasadas. Me tomó varios años darme cuenta de que mi manera no era necesariamente la manera correcta o la única manera.

Las diferencias desafían sus ideas preconcebidas. Una vez que se vuelven receptivos a las diferencias, pueden ampliar su perspectiva.

Las diferencias nos enseñan a comprometernos

Dado que usted y su pareja tienen sus propias perspectivas únicas, la resolución de problemas requerirá que cada uno de ustedes escuche bien y suavice su posición. El resultado positivo es que ambos se vuelven más adaptables y flexibles. Incluso puede comenzar a dar la bienvenida a la contribución de su cónyuge en la toma de decisiones.

Mientras criábamos a nuestros hijos, mi esposo y yo teníamos diferentes ideas sobre cuánto dinero darles. Mi marido creció en una familia donde las finanzas eran limitadas y trabajó duro para asegurarse de poder ser generoso con sus hijos. Mis padres, ambos profesores, querían enseñarnos a mis hermanos y y a mí el valor del dinero, y esperaban que nos lo ganáramos. No pocos argumentos en nuestro matrimonio se centraron en mi opinión de que Gary estaba «permitiendo» a nuestros niños y su visión de que yo era «tacaña.» Con el tiempo llegamos a entender que nuestras mejores decisiones se tomaban generalmente incorporando ambos puntos de vista. La unidad en la diversidad trae consigo resoluciones interesantes y creativas.

Las diferencias exponen nuestro egoísmo

Es común, especialmente en los matrimonios jóvenes, que los cónyuges tomen posiciones arraigadas sobre un asunto, negándose a rendirse por temor a que sus propias necesidades no se satisfagan. En una relación íntima, las necesidades de una persona a menudo están en conflicto con las de la otra. La prioridad del «yo» no está en ninguna parte más expuesta que en el matrimonio.

Hay innumerables oportunidades diarias para elegir entre lo que quiere o prefiere y lo que su cónyuge quiere o prefiere. A mi marido le encanta el pastel de carne y las patatas, en cambio a mí me gusta una ensalada junto con un trozo de pechuga de pollo a la parrilla. ¿Qué debemos tener para cenar esta noche?

Sucede que mi día libre pasa a ser el día de la basura en nuestra casa. Mi marido ha estado trabajando todo el día, pero se necesita recoger las latas de la calle. ¿Debería traerlas yo, aunque es típicamente «su» trabajo? Todos tenemos pequeñas decisiones diarias acerca de dar o no dar.

Cuando estamos cansados o estresados, tener cuidado de las necesidades de nuestro compañero puede ser especialmente incómodo. Queremos que cuiden de nosotros, por eso el ponernos de lado para servir a nuestro compañero no es instintivo. Estamos inclinados a cuidar de nosotros mismos primero, y el matrimonio nos ayuda a ver la verdad sobre nosotros mismos y nos llama a algo más elevado.

Las diferencias crean misterio

Cuando conoció por primera vez a su cónyuge, fue probable que le intrigó la forma en que él o ella era diferente de usted. Ambos disfrutaron de conocerse y estuvieron agradablemente sorprendidos por algunos de los atributos que descubrieron. No conocerse por completo agregó un elemento de misterio a su relación, eso aún se puede tener.

Después de estar casados por un tiempo, creemos que conocemos por completo a nuestro cónyuge. No hay nada nuevo en él o ella bajo el sol, y nos conformamos con la noción errónea de que no hay más sorpresas. Para algunos, esto les brinda seguridad, y un sentir de que todo está bajo control; para otros, la pérdida de intriga les hace sentir aburridos. De cualquier manera, hay un problema con esto, usted ha perdido la curiosidad.

No importa cuánto tiempo haya estado casado, no puede conocer a su pareja por completo. Siempre hay alguna parte del cónyuge que descubrir, y crear un espacio seguro donde usted pueda explorar los sueños únicos, heridas, fantasías y anhelos puede restaurar ese elemento de misterio y sorpresa.

Las diferencias pueden pulirnos

Proverbios 27:17 nos dice: «El hierro se afila con el hierro, y el hombre en el trato con el hombre» (NVI). Al compartir la vida juntos, usted y su cónyuge se rozan, uno contra los bordes de la personalidad del otro. A través del tiempo, las diferencias crean fricción, y si se recibe esa fricción amistosamente en lugar de una lucha con un intruso, puede hacerle mejor de lo que usted era antes.

Ser receptivo es la clave. Esta persona con la que se ha casado puede convertirse en una espina dolorosa en la carne, o bien puede ser un catalizador para su crecimiento, dependiendo de cómo elija responder.

Las diferencias nos enseñan a amar

El matrimonio está diseñado para transformarnos enseñándonos a amar a personas que son muy diferentes de nosotros mismos. El amor requiere considerar los deseos, esperanzas y anhelos de su pareja. De este modo, el amor nos amolda.

Esas mismas maneras en que somos diferentes crean el potencial para la mayor intimidad. Usted no puede ser verdaderamente íntimo con otra persona si está invirtiendo sus fuerzas para hacer a la otra persona a su imagen. La verdadera intimidad requiere una ausencia de manipulación y una aceptación de las diferencias que cada uno trae a la relación.

La Biblia nos anima a «ponernos amor», a vestirnos con amor (Colosenses 3:14). No es algo que ya tenemos por nacimiento. Es algo que aprendemos, y lo aprendemos en la relación.

> *Usted no puede ser verdaderamente íntimo con otra persona si está invirtiendo sus fuerzas para hacer a la otra persona a su imagen. La verdadera intimidad requiere una ausencia de manipulación y una aceptación de las diferencias que cada uno trae a la relación.*

Antes, en el pasaje, somos desafiados: «soportándoos unos a otros, y perdonándoos unos a otros si alguno tuviere queja contra otro» (v.13). «Soportar» a otra persona significa aceptar las formas en que son diferentes, incluso si eso es una carga. Dietrich Bonhoeffer describe la palabra «soportar» de esta manera: «Asumir la carga de la otra persona significa involucrarse en la realidad del otro, aceptarla y afirmarla, y, al llevarla, romper hasta el punto en que nos enorgullecemos de ella.»[49] Al soportarnos unos a otros, aprendemos a amar al verdadero otro, no al que estamos tratando de crear para nuestro propio beneficio y bienestar, y así nos alegramos en las diferencias del uno y el otro.

Así como el soportar, perdonar es una forma de amor que aprendemos porque somos diferentes unos de otros. En nuestras diferentes maneras de estar en el mundo, nos lastimaremos mutuamente. Extendemos el perdón, que nos libera de todo lo demás. Liberarse el uno al otro de esta manera es un acto de amor. El matrimonio proporciona muchas oportunidades de aprender a amar a través del perdón.

Lo que abrazar las diferencias es realmente

¿Cómo sabrá cuándo ha crecido en su habilidad para aceptar las diferencias de su pareja? Usted se encontrará curioso acerca de las preferencias o formas de hacer las cosas en lugar de irritarse. Cuando su cónyuge expresa una opinión contraria a la suya, explorará su punto de vista único y no se verá amenazado por la disparidad con la suya. Cuando las prioridades o deseos de su pareja son diferentes a los suyos, usted trabajará con ellos para encontrar maneras de satisfacer sus dos necesidades, sin ser despectivo con su pareja por no ponerse en línea con usted.

Cuando su cónyuge revele sus vulnerabilidades, usted las mantendrá como un tesoro confiado a usted por lo que rehúsa utilizarlas de cualquier manera para lastimar a su pareja. Cuando se activan los protectores de su cónyuge, usted los verá como intentos de salvaguardar sus áreas sensibles, y usted será menos reactivo y menos aplastante, y por lo tanto será más capaz de calmar a su pareja. En resumen, usted estará abierto a los matices y las idiosincrasias de su cónyuge.

No es por casualidad que le hayan dado una pareja única. Sí, usted eligió a su cónyuge, pero cuando se casó, sucedió algo más grande que usted y su compañero o compañera. Ambos están siendo forzados a crecer en formas que nunca habrían podido predecir. Ese crecimiento es debido principalmente a las diferencias a las cuales usted se está aprendiendo ajustar.

Lo que su pareja más desea de manera profunda, será probablemente lo más difícil para usted, y lo que usted más desea profundamente será lo más difícil de dar para su cónyuge. Pero al aprender a dar de forma sacrificial, ambos se volverán los compañeros más íntimos y amorosos.

Las diferencias que experimenta con su pareja le brindan grandes oportunidades. Aunque algunas diferencias son fácilmente aceptadas y otras son dolorosamente difíciles, todas tienen la promesa de enriquecer sus vidas. Si usted acepta que esas diferencias son por el diseño divino, será más receptivo incluso cuando le causan inconvenientes o incomodidad. Usted puede aceptar las diferencias y aprender todo lo que tienen que enseñarle... o resistirlas y perder la oportunidad de crecer.

Si elige abrazar las diferencias de su compañero, usted será amoldado. Ambos crecerán, pero no porque se estén exigiendo el uno al otro. El llamado de Jesús para que amemos a nuestros prójimos no fue dado meramente por el bien de nuestros prójimos. La gente amorosa nos cambia y somos transformamos a medida que aceptamos las diferencias de nuestro compañero y aprendemos con gracia a amar al otro como un ser diferente a nosotros.

Preguntas para discusión: Capítulo 5

Preguntas de grupo y pareja

1. La comprensión del diseño físico dado por Dios de su pareja (cerebro, hormonas, anatomía) ¿le ayuda a aceptar y trabajar con las inclinaciones naturales con más compasión? ¿Qué necesita aceptar sobre su pareja?
2. ¿Cuáles son las diferencias de personalidad más importantes entre usted y su pareja? ¿Cuáles son las diferencias emocionales más significativas? ¿Cómo han navegado en estas diferencias en el pasado? ¿Qué puede hacer para navegar más bondadosamente en el futuro?
3. De los seis posibles propósitos para las diferencias en una relación matrimonial, ¿con cuál de ellas se ha identificado? ¿Qué le falta por experimentar?
4. Lea 1 Corintios 12:14-27. Estos versículos dicen que así como el cuerpo físico está compuesto de muchas partes, también el cuerpo de Cristo está compuesto de muchas partes diferentes (todas las personas son diferentes) y cada parte tiene un propósito único e importante. Aplicando esto al matrimonio, ¿cómo podemos ver las diferencias de nuestra pareja? ¿Cómo podemos responder a las partes «más débiles» o «impresentables» de nuestra pareja? Si las diferencias

de usted y de su pareja fueron divinamente intencionadas (ver v.18), ¿cómo podría cambiar su respuesta a las necesidades únicas de cada cual?

5. Lea Colosenses 3:13. ¿Qué significa «soportar» a su pareja? Esto se da a menudo debido a que su pareja es diferente de usted y usted tiene que aprender a soportar las diferencias, lo cual sugiere paciencia y apoyo en lugar de tolerancia y resistencia. ¿Cómo lo hace en la vida práctica?

Para la reflexión personal

1. ¿Qué le atrajo de su pareja? ¿Cuáles diferencias notó entre usted y su cónyuge y cómo se sintió sobre esas diferencias?
2. Haga una lista de las formas en que usted y su cónyuge son diferentes ahora. ¿Cuáles son fáciles de aceptar y cuáles le causan dolor marital? En el caso de las diferencias que son difíciles, ¿cómo han respondido ante ellas? ¿Usted ha rebajado o criticado a su pareja por ser diferente? ¿Ha intentado cambiarlo? ¿Qué teme de que las diferencias permanezcan?
3. La comprensión del diseño físico de su pareja (cerebro, hormonas, anatomía) ¿le ayuda a aceptar y trabajar con sus diferencias biológicas con más compasión? ¿Qué necesita aceptar sobre su pareja?
4. ¿Cómo han beneficiado las diferencias a su relación? ¿Cómo puede usted estar más curioso acerca de sus diferencias en lugar de estar a la defensiva o criticar?

6

Encare el conflicto

> Todos los hombres cometen errores, pero los hombres casados se enteran de ellos antes.
>
> Red Skelton

Cuando usted piensa en la palabra *conflicto*, ¿cuál es la primera cosa que le viene a la mente? ¿El último argumento con su cónyuge? ¿La personalidad difícil de su compañero de trabajo? ¿La batalla de voluntades que experimentó con sus padres cuando era adolescente? Para la mayoría de nosotros, el conflicto tiene una connotación negativa. Pocas personas han crecido en una casa donde las diferencias entre los padres se resolvieron con respeto y productividad, en realidad a menudo el conflicto era hostil y doloroso o enterrado profundamente bajo un acuerdo subconsciente entre los padres para evitarlo a toda costa. Como resultado, crecemos mal equipados para navegar bien por el conflicto y llegamos a suponer que una buena relación será lo más libre de conflictos posible.

En la encuesta que realicé en el otoño de 2015, pregunté a 256 jóvenes casados cuál había sido su mayor sorpresa con respecto a los desafíos de la vida matrimonial.[50] Las dos respuestas que aparecieron con más consistencia fueron: sorpresa por su propio egoísmo en relación con su cónyuge y la dificultad de manejar el conflicto. Una de las personas que respondió compartió que su revelación más asombrosa fue encontrar que «el amor no eliminará la posibilidad de conflicto.» Muchos se sorprendieron por lo diferentes que son de su cónyuge y lo desafiante que era llegar a un acuerdo cuando cada uno quería su propio camino. (Para más resultados de la encuesta, véase el apéndice E.)

James y Amy también fueron sorprendidos por el nivel de conflicto en su matrimonio e hicieron esfuerzos para suprimirlo. James evitó discutir cualquier asunto que pudiera llevar a un desacuerdo, y Amy reaccionó con miedo si el volumen o el tono se elevaba. Inconscientemente, deseaban una relación honesta y abierta pero desconocían cómo sus anteriores experiencias con el conflicto estaban influyendo en sus respuestas.

A medida que James describía su infancia, se hacía más claro que sus padres tenían muy pocas discusiones, ya que se habían resignado a niveles bajos de intimidad y compromiso. Habían elegido quedarse juntos por razones financieras y por el bien de los niños, pero carecían del coraje necesario para afrontar los desafíos y atravesarlos. Los padres de Amy sufrieron un divorcio difícil, y ella había presenciado una gran cantidad de conflictos abiertos a lo largo de la escuela y una batalla contenciosa de custodia durante la secundaria. James había aprendido a evitar el conflicto y retirarse si surgía la disensión. Amy encontraba al conflicto como algo doloroso y no tenía conciencia de que podría ser productivo.

James y Amy habían concluido que el conflicto en el matrimonio era malo. Cuando las diferencias sobre las horas de trabajo de James comenzaron a surgir, Amy suprimió su decepción, pero comenzó a aumentar los textos y las llamadas telefónicas a James durante las horas de trabajo. James se molestó y asumió que Amy debía aceptar las exigencias de su carrera, pero no abordó la situación con Amy. Una noche, cuando era muy tarde y James aún no llegaba, Amy preparó una maleta y se fue a la casa de su madre.

Mientras compartió este incidente en la consejería, Amy se hundió de nuevo en el sofá, ella estaba claramente angustiada.

«Simplemente no sé qué hacer», dijo Amy. «Por un lado, sé que James está construyendo su carrera, pero por otro lado me siento tan descuidada y lastimada. Esta no es la forma en que pensé que serían nuestras vidas.»

«¿Qué esperas?»preguntó James. «No puedo irme antes que mi jefe. Si realmente quisieras que yo tenga éxito, me estarías apoyando en lugar de estar tironeándome para que venga a casa todo el tiempo, no eres razonable.»

«¿No es razonable pensar que te gustaría pasar tiempo con tu esposa? Ni siquiera pareces notarme en absoluto. Incluso cuando estás en casa, estás pensando en el trabajo.»

«Deberías estar feliz de que estoy pensando en el trabajo», dijo James. «A mucha gente le gustaría mi trabajo. Tengo que hacer lo que sea necesario.

«No eras así cuando nos casamos. No pensé que te fueras a convertir en alguien tan adicto al trabajo», dijo Amy.

«Llámame como quieras. Tú eres la egoísta.»

El objetivo para las parejas exitosas no es resolver todos sus problemas, sino aprender a hablar de sus problemas y participar en el conflicto de tal manera que no dañen la relación.

James y Amy ya no eran capaces de contener el conflicto. Cada uno de ellos desconocía las heridas subyacentes que se estaban disparando en ellos mismos y en el otro. Con el tiempo, cuando los esfuerzos por minimizar el conflicto fracasaron, James y Amy rápidamente convirtieron las luchas en algo improductivo e insultante que consolidó aún más su opinión de que el conflicto era siempre negativo e indicaba fracaso. Sus experiencias con el conflicto al crecer no les dieron la oportunidad de manejar incluso niveles bajos de desacuerdo de manera productiva. Esto, junto con la creencia que tenían de que el conflicto era un signo seguro de un matrimonio infeliz, hizo que James y Amy se sintieran derrotados.

La inevitabilidad del conflicto

Hay que confrontar la ilusión de que los matrimonios felices tienen poco o ningún conflicto para abrazar la realidad de la vida juntos. El investigador marital John Gottman cuestiona este mito con sus hallazgos sobre el conflicto en el matrimonio. Después de estudiar a más de 650 parejas en el transcurso de catorce años, encontró que el 69 por ciento de los problemas que tienen las parejas son perpetuos, lo que significa que seguirán siendo problemas para la vida del matrimonio.[51]

El objetivo para las parejas exitosas no es resolver todos sus problemas, sino aprender a hablar de sus problemas y participar en el conflicto de tal manera que no dañen la relación. La cuestión es cómo argumentar, no si usted discutirá. Las parejas felices pueden tener diferencias significativas en la personalidad, los intereses, los hábitos y las perspectivas. No se sorprenden por la presencia de conflictos, sino que aprenden a negociar de una manera que sigue siendo respetuosa.

El psicólogo Dan Wile, en su libro *Después de la luna de miel*, también dice: «Al elegir una pareja a largo plazo… inevitablemente estará eligiendo un conjunto particular de problemas insolubles con los que estará luchando durante los próximos diez, veinte o cincuenta años.»[52]

Si James y Amy hubiesen comprendido que los problemas y los conflictos eran normales en un matrimonio saludable, se habrían sentido menos temerosos cuando ocurrieron los desacuerdos. La verdad es que el conflicto no sólo es inevitable, sino que también es esencial para los niveles más profundos de intimidad que puede experimentar con su pareja. Nuestras diferencias, y el conflicto que se produce a causa de ellas, son los instrumentos que Dios usa para enfrentar nuestro egoísmo, suavizar nuestras aristas, ampliar nuestra perspectiva y moldearnos para ser las personas que Él desea. Si somos receptivos a cambiar en respuesta a nuestras áreas de conflicto, nuestro matrimonio nos transforma en compañeros más entregados y amorosos.

La anatomía de un conflicto

Aunque los cónyuges tienen diferentes estilos y tácticas de crear conflicto, el patrón básico de conflicto es bastante fácil de construir. Un cónyuge dice o hace algo que molesta, duele, enfurece, frustra o detona al otro. Puede ir desde un comentario o acción completamente inocente hasta una expresión honesta de una preocupación hacia algo que pretende herir o acusar. En un instante, la pareja interpreta ese comportamiento o comentario a través de sus propios filtros, creados por experiencias y creencias anteriores, y ante esto reacciona. Cuanta más seguridad le asigna el cónyuge a su propia interpretación, es menos probable que corrobore esta percepción con su pareja. Cada uno ve sus propias opiniones como verdad y cada parte reacciona a la reacción del otro, y la progresión del conflicto se enciende y funciona.

En la medida en que somos capaces de calmar nuestros cerebros, somos más capaces de procesar el conflicto productivamente, y de conectar con nuestra pareja.

Considere a Sean y a Michelle. Después de tratar con su pequeño todo el día, Michelle espera que Sean lave los platos esa noche, pero cuando llega a casa, Sean está agotado de un exigente día de trabajo, y se va directo a la cama después de la cena. Michelle entra en la habitación y lo acusa de egoísmo por no ayudar con los platos. Sean le pregunta a Michelle por qué no le pidió que lavara los platos y ella responde que no debería tener que hacerlo, que si él realmente la amara, sabría lo que ella necesita. Sean le recuerda a Michelle que está en una temporada estresante en el trabajo. Michelle descarta esto como una excusa. La competencia de las necesidades, junto con la mala interpretación, la acusación y la actitud defensiva, provocan que el conflicto se intensifique, dejando a ambos desanimados y desconectados.

Nuestros cerebros en conflicto

El cerebro humano está cableado para protegernos cuando estamos en cualquier peligro potencial. Está equipado con una respuesta al miedo que nos insta a luchar, huir o congelar. Durante el estrés o períodos de inestabilidad, el centro emocional de nuestro cerebro (la amígdala) se activa y toma fuera de línea la parte de nuestro cerebro que razona y coopera (la corteza prefrontal). Este sistema emocional del cerebro está dirigido hacia la autoprotección y la autopreservación. Cuando nos sentimos amenazados, una inundación de productos químicos de la amígdala nos encierra en nuestro estado emocional intenso y nos dificulta trabajar en un conflicto.

Cuando éramos niños y nos sentíamos amenazados por el aislamiento, la desaprobación o la ira de un padre, desarrollamos protectores para hacer frente a nuestro miedo al rechazo, daño o pérdida. Y así, algunos de nosotros evadimos o analizamos, otros se enojan o juzgan, y otros todavía buscan agradar o desconectarse. Cada uno de nosotros lleva un conjunto particular de protectores a su relación matrimonial, y cuando nuestro compañero detona nuestras respuestas al miedo, nuestros protectores saltan para asegurar nuestra seguridad. El conflicto marital es, en esencia, una batalla entre estos protectores, alimentados por nuestras respectivas amígdalas. Cuando nuestros sistemas emocionales están activados así, somos incapaces de escuchar, ser empáticos o resolver.

Una joven esposa lo expresó de esta manera: «Me sorprendió lo crueles que pueden ser nuestras peleas. Siempre hemos sido expresivos, pero el matrimonio lo ha llevado a todo un nuevo nivel.»

Cuando estamos tranquilos, un sistema más social en el cerebro es accesible. Esa parte del cerebro busca cercanía, unión emocional y apego. Este sistema social interactúa con la corteza prefrontal, la parte del cerebro que nos permite procesar información, resolver problemas, y tratar con estímulos sociales complejos.

De igual manera, la corteza prefrontal envía señales a las partes del cerebro que liberan oxitocina, la hormona más responsable de nuestros comportamientos de cuidado y vinculación. En la medida en que somos capaces de calmar nuestros cerebros, somos más capaces de procesar el conflicto productivamente, y de conectar con nuestra pareja.

Es casi imposible resolver problemas o ser empático cuando es detonado por su pareja y además es «secuestrado» por su cerebro emocional. Para que cada uno de ustedes entienda los sentimientos y posiciones del otro, tiene que haber suficiente seguridad para permitir que sus protectores reactivos se relajen. Una vez que se calman, la vulnerabilidad y la receptividad son posibles.

Entender las heridas y las lesiones de la niñez de su pareja, las cuales condujeron al desarrollo de los protectores que tiene, puede permitirle a usted que sea menos reactivo a esos protectores y más empático hacia las áreas heridas más sensibles. Esa empatía los calmará a ambos y permitirá que el sistema social de la vinculación emerja en lugar del sistema de miedo/protección.

Calmar el sistema

Para el éxito marital es imprescindible crear suficiente calma y seguridad para navegar el conflicto que usted y su cónyuge inevitablemente van a enfrentar. Calmar su sistema implica prestar atención a sus factores detonadores, las tácticas (lo que usted hace cuando se dispara), y a sus protectores, para que no descarrilen la conversación. Esto requiere aprender a acercarse a su pareja de una manera suave que le asegure su amor, independientemente del problema que desea abordar.

La creación de un entorno que promueva conflictos productivos implica tener sensibilidad para elegir el momento oportuno. Es crucial abordar las situaciones delicadas cuando ambos están descansados y sin distracción suficiente como para estar emocionalmente disponibles. Absténgase de conversaciones importantes cuando uno o ambos están estresados y tienen poco margen para tener una discusión significativa. Si usted está en una temporada prolongada de estrés, sin ningún alivio previsible a la vista, establezca un tiempo para la conversación que les permita a ambos prepararse mental y emocionalmente, pues esto aumentará la probabilidad de un buen resultado.

Tome nota de lo que hace que usted sea reactivo con su pareja. ¿Qué le detona? ¿Es cuando la voz de su pareja tiene cierto tono? ¿Cuando usa ciertas palabras? ¿Cuando su cónyuge se cierra a escuchar? ¿Usted reacciona cuando su pareja tiene una carga emocional considerable o cuando se siente rechazado, culpado o criticado? ¿Usted es propenso a reaccionar cuando no comparten una opinión o cuando su cónyuge malinterpreta lo que usted dice? ¿Qué sentimientos surgen cuando su cónyuge hace esas cosas?

También es importante que preste atención a lo que hace cuando usted reacciona: sus tácticas. Cuando usted se siente inseguro, ¿arroja gas en el fuego? ¿Usted se torna crítico y culpa a su cónyuge, o se vuelve defensivo? ¿Recurre usted a insultar, amenazar con el divorcio o a menospreciar a la familia de su cónyuge? ¿Utiliza la manipulación o el castigo para que su cónyuge se comporte de manera diferente o vea las cosas a su manera? ¿Se vuelve estoicamente lógico o demasiado emocional? ¿Bromea o usa el sarcasmo para evitar un compromiso honesto? ¿Se desconecta o cierra? Es probable que haya estado usando sus tácticas durante algún tiempo, lo que puede hacer difícil detectarlas.

Seth y Amber no sabían cómo sus tácticas estaban desencadenando un ciclo de reactividad, lo que impedía conversaciones saludables. Seth minimizó el impacto de su ira en Amber y se irritó cada vez más cuando ella, en su ansiedad y dolor, se desconectó de él. El aislamiento de Amber y la evasión sexual le hacían sentir a Seth que eran como críticas y retenciones. Ante eso, él respondió humillando a Amber, lo cual sólo la llevó a alejarse más.

Nick y Jennifer no tenían ni idea de que estaban detonando viejas heridas el uno en el otro. El padre de Nick había abandonado a la familia cuando este tenía cuatro años. Al ser el hijo mayor, se había convertido en el confidente y ayudante de su madre. Jennifer tenía un padre crítico y esperaba encontrar en su esposo la aprobación y atención que le faltaba. Cuando Nick atendía las necesidades y frecuentes llamadas telefónicas de su mamá, Jennifer sintió el latigazo del interés dividido de Nick. Ella reaccionó atacándolo y exigiéndole que cortara su relación con su madre.

Por temor a decepcionar a su madre o a su esposa, Nick trató de complacer a su esposa manteniendo una relación encubierta con su madre. Nick y Jennifer necesitaban tomar conciencia de que estaban recreando sus papeles de la niñez y tenían que ver cómo sus reacciones eran hirientes el uno al otro.

La investigación marital de Gottman concluyó que debido a que el 69 por ciento de los problemas de las parejas son perpetuos, el objetivo no es resolverlos, sino tener conversaciones sobre ellos sin hacer daño o causar daño adicional. Para tener tales conversaciones es esencial poder notar sus detonadores y tácticas en medio de una discusión, pues le dan la información necesaria sobre los protectores que están funcionando en usted. Una vez que usted es capaz de identificar sus protectores, puede apreciar los esfuerzos de los mismos, y pedirles que retrocedan y que confíen en que usted puede tener la conversación que necesita con su cónyuge. Utilice el ejercicio «Identifique sus protectores» en el capítulo 4, esto le ayudará a tener claridad sobre lo que está sucediendo dentro de usted y le permitirá hablarles *a* sus áreas sensibles en lugar de hablar a *través de* ellas.[53]

El tomar conciencia de sus detonantes y tácticas, además de saber cuáles son los protectores que se activan en usted, le ayudará a desacelerar el proceso reactivo y traer más calma a sus discusiones.

Además, el aprender cómo abordar un tema difícil con su cónyuge será un largo camino para asegurar que esas conversaciones sean útiles para la relación.

Involucre a su pareja

Ya sea que usted o su cónyuge plantee un tema de discusión, la utilidad de una conversación para la salud del matrimonio se determinará dentro de los primeros cinco segundos de la conexión. Si usted se aproxima a la conversación con un tono enfadado, impaciente, exigente o frustrado, es probable que la discusión vaya cuesta abajo desde allí. Si se aproxima a la conversación con un tono suave, tranquilo y apreciativo, la posibilidad de tener una conversación matrimonial productiva se ha mejorado significativamente.

Al comenzar una conversación delicada, las siguientes pautas pueden ayudarlo a involucrar a su compañero apropiadamente:

1. *Compruebe si hay protectores.* Si siente ira, ansiedad o cualquier otro sentimiento que puede obstaculizar un resultado positivo, tome unos minutos para revisarse: identifique cómo se siente y pídale a cualquier protector que aparezca «en guardia» que se relaje.
2. *Aclare sus intenciones.* Cuando usted decide abordar un área de conflicto con su pareja, pregúntese a usted mismo cuál es su objetivo o esperanza al plantear el tema. ¿Quiere persuadir a su pareja para que esté de acuerdo con usted o busca comprensión mutua? ¿Quiere ganar una discusión o fomentar la cercanía? ¿Quiere que su pareja cambie o está dispuesto a ceder? Considere las necesidades de su pareja y de su matrimonio.
3. *Acérquese suavemente.* Comenzar una conversación con un tono áspero o «al filo» es probable que desencadene algunas defensas en su pareja y reduzca la probabilidad de tener una conversación útil. La Biblia lo dice bien: «La blanda

respuesta quita la ira; más la palabra áspera hace subir el furor» (Proverbios 15:1). El suavizar su tono cuando se acerque a su pareja hará maravillas en la promoción de un resultado positivo. Cuando ofrece una afirmación o expresa su aprecio por algún aspecto de su pareja o su comportamiento, eso puede ayudarle a bajar las defensas, ya que estará tranquilo o tranquila de que usted ve el bien en él o ella.

4. *Exprese lo que espera.* Cuando le pida a su pareja que discuta el problema con usted, hágale saber el resultado positivo que espera (mayor comprensión, compromiso, una resolución que beneficiará a ambos). Por ejemplo: «Seth, me gustaría hablar contigo sobre nuestra próxima visita a tus padres. Quiero que nos vaya bien, así que me gustaría discutir algunas preocupaciones que tengo.»

Hable más que su mente

Una vez que haya establecido el escenario para la conversación acercándose a su pareja con suavidad, usted querrá expresar el problema de una manera que no atribuya culpa y que aumente las posibilidades de que su cónyuge le escuche. Para hacerlo, es útil usar una declaración «Yo».[54] Una declaración «Yo» le permite afirmarse, compartiendo sus pensamientos, sentimientos y esperanzas sin poner a su pareja a la defensiva.

La declaración «Yo» se construye con tres partes: qué sucedió, la sensación que usted tuvo cuando sucedió, y por qué usted sospecha que ese sentimiento surgió en usted. Por ejemplo: «Cuando visitamos a tus padres la última vez, y tu mamá criticó nuestra manera de criar a los chicos y no respondiste, me sentí frustrado y resentido porque esperaba que pusieras un límite con ella.» Esta declaración es directa, honesta, y expresa claramente el tema y los sentimientos sin culpar.

Este enfoque es mucho mejor que un ataque, en una declaración culpándolo a «usted», tal como: «No me defiendes cuando tu madre es crítica» o «Te preocupas por los sentimientos de tu mamá más que por mis sentimientos.» Estas declaraciones provocarán el sistema defensivo en su pareja y reducirán las posibilidades de que responda bien.

Cuando expresa sus sentimientos en una declaración «Yo», es importante usar una palabra que exprese el sentimiento (vea la lista de «Palabras que describen emociones» en el apéndice A) que exterioriza su experiencia interna, algo así como «sentí resentimiento» o «Me sentí solo.» Si se encuentra a usted mismo diciendo «sentí *que*...» o «Sentí *como*...» probablemente no está expresando un sentimiento, sino más bien un pensamiento. Es importante expresar sus sentimientos, ya que esto le da a su pareja una oportunidad para una comprensión y empatía más profundas.

El arte de escuchar

Escuchar a otra persona por un período de tiempo no es fácil. Si somos honestos, la mayoría de nosotros admitiremos que preferimos ser escuchados y entendidos que escuchar a nuestro cónyuge. Quiero que mi esposo mantenga toda su atención con mis preocupaciones acerca del día, pero cuando él quiere descargar el estrés de su día, mi atención parece vagar. ¿Por qué es tan difícil escuchar?

Primero, estamos distraídos. La vida está llena y nuestras mentes están ocupadas. Los cerebros de los hombres tienden a compartimentar. Cuando se concentran en una cosa, tienen dificultad para pasar a un espacio donde estén atentos y disponibles verbalmente. Las mujeres, al ser multitarea, están acostumbradas a tener su atención en muchos lugares a la vez. También tienen dificultad para limitar su enfoque para estar completamente atentas a las preocupaciones de sus maridos.

En segundo lugar, somos egoístas. La mayoría de nosotros invertimos más en que nuestra pareja esté de acuerdo con nosotros o nos escuche que en escucharlo atentamente. Valoramos que se nos entienda más que entender a nuestra pareja. No queremos escuchar nada que vaya en contra (o que pensamos que va en contra) de nuestras posiciones. Además, cuando estamos enojados con nuestro cónyuge, podemos egoístamente rechazar escuchar sus posiciones como una forma de protesta o castigo.

Tercero, tenemos nuestros propios filtros. Somos ajenos al hecho de que los mensajes que nuestro cónyuge está enviando y lo que estamos escuchando puede ser muy diferente. Eso es porque filtramos lo que dice nuestra pareja basándonos en nuestras propias experiencias, creencias y perspectivas. No escuchamos bien porque atribuimos significado a lo que dice nuestro cónyuge basados en nuestros propios filtros y, por lo tanto, reaccionamos a ello como si nuestra interpretación fuera precisa. Como resultado, nuestro compañero se siente no escuchado.

Por último, tenemos que tener en cuenta que escuchar es un trabajo duro. Se necesita dejarnos a nosotros mismo de lado por el momento y realmente centrarnos en los sentimientos, pensamientos y preocupaciones de nuestro cónyuge. Se requiere esfuerzo e intencionalidad y, aunque es difícil, escuchar, más que nada, comunica respeto, cariño y amor: el respeto por la experiencia única de su pareja, el cuidado de él o ella de sí mismo en ese momento, y el amor que dice: Eres importante para mí, y quiero tomar el tiempo para escucharte.»

Entonces, ¿cómo podemos escuchar bien a nuestro cónyuge de una manera que comunique el amor y facilite la comprensión? Aquí hay una lista de verificación que le puede ser útil:

1. *Prepárese para escuchar.* Usted puede tener cierta aprensión sobre tener una discusión en un área particular de conflicto. Compruebe si hay ansiedad, ira o resentimiento que pueda interferir en su capacidad de ser curioso acerca de lo que siente su pareja. Estas emociones sirven para protegerle y defenderle; así que si detecta alguno de estos protectores, invítelos a retroceder. Pregúntese a sí mismo si es capaz de estar abierto a escuchar.
2. *Invite a su pareja a compartir sus pensamientos y sentimientos con usted.* Sea receptivo y muéstrele que usted está

disponible con su contacto visual, lenguaje corporal y comportamiento. Si en algún momento usted se encuentra reaccionando dentro de lo que su pareja está diciendo, deje que su pareja sepa y tome un momento para calmar esa parte en usted y ver si esa área en usted está dispuesta a dar un paso atrás y le permita escuchar.

3. *Compruebe sus suposiciones.* Todos tenemos filtros a través de los cuales escuchamos a otros. Estos filtros nos hacen suponer y atribuir ciertos significados a lo que otras personas están diciendo. Antes de saltar a una conclusión, pídale a su pareja que le explique el significado de lo que dice. No suponga que puede leer la mente de su pareja. Tenga la humildad de reconocer que tiene filtros.
4. *Demuestre respeto al permitir que su cónyuge hable desde su perspectiva.* Permita la diferencia, entrénese a usted mismo para escuchar con la única intención de entender el mundo de su pareja. Si dice algo que hiere sus sentimientos, recuerde que no es necesariamente la verdad sobre usted, sino más bien la perspectiva que tiene su cónyuge.
5. *Responda ante lo que su cónyuge comparte repitiendo periódicamente lo que usted le escuchó decir.* Esto le permitirá aclarar lo que ha escuchado. También le asegura a su pareja que usted lo está escuchando claramente. No interprete ni haga girar lo que dijo, y pregunte si lo hizo bien. Si no, permanezca abierto a recibir aclaraciones.
6. *Esté presente.* Si usted está demasiado cansado o preocupado cuando su compañero quiere hablar, establezca un tiempo cercano cuando pueda ofrecer toda su atención. Elimine cualquier distracción: apague la televisión, la computadora y los teléfonos celulares. Si tiene hijos, elija un momento en el que sea muy probable que no interrumpan.
7. Cuando su pareja concluya de compartir, *hágale saber lo que tiene sentido para usted acerca de lo que ha dicho y ofrezca empatía por sus sentimientos.* Recuerde: esto no

significa que lo que expresa su cónyuge es completamente correcto y que usted está equivocado. Al expresar empatía usted sólo manifiesta que puede entender la experiencia y perspectiva de su pareja. También puede preguntar qué es lo que necesita de usted para sentirse mejor, tranquilo.

El escuchar es como el aceite que mantiene su auto funcionando sin problemas. Sin el aceite, y la lubricación estable que este proporciona, el motor chisporrotea y muere.

Escuchar atentamente a su pareja es un regalo que usted brinda y que cosecha grandes recompensas para ambos. El escuchar con solicitud le dice a su cónyuge que es importante para usted y que valora sus pensamientos y sentimientos. El escuchar es como el aceite que mantiene su auto funcionando sin problemas. Sin el aceite, y la lubricación estable que este proporciona, el motor chisporrotea y muere.

Cómo rectificar en medio del conflicto

La capacidad de rectificar en medio de un conflicto no es fácil, pero es esencial para mantener ambos sistemas emocionales calmados y disponibles para la comprensión y resolución. Una vez que un argumento aumenta, la presión arterial y el ritmo cardíaco de uno de los cónyuges se elevarán más rápidamente y permanecerán más elevados que los de la pareja. Los hombres se desbordan emocionalmente de manera más fácil que las mujeres, y tardan más en calmarse internamente.[55]

La crítica de una esposa puede llevar a su marido a este estado de desborde emocional. En respuesta, él reacciona con «pleito o huida.» Los maridos que tratan de no pelear, a menudo se retiran o se encierran en sí mismos para hacer frente a su estado de desbordamiento y así evitar una mayor escalada en la discusión. Las esposas tienden a interpretar este encierro como evasión o rechazo, y reaccionan con más críticas o negatividad.

Para detener este ciclo reactivo, tanto el esposo como la esposa pueden hacer esfuerzos para reparar la conversación. La investigación de Gottman reveló que los hombres que gozaban de matrimonios felices y estables lideraban en bajar la negatividad en medio de los conflictos. Cuando sus esposas se enojaron, se decepcionaron o estaban heridas, estos maridos no respondieron de la misma manera. En cambio, permanecieron neutrales durante al menos cinco segundos, lo que les permitiría que su ritmo cardíaco cayera para poder responder de manera más positiva. Las esposas que son conscientes del impacto de su crítica y negatividad pueden aprender a compartir sus sentimientos y decepciones sin emitir críticas usando la declaración «Yo.»

Ambos cónyuges pueden tomar la iniciativa de enmendar una discusión que crece. Si observa que usted o su pareja son activados, desacelere las cosas sugiriendo un breve tiempo de espera, con el compromiso de volver a la discusión en un momento especificado. Los estudios demuestran que puede tomar más de veinte minutos, especialmente para los hombres, calmarse fisiológicamente después de ser activado, por lo que esa puede ser una buena duración de un tiempo de espera. Un simple «lo siento» debido a una palabra o gesto mal elegido puede tomar un largo camino para mantener la conversación en una buena dirección. Restablecer el objetivo positivo para el diálogo o pedir un «volvamos a iniciar» también puede servir como un botón de reinicio para la discusión.

Si se encuentra resbalando en una mentalidad crítica, despectiva o superior, es probable que utilice tácticas que dañarán su relación. Deténgase, deje que su pareja sepa que usted ha notado que uno o más de sus protectores ha saltado, y tome algunos momentos para reorganizarse internamente. A menudo, usted no es consciente de las áreas en usted que están dando patadas, pero si nota que su pareja se vuelve defensiva, eso podría ser la reacción de su cónyuge a la táctica de sus protectores. Pregúntele a su pareja qué fue lo que del tono o las palabras que usted utilizó detonó la respuesta de él o ella. Esto le permitirá observarse a sí mismo y suavizarse, mientras que le permite a usted tomar el curso correcto en la conversación, lo cual, en última instancia, es lo que se busca para tener una conversación más productiva.

Estos esfuerzos de reparación pueden ayudarle a mantenerse conectado y hablar de sus problemas para crear niveles más profundos de comprensión. El conocer sus protectores, y las tácticas de defensa y el ataque que utilizan, puede ayudarle a asumir la responsabilidad de cómo reacciona en medio del conflicto e interceptar la intervención de los protectores. Al evitar las críticas y retirarse, ayudará a que su pareja se sienta más disponible para la comprensión y la conexión.

Temas candentes

En el curso de cada matrimonio, hay situaciones que surgen y desencadenan una fuerte reacción emocional. Algunos temas son tan candentes que son difíciles de discutir. Si un problema está cargado con energía negativa, es probable que tenga raíces en la infancia y toca una necesidad básica de respeto, seguridad o amor. Cuando las parejas llegan a las batallas acaloradas, a menudo se quedan atascados discutiendo el contenido del asunto desde sus posiciones arraigadas, pero rara vez se llega a los anhelos más profundos y los temores que alimentan la intensa energía que rodea el tema.

La mayoría de los problemas candentes que experimentará como pareja son perpetuos, lo que significa que probablemente estarán allí durante toda la relación.[56] ¿Eso suena como una mala noticia? Realmente no. Si sigue pensando que estos problemas son resolubles, es probable que se queden atrapados en los patrones que tratan de convencer a su pareja para ver las cosas como usted las ve, y viceversa. Seguirá utilizando las tácticas comunes de la crítica, el menosprecio, la manipulación, el sarcasmo, etc. para ganar el argumento. Cuando acepta que el asunto probablemente estará allí el resto de su vida matrimonial, puede ayudarle a liberar sus expectativas de que será resuelto mediante el uso de su solución. Entonces, puede aflojar su control sobre los esfuerzos para forzar la docilidad o el acuerdo de su cónyuge.

En lugar de eso, usted puede asumir la responsabilidad de soltar el tema y desarrollar una manera de hablar sobre el mismo de tal manera que se respeten los diferentes puntos de vista. Usted puede comenzar a escucharse sin una agenda preestablecida (convencer, manipular, etc.) y asumir compromisos que honren ambas posiciones. «Un compromiso que funcione, aunque no sea ideal, es mejor que una solución brillante impuesta a un cónyuge resentido.»[57] Juntos, pueden encontrar un punto medio que les permita un resultado en el que todos ganan. Cuando el problema vuelva a surgir, usted tendrá un mejor sentir al respecto y puede participar en la conversación con anticipación positiva de que usted es capaz de discutirlo de una manera saludable.

Al utilizar los pasos discutidos en este capítulo, buscar la calma dentro de usted, involucrar a su pareja, compartir sus pensamientos y sentimientos, y escuchar bien a su pareja, le ayudará a convertir conflictos dolorosos en conflictos que aumenten la comprensión y la intimidad. Estos pasos se pueden aplicar a cualquier conflicto que tenga, incluyendo aquellos que se dan por los temas candentes del equilibrio de la vida, las finanzas, los suegros y el sexo.

Una vida equilibrada

Equilibrar el tiempo con su cónyuge, carrera, amigos, niños y pasatiempos puede ser todo un desafío. Una madre joven respondió a la encuesta de la siguiente manera: «Nuestro mayor desafío ha sido tener un horario muy ocupado. Creo que inconscientemente tratamos de aferrarnos a partes de nuestra vida de solteros cuando se trata de las amistades.» Si usted ha experimentado una vida social extensa y activa antes del matrimonio, el aprender a reservar tiempo para invertir en su matrimonio y la vida familiar puede ser difícil. La verdad es que sólo tiene cierto número horas en un día y cierto número de relaciones a las que puede dedicarse de manera significativa.

Equilibrar el tiempo que invertimos en la carrera profesional y la familia también puede ser difícil. Por lo general, los niños vienen cuando uno o ambos cónyuges están esforzándose por establecerse en sus carreras. Si ustedes se dividen para conquistar, uno de los dos es el sostén de la familia mientras que el otro permanece en casa con los niños, la necesidad de tener una comunicación frecuente es especialmente importante, ya que sus energías y prioridades pueden divergir. Si ambos optan por trabajar fuera del hogar, el desafío de los horarios, la planificación, el cuidado de los niños y cosas por el estilo puede tener un efecto negativo en su relación. La clave en ambos escenarios es mantener una comunicación regular, aprender a ceder, y dar lo mejor para atender las necesidades de su pareja.

Muchas parejas no discuten sobre el equilibrio de la vida ni toman decisiones intencionales sobre el manejo del tiempo. Estas parejas permiten que las demandas de las carreras o los niños se conviertan en su principal objetivo. Estas parejas son las que se despiertan un día para decir: «Solo nos hemos separado» o «Todo lo que tenemos en común son los niños.» Si usted prioriza el trabajo o los niños sobre las necesidades de su cónyuge, su relación sufrirá. Trabajar en estos conflictos desde una etapa temprana en el matrimonio puede establecerles en curso para mantenerse conectados a través de todos los años venideros.

Si este es un tema candente para usted, puede considerar hacer el ejercicio del equilibrio de vida al final del capítulo.

Finanzas

La administración de las finanzas puede ser una fuente importante de fricción para las parejas. Una joven madre se sorprendió al darse cuenta de cómo los «diferentes hábitos financieros pueden afectar drásticamente al matrimonio.» Otro esposo mencionó que «el dinero es la raíz de nuestras peleas serias.»

Usted y su cónyuge se unieron en matrimonio con diferentes maneras de pensar sobre el dinero y los diferentes hábitos de ahorro y gasto. También es probable que cada uno de ustedes le otorgue un significado diferente al dinero. Para algunos, el dinero está profundamente ligado con la seguridad. La escasez de dinero conlleva miedo, miedo de ser un proveedor inadecuado, miedo de quedarse sin dinero, miedo de no poder cubrir las necesidades.

Para otros, el dinero simboliza libertad, la libertad de comprar y disfrutar de las posesiones materiales. Para estas personas, la imposición de límites en el gasto se siente como algo restrictivo. Los hábitos sobre el dinero se desarrollan durante la infancia. La mayoría de las parejas necesitarán aprender a comunicar sus necesidades y temores más profundos para llegar a una disposición de ceder y trabajar juntos para construir su futuro financiero.

El problema de las finanzas casi nunca es una cuestión de dinero. Por lo general, se trata de temor, control, poder, impotencia, sentimiento de no ser apreciado, etc. Si usted logra llegar a los sentimientos que son la raíz, el problema puede ser desarraigado.

Tome el tiempo necesario para compartir el uno con el otro cómo sus respectivas familias trataron con el dinero y lo que ha venido a representar para usted. ¿Qué emociones surgen cuando piensa en el dinero? Si se trata de un tema candente para usted, trate de trabajar en el ejercicio de finanzas al final del capítulo.

La familia política

Cuando usted se casa, hereda una familia, para bien o para mal. Sin duda, los parientes de su cónyuge serán muy diferentes a los suyos. A menos que haya tenido problemas serios con su propia familia, es probable que usted favorezca a los suyos por encima de los de su pareja, ya que le son familiares y parece que hacen las cosas de la manera «correcta.»

A veces los padres pueden ser intrusivos y tratar de controlar las decisiones de sus hijos adultos. En otros casos los padres son distantes, incluso si los hijos desean que estén más conectados e involucrados. Es importante hacer un esfuerzo para que ustedes mismos se definan como pareja y encuentren un buen equilibrio entre incluir a los padres apropiadamente en sus vidas y establecer los límites necesarios en cualquier interferencia. Sin embargo, hay que mencionar que relacionarse con la familia política con amor y límites puede ser una tarea desafiante.

Algunas veces los problemas con los suegros tienen que ver con dejar (a su padre y a su madre) y unirse (a su cónyuge). Usted y/o su cónyuge pueden tener dificultades para separarse de su familia de origen. Las necesidades emocionales o físicas de un padre o su propia necesidad de recibir la aprobación y la afirmación de sus padres pueden mantenerlo atado a ellos.

Para unirse plenamente con su cónyuge, es importante dejar la seguridad proporcionada por sus padres y arriesgar la transferencia de lealtad y prioridad a su cónyuge.

La Biblia habla sabiamente sobre la importancia de dejar a sus padres con el fin de unirse bien a su cónyuge. «Por tanto, dejará el hombre a su padre y a su madre, y se unirá a su mujer, y serán una sola carne» (Génesis 2:24). «Dejar» implica no sólo un movimiento físico sino también un desapego emocional. Para unirse plenamente con su cónyuge, es importante dejar la seguridad proporcionada por sus padres y arriesgar la transferencia de lealtad y prioridad a su cónyuge. Es un riesgo porque no conoce a su pareja como usted conoce a tus padres, y su cónyuge no le conoce tan bien a usted como a sus padres. Pero la liberación es necesaria si usted desea experimentar la vinculación y la unión necesarias para tener un matrimonio feliz, exitoso, y saludable.

No es raro que uno o ambos cónyuges experimenten dificultades para separarse de sus padres. En mi trabajo con parejas jóvenes, cuando el esposo ha sido el apoyo emocional de su madre, quizás debido al divorcio de sus padres o al sentimiento de desconectarse de su esposo, puede tener más dificultades para dejar a la madre y unirse a su esposa. Este tema debe ser reconocido y abordado a fin de establecer límites adecuados a la necesidad de mamá y el papel de hijo convertido en marido.

También he visto hijas que permanecen unidas a sus madres como una forma de seguridad. A menudo, estas hijas convertidas en esposas no saben que su cercanía con mamá interfiere en el vínculo que necesitan crear con su marido. Para disfrutar de un matrimonio saludable es necesario transferir la lealtad al cónyuge y establecer límites apropiados con la familia política.

Algunos hijos adultos temen tener discusiones con sus padres sobre los límites de la familia. Tienen miedo de herir los sentimientos, así como la distancia que se puede crear. No puede controlar el daño que sus padres puedan sentir, pero si los límites se discuten amorosamente y con firmeza, es probable que se ajusten con el tiempo.

Este paso valiente protegerá a su matrimonio del daño que pueden causar las intrusiones y les ayudará a unirse como pareja. Cuando su cónyuge sabe que está dispuesto a convertirlo en su principal prioridad, es probable que la relación de su pareja con sus padres mejore. Si esto es un área de preocupación para usted, eche un vistazo al ejercicio sobre la familia política al final de este capítulo.

Sexo

Usted y su pareja tienen diferentes necesidades sexuales. Debido a que los hombres suelen tener un mayor deseo sexual que las mujeres, por lo general quieren conectarse a través del sexo con más frecuencia. La capacidad de los varones para compartimentar les permite a la mayoría de los hombres cambiar los engranajes del trabajo u otra actividad y pasar al sexo en un instante. Las mujeres, por el contrario, siendo multitarea, tienen más dificultad para controlar las exigencias de su día y estar presentes para el disfrute de la intimidad física. Las mujeres tienden a añadir el sexo a su lista de tareas pendientes y se frustran con el interés más frecuente de su marido.

El sexo es una cuestión común y perpetua que tiene, en su esencia, profundas necesidades que deben ser reconocidas. Las mujeres desean sentirse amadas. Para la mayoría de las mujeres, la intimidad sexual tiene que ver con la conexión que tienen con su marido. Por lo general se sienten más disponibles para el sexo cuando sienten la devoción y el cariño de su marido.

Cuando un esposo es absorbido en el trabajo u otras prioridades, la esposa tiende a concentrarse en otras cosas: en los niños, en los amigos, en su propio trabajo. Cuando él está listo para el sexo, ella tiene dificultad para girar repentinamente al sexo. A medida que el conflicto se agrava sobre este tema, ella considera el constante interés que él manifiesta como «todo tiene que ver con él» y la gratificación de él, y no sobre la necesidad de ella de tierno cuidado y conexión.

Para los hombres, el sexo tiene mucho que ver con sentirse adecuado y vivo. Cuando un marido se siente rechazado por su esposa, o no le da placer, se siente deficiente. Cuando es desestimado o pospuesto por períodos prolongados, siente una pérdida de vitalidad. Estos sentimientos pueden ocultarse bajo una capa de ira, crítica o retraimiento.

Maridos: atender el anhelo de su esposa de sentirse amada y cuidada puede llevarlos a un largo camino en el disfrute de hacer el amor.

Esposas: invitar a su marido a hablar de sus sentimientos y trabajar juntos para encontrar maneras de satisfacer las necesidades de ambos es importante.

Para más detalles sobre el tema de la intimidad sexual, detalles sobre cómo navegar las diferencias y ejercicios para ayudarle a usted y a su pareja a experimentar una vida sexual mutuamente satisfactoria, lea el capítulo 9.

La creatividad del conflicto

Tener las necesarias conversaciones difíciles para manejar bien el conflicto es un paso fundamental hacia un matrimonio saludable. Evitar los problemas nunca ha llevado a una pareja a ricos niveles de intimidad. ¿Eso significa que se debe abordar cada área de diferencia? No necesariamente. Hay algunas situaciones que no son lo suficientemente grandes como para requerir el trabajo formal, pueden pasarse por alto como una forma de ofrecer gracia.

Cierto tipo de conflicto se puede evitar aprendiendo a reparar la conversación cuando se comienza a salir de su lugar. Otras cuestiones requerirán un tiempo más intencional para sentarse y trabajar las cosas. Al tomar las medidas que se ofrecen en este capítulo, usted será capaz de navegar con éxito incluso los problemas más difíciles en su matrimonio.

El conflicto nunca es fácil. Nos enfrenta cara a cara con lo peor de nosotros mismos y lo peor de nuestro cónyuge. Pero ¿qué sucede si uno de los propósitos de Dios en el matrimonio, tal vez el propósito primordial, es conformarnos en la persona que Él quiere que seamos a través de los conflictos inevitables de la vida matrimonial?

Cuando empecé a aceptar la posibilidad muy real de que los conflictos con mi esposo pudieran tener un propósito divino, comencé a ver nuestros argumentos bajo una luz diferente. Si «hierro con hierro se aguza» (Proverbios 27:17), tal vez la fricción que experimentamos podría dar fruto de una manera que nunca había imaginado. El crecimiento es doloroso, como señala Tim Keller: «La vida combinada del matrimonio lleva al más cercano, más ineludible contacto con otra persona posible. Y eso significa no sólo que uno se vea de cerca, sino que se vea obligado a lidiar con los defectos y los pecados de los demás.»[58]

Recuerde: si usted está en las trincheras de un conflicto difícil, Dios está haciendo una obra en usted y en su cónyuge. Tal vez usted puede ver muy débilmente esta obra o quizás no la puede ver del todo en este momento; sin embargo, en Isaías 55:8 Dios dice: «Porque mis pensamientos no son vuestros pensamientos, ni vuestros caminos mis caminos.» Sus caminos son diferentes de los nuestros. El camino que Él ha preparado para usted puede que no se parezca al de sus sueños, pero el camino de Él es mucho mejor y más hermoso de lo que se pueda imaginar.

Dios está usando el matrimonio para convertilos a usted y a su pareja en las personas que Él pensó que fuesen cuando los creó. ¿Qué otra relación en la vida tiene la capacidad de exponer y desafiar nuestro propio interés, nuestros hábitos dañinos y nuestras respuestas defensivas como el matrimonio? Sólo el matrimonio y el conflicto que experimentamos a través del íntimo compartir de la vida tiene el poder de hacerlo, porque no hay otra relación que exponga nuestras heridas y nos desafíe a nosotros a amar desinteresadamente.

El conflicto es, en esencia, el componente más creativo de su vida matrimonial. A través de él, Dios está haciendo de usted y de su matrimonio algo completamente nuevo.

Preguntas para discusión: Capítulo 6

Preguntas de grupo y pareja

1. Cuando escucha la palabra conflicto, ¿qué le viene a la mente? Comparta cómo se manejó el conflicto en su hogar cuando crecía.

2. Describa cómo se siente cuando su cónyuge plantea un problema en un tono suave versus de una manera dura. Lea Proverbios 15:1. ¿Por qué es importante abordar una conversación delicada con su cónyuge de una manera suave?

3. Lea Proverbios 18:13 y Santiago 1:19-20. ¿Qué dicen estos versículos acerca de la importancia de escuchar?

4. ¿Puede identificar los protectores que se activan en usted cuando está en medio de un conflicto? ¿Puede comenzar a

identificar los patrones en los que usted y su cónyuge quedan atrapados cuando están en conflicto? Lea Proverbios 12:18, Santiago 1:26, y 1 Pedro 3:9-11. ¿Por qué es importante calmar los protectores antes o durante un conflicto?

5. Lea Proverbios 15:18 y 16:18. ¿Cómo es que el orgullo y la ira impactan la escalada del conflicto?

6. ¿Cuáles de los «temas candentes» crean dificultad para usted como pareja? Comparta lo que piensa hacer de manera diferente basándose en la lectura de este capítulo.

7. Haga un compromiso con el grupo de hacer uno de los ejercicios de pareja que están a continuación y revisen con los otros el resultado en la próxima reunión para ver cómo fue.

Para la reflexión personal

1. ¿Cómo se manejó el conflicto en su hogar mientras usted iba creciendo? ¿La forma en que maneja el conflicto con su cónyuge es similar o diferente?

2. Identifique los protectores personales que se activan en usted cuando discute con su cónyuge. Utilice el ejercicio «Identifique sus protectores» del capítulo 4, revise la discusión que hayan tenido más recientemente y vea si puede determinar cuáles son sus sentimientos, pensamientos y reacciones.

3. ¿Qué se le dificulta a usted suavizar o reparar una discusión activa? ¿Qué puede hacer su cónyuge para ayudarle a calmarse? Hágale saber esto.

Ejercicios de pareja

1. Ejercicio de orador-oyente
   Seleccione un problema que haya sido una fuente de conflicto leve. Acuerde con su pareja escucharse el uno al otro con

respecto a sus perspectivas del asunto durante diez minutos. Decida quién será el orador primero y quién será el oyente. Si usted es el orador, revise las secciones de «Involucre a su pareja» y «Hable más que su mente». Si usted es el oyente, revise la lista comprobación de escucha de la sección «El arte de escuchar». Asegúrese de terminar la conversación con el punto 7.

2. Ejercicio sobre una vida equilibrada
Para que este ejercicio tenga éxito, cada uno de ustedes debe permitir que su pareja exprese sus verdaderos sentimientos sin emitir juicios.
a. Elabore un gráfico circular con la información sobre cómo distribuyen su tiempo actualmente. ¿Cuánto tiempo dedica al trabajo, su cónyuge, hijos, amigos, aficiones, familia extensa y otros? Compare su gráfico con el de su cónyuge. Discuta cómo son similares y diferentes.
b. A continuación, haga un gráfico circular con la distribución de la manera en que idealmente desea pasar su tiempo. Compártalo con su pareja.
c. Tomando en consideración las necesidades de los dos, cada uno de ustedes haga un tercer gráfico circular que refleje un compromiso realista que sea agradable para ambos. Piense en dos cosas que cada uno de ustedes podría hacer, en las próximas dos semanas, para pasar del primer gráfico al tercero.

3. Ejercicio sobre las finanzas
a. Revise si tiene algún protector que pueda necesitar atención antes de comenzar esta discusión. Luego pregúntese lo siguiente:
1) ¿Cómo se manejó el dinero en mi casa mientras yo crecía? ¿Cómo afectó esto mi pensamiento y hábitos con respecto al dinero?
2) ¿Cuál es mi miedo más profundo en cuanto al dinero?

3) ¿Qué es lo más importante para mí cuando tomo decisiones financieras?

b. Comparta estas respuestas con su pareja.

c. Haga una lluvia de ideas sobre objetivos de familia con respecto a la administración del dinero. Piense en las necesidades más profundas que tenga usted y que tenga su cónyuge, determine tres metas para los próximos seis meses relacionadas con ahorrar, gastar y convertirse en socios financieros. Por ejemplo, ahorrar $ 500 por mes durante un año, recortar los gastos de comidas, iniciar una cuenta de ahorros para nuestro hijo, y así sucesivamente. Es posible que desee considerar un plan de presupuesto que contemple los ingresos mensuales actuales, los gastos y los ahorros deseados con el fin de determinar sus metas.

4. Ejercicio sobre la familia política

a. Haga una revisión honesta ¿En alguna manera usted ha dado prioridad a sus padres o familia de origen sobre su cónyuge? Si es así, ofrezca a su cónyuge una disculpa sincera.

b. Si uno de los dos ha tenido dificultades para dejar emocionalmente a sus padres y unirse a su cónyuge, reconózcalo ¿Qué sentimientos surgen cuando piensa en ser menos dependiente/conectado con sus padres y más con su cónyuge? ¿Qué necesidades cubre al permanecer conectado con sus padres? ¿Cómo puede su cónyuge comenzar a satisfacer algunas de estas necesidades básicas? Comparta estas necesidades con su cónyuge.

c. Invite a su cónyuge a tener una conversación sobre cómo le gustaría a cada uno de ustedes relacionarse con cada uno de sus padres de manera ideal.

1) ¿Cuánto tiempo desea pasar con cada lado de la familia?

2) Cuándo visitan la familia de su cónyuge, ¿cómo le gustaría que su pareja le apoye?

3) ¿Hay algunos límites que usted desee o necesite establecer

para asegurarse de que sus padres entiendan que ustedes son una familia aparte e independiente, y que además su cónyuge es su prioridad? Cuando se necesita establecer límites con padres intrusivos, es importante que aquel cónyuge cuyos padres son los que se están sobrepasando sea el que marque la línea. Esto se puede hacer de manera amorosa diciendo algo como: «Mamá, papá, los amamos y deseamos tener una buena relación con ustedes. También sentimos que como pareja/familia es importante para nosotros (determinar dónde vamos a pasar los días festivos, tomar nuestras propias decisiones, crear nuestras propias tradiciones, y demás). Deseamos pasar tiempo con ustedes y agradeceríamos que acepten nuestros deseos.» Si existe alguna expectativa de llamadas telefónicas y visitas diarias o frecuentes, puede ser necesario avisar a sus padres que usted tiene la intención de contactarlos regularmente, pero con menos frecuencia.

d. Si usted no es económicamente independiente, haga un plan para independizarse y relacionar sus intenciones con la contribución de sus padres. (Cuando los padres apoyan económicamente a sus hijos adultos, tienden a concluir que tienen derecho a opinar en las decisiones de los hijos, lo cual no es un buen presagio para la vida matrimonial.)

7

Despójese

> Comience a desafiar sus propias suposiciones, ya que son sus ventanas en el mundo. Lave estas ventanas de vez en cuando, o la luz no entrará.
>
> Alan Alda

Los anhelos profundos que tenemos por tener una relación íntima están allí por diseño. Fuimos hechos para disfrutar de una conexión significativa y una vida compartida. En un esfuerzo por asegurar que nuestros anhelos se cumplan, a menudo nos aferramos a las estrategias que creemos que nos ayudarán a satisfacer estos anhelos. Sin embargo, muchas de estas estrategias realmente dificultan lo que estamos tratando de alcanzar. Es por esto que es necesario identificar y dejar ir estas estrategias para disfrutar de la amistad y plenitud de la vida matrimonial. No obstante, rara vez nos detenemos a evaluar cómo surgieron nuestras creencias o cuán efectivas son nuestras estrategias.

Un obstáculo que puede interponerse en el camino de una exploración honesta es el orgullo. Nos gusta pensar que nos percibimos a nosotros mismos de manera correcta. Sin embargo, si cavamos lo suficientemente profundo como para localizar la verdadera razón que está detrás de las creencias que sostenemos, y que son perjudiciales para nuestro matrimonio, a menudo encontramos miedo.

El miedo es la principal razón por la que nos aferramos a nuestras creencias perjudiciales: miedo a estar solo, miedo al rechazo, miedo a la pérdida de seguridad, miedo al fracaso, miedo a no ser suficiente, miedo a no tener todo lo que queremos en la vida. Si se dejan estos temores sin examinar, pueden causar estragos en un matrimonio.

Si usted tiene un temor medular de estar solo o de ser rechazado, puede llegar a encontrarse ansioso o a enojarse cuando su cónyuge no cumple con las expectativas. Es probable que usted pueda llegar a creer que su pareja debería ser capaz de leerle la mente si realmente le amara. Cuando su cónyuge no cumple con sus anhelos, usted protege su corazón arrojando a su pareja a una zona negativa, donde ve todos los esfuerzos que él o ella realice como algo insuficiente o mal ejecutado.

Si su temor medular es el sentir que no es suficiente para su pareja, puede creer que necesita hacer todo lo posible para ser adecuado. Entonces, usted coloca demandas en su cónyuge, creyendo que si se cumplen estas demandas le confirmarán cuál es el valor que usted posee ante su esposo o esposa. También, es posible que usted bloquee las expresiones de necesidad de su cónyuge para evitar sentirse incompetente; además usted se resiente de lo que parece ser una crítica, y se aleja de su pareja para distanciarse de las necesidades y deseos que él o ella pueda tener.

La mayoría de los miedos son producto de necesidades insatisfechas en la infancia. La clave es identificar la fuente original de su temor para dejar ir las cosas que están obstaculizando su matrimonio.

Despójese del perfeccionismo

Mientras crecía con un padre crítico y desaprobador, Jennifer aprendió que tenía que hacer las cosas de manera perfecta para evitar reprimendas severas. Jennifer no se permitía a ella misma un margen de error, ya fuera haciendo los quehaceres de la casa o con la tarea. Cuando no alcanzaba la marca de la perfección, Jennifer se reprendía a ella misma y se presionaba con más fuerza. Nunca cuestionó las exigentes expectativas de su padre ni los estándares de ella misma. La perfección aseguró que su padre se mantuviera conectado con ella, y cualquier cosa menos de la perfección amenazaría esa conexión.

Jennifer midió su valía personal de acuerdo con su desempeño impecable. Para aquellos ajenos a su familia, ella parecía una madre y esposa modelo. En su interior estaba atormentada por su búsqueda del ideal siempre escurridizo e inalcanzable, y el profundo sentimiento de inseguridad que sentía ante la idea de no poder mantener la marca de perfección.

Cuando tenía éxito alcanzado un objetivo, la dulzura de su logro no duraba mucho, ya que su protector autocrítico saltaba y se aseguraba de que siguiera manteniendo sus esfuerzos exhaustivos.

El inseguro apego de Jennifer hacia su padre y el perfeccionismo que la protegía del rechazo creaban demandas en su joven matrimonio. Ella esperaba que Nick hiciera las cosas perfectamente, y se convirtió en una persona muy crítica cuando él no cumplía con las normas de ella. Cuando Nick no cumplió con los quehaceres del hogar que ella sabía que había que realizar, Jennifer lo acusó de ignorar intencionalmente lo que ella quería.

Ella se aferró firmemente a la creencia de que Nick no la amaba lo suficiente porque no cumplía con las expectativas que ella tenía acerca de él. Habiendo sufrido por la falta de aprobación de su padre cuando ella no hacía lo que él esperaba, Jennifer llegó a equiparar una buena relación con la perfección. Cualquier cosa que no alcanzara su alto nivel de expectación era una amenaza para el matrimonio y, por lo tanto, era intolerable.

Cuando comenzamos la terapia, Jennifer no se había dado cuenta de que sus expectativas eran poco realistas. Tampoco era consciente del miedo que alimentaba sus demandas; este miedo profundo, sobre la pérdida de la conexión y la desaprobación, era el fundamento de la necesidad compulsiva de tener todo perfecto. La creencia equivocada que tenía de que sería inaceptable si no hacía las cosas de manera perfecta y su deseo desesperado de evitar la crítica, la privó de la alegría y sirvió como un gran peso en su matrimonio. Con el tiempo, Jennifer fue capaz de ver cómo las expectativas que tenía derivaban del temor que albergaba, además se percató de por qué se había aferrado a estas expectativas, y los estragos que estaban causando en su matrimonio. Ella fue capaz de calmar sus exigentes protectores y ofrecer compasión a sus áreas emocionales sensibles y heridas que estaban impulsando su comportamiento.

Despójese de leer la mente

Hace poco leí un artículo de blog que se titulaba: «24 signos de que has encontrado a tu alma gemela.»[59] Consiguió 52.030 «Likes» [Me gusta] en seis días. Entre los «signos» que se ofrecían estaban estos: «Pueden expresar lo que están pensando simplemente mirándose uno al otro» y «Tu alma gemela sabe exactamente qué hacer para calmarte cuando estás enojado, sabe qué hacer para ayudar a aliviar tu estrés, o para animarte.»

La idea de encontrar una persona que le conozca tan a fondo que nunca tenga que expresar lo que sienta o piense, es seductora. Eso le absuelve a usted de comunicar sus necesidades de manera efectiva. No obstante, esta suposición ha causado mucho resentimiento innecesario y dolor marital.

Así como esperamos que nuestro cónyuge esté tan en sintonía con nosotros que pueda anticipar nuestras necesidades, también nos sentimos orgullosos de ser capaces de leer la mente de nuestra pareja. Hacemos suposiciones que nos parecen perfectamente razonables, por ejemplo: ¿su esposa está preocupada por la tarea de su hijo? A ella no le interesa saber que le sucedió a usted durante el día. ¿Sin darse cuenta, su esposo deja las pisadas en la casa? A él no le importa el tiempo o esfuerzo que realiza usted con la limpieza. ¿Su esposa señala un espacio disponible en el estacionamiento?

Por supuesto que ella piensa que es usted un idiota. ¿Su esposo no le compró lo que usted le insinuó para su cumpleaños? No le importa lo que realmente quiero. Hacemos suposiciones basadas en nuestros propios filtros, nuestras creencias condicionadas sobre qué es lo que significan ciertos comportamientos.

Resulta que tenemos tanta confianza en nuestras suposiciones de cuáles son los motivos de nuestro cónyuge, que nos negamos a creer cualquier explicación de su parte. En cambio, buscamos evidencias para apoyar lo que creemos que es la verdad, y la encontraremos inevitablemente. El problema es que excluimos de nuestra conciencia cualquier evidencia que pueda cuestionar nuestra suposición.

Así como esperamos que nuestro cónyuge esté tan en sintonía con nosotros que pueda anticipar nuestras necesidades, también nos sentimos orgullosos de ser capaces de leer la mente de nuestra pareja.

Intentamos leer la mente para protegernos de sentirnos devaluados o no amados. Si podemos anticipar lo que está en la cabeza de nuestro cónyuge, seremos capaces de defendernos. Esto nos protege de ser vulnerables y de arriesgarnos a ser heridos. La verdad es que no podemos saber lo que hay en la mente de otra persona. Cuando llevamos a cabo estas suposiciones podemos dejar a nuestro compañero sintiéndose mal entendido y sin esperanza. Para tener una comunicación clara y una mejor relación es imprescindible abandonar la tendencia a saltar a conclusiones.

La próxima vez que se encuentre asumiendo lo peor de su cónyuge, eche un vistazo a sus suposiciones. En lugar de concluir: Él o ella no se preocupa *por mí o los niños*, pregúntele a su cónyuge lo que quería decir con lo que dijo o hizo. Dele la oportunidad de aclarar. Cuando usted reconoce que su pareja puede pensar diferente con respecto a ciertas cosas, usted demuestra respeto. Si va a asumir cualquier cosa, asuma positivamente.

Despójese de las interpretaciones negativas

Michelle envía a Sean varios textos a lo largo de la jornada laboral, y este no responde. Ella asume que está disgustado con ella o que intencionalmente la está ignorando. Pero la verdad es que él tuvo una serie de reuniones consecutivas y no pudo revisar el teléfono. Cuando llega a casa, Michelle está furiosa; y cansado de un día tan largo, Sean le responde en el mismo tono y se desquita.

Cuando nuestro compañero dice o hace cosas que nos lastiman o nos decepcionan, nuestra reacción interna es generalmente para protegernos. Vemos las acciones de nuestro compañero en la peor luz posible para no ser vulnerables. Nuestros protectores nos empujan a concluir y actuar rápidamente.

Cuando interpretamos negativamente las acciones de nuestro cónyuge y actuamos de acuerdo a ello, activamos sus protectores y disparamos el sistema de defensa de él o ella.

Cuando interpretamos negativamente las acciones de nuestro cónyuge y actuamos de acuerdo a ello, activamos sus protectores y disparamos el sistema de defensa de él o ella. Una vez que se produce esta escalada, la comunicación se descarrila. Si consistentemente interpretamos los pensamientos y los motivos de nuestra pareja como negativos, podemos hacer que se sienta desesperanzado y no escuchado.

¿Cómo puede salir de la tendencia a interpretar negativamente el comportamiento de su cónyuge? A continuación, le comparto algunas sugerencias.

Cuando se dé cuenta de que está empezando a ir por un camino mental negativo, dígase a usted mismo que debe frenar. Pregúntese: ¿Existe alguna posibilidad de que esté viendo esto *de manera incorrecta?* Esto requiere humildad, ya que a todos nos gusta pensar que tenemos la razón. Sin embargo, si considera la probabilidad de que no haya interpretado todo con exactitud, puede pedirle a su pareja que le ayude a entender lo que sucedió y usted mantenerse abierto a la respuesta que su cónyuge le pueda dar. Si usted está seguro de tener la razón, es posible que desestime la respuesta que reciba y la tome como una excusa. El menospreciar la aclaración de su cónyuge dice más sobre la necesidad que usted alberga de tener la razón, que de un deseo genuino de querer entender lo que sucede.

Trate de darle a su cónyuge el beneficio de la duda. Cuando usted busca evidencia que respalde la explicación que le brindan, le ayudará a obtener un estado de ánimo más positivo.

Despójese de las expectativas irracionales

Nuestras expectativas provienen de experiencias anteriores o información recolectada de fuentes externas. ¿Cree usted que su cónyuge debe comportarse de cierta manera debido a algo que usted haya leído o visto en los medios de comunicación? La noción de una conexión sexual continuamente centelleante entre parejas amorosas puede ser el material de unas revistas, vallas publicitarias y novelas románticas, pero no es la realidad. Tener una conexión emocional continuamente fuerte con su pareja, libre de interrupciones y distracciones del trabajo, sin niños y otros compromisos, no es realista. La conexión decae y aumenta en todo buen matrimonio.

Si usted cree que sus expectativas son razonables y justificadas, pregúntese de dónde provienen esas expectativas. ¿Es posible que provengan de algún tipo de temor?

Cuando explora los temores que fundamentan sus expectativas, le puede ayudar a cambiar el enfoque de los protectores de la pareja a los suyos propios. Esto aumentará la conciencia de usted mismo y le ayudará a desarrollar expectativas más razonables.

Despójese de las comparaciones

Es tentador comparar a su pareja con los cónyuges de otras personas. Usted se percata de que el marido de una amiga le da a su esposa un abrazo o lleva a su hijo de preescolar a la escuela y usted piensa: *Apuesto a que tienen un gran matrimonio. ¡Ojalá yo tuviera alguien así!* Debido a que tenemos un asiento de primera fila frente a los defectos, cambios de humor y debilidades de nuestro cónyuge, imaginamos que la vida con otra pareja debe ser significativamente mejor.

Detrás de la mayoría de las comparaciones existe un temor de que no conseguiremos lo que necesitamos. Con base en este temor, tratamos de manejar cada detalle de nuestras vidas, de tal manera que podamos estar seguros de nuestra propia realización.

No obstante, las comparaciones son perjudiciales para su matrimonio por tres razones.

En primer lugar, y lo más importante, las comparaciones alimentan la insatisfacción. Usted desarrolla «envidia de pareja» o «envidia de vida» y se siente cada vez más insatisfecho con sus circunstancias. Usted se dedica a «comprar comparaciones» queriendo asegurarse de que está recibiendo un buen trato. El problema es que siempre puede encontrar a alguien que parece tener algo mejor, porque lo que es nuevo y lo que no se ha probado, invariablemente parece mejor de lo que uno tiene. Usted se imagina que lo que otros tienen es mucho mejor. El galán atractivo, intenso, romántico en las novelas que lee le deja insatisfecho con el nivel de romance en el matrimonio. El lujoso estilo de vida de un amigo le hace sentir descontento con la contribución de su pareja al presupuesto familiar.

En segundo lugar, las comparaciones nos mantienen enfocados en lo negativo. Cuando analiza los hábitos, la apariencia o la personalidad de su cónyuge puede resultar en un espíritu crítico hacia él o ella. También niega sus cualidades positivas y contribuciones a la relación.

En tercer lugar, las comparaciones nos mantienen viviendo en forma irreal. Cada matrimonio tiene problemas, y cuando usted compara a su pareja con la de otro, usted lo hace a la distancia. Esta distancia le permite crear tipos de ilusiones en su cabeza sobre cómo sería la vida con una pareja diferente. Estas ilusiones pueden ser tan tentadoras que parecen reales. Sin embargo, cada pareja tiene su propio conjunto de problemas que necesita trabajar, y lo que le parece idílico o apreciable puede ser muy diferente en la realidad. Vivir en la realidad y despojarse de las comparaciones es vital para mantener la mentalidad positiva necesaria para un matrimonio que está creciendo.

Le comparto esta estrategia para despojarse de las comparaciones: anote todas las cualidades positivas que ve en su cónyuge. Si la lista es corta, mire hacia atrás en su relación e incluya las contribuciones que su pareja ha hecho a su vida y a la familia. Medite en las cualidades positivas y coloque la lista donde se pueda ver y pueda añadir cosas regularmente. Cada día, busque una cosa positiva acerca de su pareja y permítale saber lo que usted ve. Esta reorientación le permitirá sentir más gratitud, lo que aliviará la tentación de comparar.

Despójese de las exigencias

Una exigencia es un intento de obtener de nuestro cónyuge lo que creemos que necesitamos. Cuando tememos que nuestras necesidades no van a ser cubiertas, nos ponemos ansiosos o enojados, e insistimos en que nuestra pareja nos dé lo que necesitamos. Entonces, pensamos que si pataleamos lo suficientemente fuerte nuestras necesidades serán satisfechas, y al hacerlo, esperamos que nuestro cónyuge no sólo cumpla, sino que vea la pertinencia de la demanda; esperamos obligarle a hacer lo correcto.

En el corazón de tal demanda está la creencia de que nuestro cónyuge tiene el poder de hacernos felices o infelices. Si yo le exijo a mi marido barrer el patio de cierta manera, es porque creo que, si no lo hace así, mi felicidad será seriamente frustrada. Si está casado con alguien a quien le gusta agradar a otros para evitar conflictos, es posible que por su exigencia obtenga un patio ordenado, pero terminará con una pareja resentida.

Sin embargo, podría desear que lo hiciera de cierta manera, y podría solicitarlo así. Una petición es muy diferente a una exigencia.

No lleva el sentido del ultimátum que caracteriza a una exigencia. Una exigencia diría algo así como: «Tienes que barrer así» o «¿Llamas a eso barrer el patio?» Una petición dice: «Realmente apreciaría si pudieras recoger todas las hojas cuando barras el patio.»

James y Amy lucharon con las exigencias. Amy perdió la calma cuando James tuvo que pasar largas horas en el trabajo, dejándola comer sola una o dos veces a la semana. Cuando llegaron a mi oficina para recibir terapia, Amy tenía el semblante enrojecido por la frustración y la ira.

James se dejó caer en la esquina del sofá.

Entonces dije :«Así que veo que las cosas están muy acaloradas ahora. ¿Quién quiere empezar?»

«Tuvimos una pelea en el camino,»gimoteó James.

«¡Él simplemente no lo entiende!» Amy se ahogó, tratando claramente de contenerse. «Todo el día espero poder hablar durante la cena. ¡Pero él simplemente lo pasa por alto!»

«No lo estoy pasando por alto. Tengo mucho trabajo extra en este momento. No hay nadie más que pueda hacerlo.»

«Dile a tu jefe que contrate a otra persona.»

«No puedo hacer eso. Ya está estresado por nuestras bajas cifras de ventas.»

Amy cruzó los brazos. «Al parecer, te preocupas más por él que por mí. ¡O llegas a casa a tiempo para la cena o no te molestes en volver a casa en absoluto!»

James se volvió hacia mí. «¿Ve lo irrazonable que es? Nunca ha tenido un trabajo en tecnología. Ella no sabe cómo es eso.»

Me concentré primero en Amy: «Puedo ver cuánto dolor estás sufriendo al no poder pasar tiempo con tu marido durante la cena cada noche.» Entonces me dirigí a James le dije: «Yo también puedo ver lo difícil que es esto para ti, tratando de cumplir con tus obligaciones del trabajo y también estar allí para Amy.» Me incliné hacia atrás, los miré: «¿Qué pasaría si pudiéramos ayudar a sus áreas protectoras para que no reaccionen tan fuertemente? Entonces, sin importar lo que diga o haga la otra persona, pueden mantenerse centrados y tener más opciones sobre cómo responder».[60]

«Sí, por favor,»dijo Amy.

«Supongo que sí,» dijo James.

Durante el resto de la sesión, asesoré a James y Amy para que hablaran sobre sus emociones y sus temores. Amy se sentía herida, triste y abandonada por las frecuentes ausencias de su marido. Su protector intentó asegurarse de que la cuidaran desafiando el compromiso de James con ella y criticando sus prioridades. James se sentía estresado y frustrado por lo que él percibía como la irracionalidad de Amy. Después de que fracasara su intento de explicar su situación, su protector trató de evitar más estrés y bloqueó.

A medida que esta pareja comenzó a explorar sus propios protectores, los papeles que desempeñaban y los temores que los impulsaban, pudieron descubrir las áreas sensibles y vulnerables que había en ellos mismos y en su cónyuge que estos protectores estaban vigilando. Mientras cada uno contaba la historia su niñez herida, comenzaron a sentir una sensación profunda de compasión por el otro. Para James, tenía sentido el deseo de Amy de conexión hacia ella con sus padres no disponibles. Y una vez que Amy comprendió la experiencia de James de las emociones prohibidas, una luz se encendió para ella.

Amy miró a James a los ojos y le externó: «Puedo ver cómo mi enojo y mi exigencia de que le digas a tu jefe qué hacer puede causarte estrés».

«Haré todo lo que pueda para llegar a casa a tiempo» dijo James. «¿Funcionaría para ti si llego a casa para la cena, y luego de una hora regreso al trabajo?»

Amy consideró la idea. «Estoy de acuerdo con eso. Y está bien si necesitas quedarte tarde en el trabajo de vez en cuando. Sólo necesito saber que quieres estar conmigo.»

«Por supuesto que sí.»

Mientras Amy expresaba sus deseos de una manera menos exigente, menos volátil, James se volvió empático y reconfortante. Al final de la sesión, sentían que estaban en el mismo equipo, tratando juntos de manejar el incrementado estrés del trabajo de James.

Puede haber situaciones que le obliguen a establecer límites fuertes con su pareja, por ejemplo, si el cónyuge es abusivo o ha sido infiel, o si tiene hábitos peligrosos o adicciones. En esto, es necesario que sea muy firme al respecto, y que también sea claro sobre lo que usted acepta y lo que no tolerará. No obstante, incluso en estas situaciones las demandas típicamente contraatacan. Entonces, haga una declaración firme y aplicable sobre sus límites y lo que necesita para permanecer en la relación. El respeto propio es un poderoso límite.

Considere la comunicación que tiene usualmente con su cónyuge. Las últimas veces que le pidió a su pareja que hiciera algo, ¿utilizó el lenguaje de la exigencia o de petición? Considere cómo podría haber expresado su deseo como una petición en lugar de una exigencia. Practique diciéndolo. La próxima vez que desee algo de su pareja, trate de declararlo como un deseo. Probablemente su cónyuge se sentirá más respetado y será más receptivo.

Despójese del resentimiento

A menudo las parejas encuentran difícil encaminarse a una relación más íntima porque están cuidando viejas heridas. Su cónyuge puede haberle lastimado de alguna manera, previamente en la relación, quizás no pudo estar allí para usted cuando lo necesitaba, tal vez ella dijo o hizo algo irrespetuoso con usted, o tal vez él le traicionó de alguna manera que le hirió hasta lo más profundo.

Es posible que haya sido herido, descuidado, criticado, rechazado o avergonzado en su infancia y usted puede haber sufrido la ausencia del amor de alguno de sus padres, o la presencia inconsistente de uno o ambos padres, o puede ser que haya sido condicionado a creer que el amor de sus padres se basaba en lo bien que hacía las cosas. Pocas personas dejan la infancia completamente ilesos, la mayoría de nosotros llevamos heridas que, si no son identificadas y no son resueltas, se activarán cuando nuestro cónyuge se comporte de ciertas maneras.

Su herida puede provenir de un incidente que se dio una sola vez y ha sido difícil de perdonar, también puede ser el resultado de un patrón de comportamiento que se dio por largo tiempo y causa daños continuos. Con el tiempo el resentimiento se construye, creando una pared entre usted y su cónyuge.

Pocas personas dejan la infancia completamente ilesos, la mayoría de nosotros llevamos heridas que, si no son identificadas y no son resueltas, se activarán cuando nuestro cónyuge se comporte de ciertas maneras.

La mayoría de las parejas no son conscientes de cómo las heridas de la infancia alimentan su amargura. Estas parejas mantienen a su cónyuge completamente culpable y se resisten a cualquier sugerencia de que podrían tener heridas previas que crean vulnerabilidades al comportamiento de su pareja. Al sentirse inseguros, alimentan sus heridas y protegen sus corazones.

El resentimiento le protege al no permitir que su pareja se acerque lo suficiente para infligir más lesiones. Este resentimiento se convierte en lo que lo nivela para garantizar la seguridad. Es por esto que la idea de despojarse de esto puede generarle miedo.

El resentimiento conlleva un elemento de ira, ira hacia el cónyuge que le hirió, ira de que no le hayan pagado lo suficiente por la ofensa. Puede temer que su cónyuge se salga con la suya con lo que le hizo o que repita el comportamiento, si usted no está vigilando el tesoro del resentimiento. Al no querer que su cónyuge saque a la luz su dolor, usted se aferra al resentimiento como si sólo eso validara la experiencia que usted ha vivido.

Si ha sido herido por su cónyuge, los intentos que usted haya hecho para protegerse del dolor adicional son comprensibles y válidos. Sin embargo, aferrarse al resentimiento no logrará lo que desea: una relación segura y amorosa con su cónyuge.

Para que le conozcan, y sea amado y protegido en su matrimonio, necesita tomar conciencia de las formas en que se está protegiendo a sí mismo. En la medida que esté al tanto de lo que la parte resentida ha estado haciendo para garantizar su seguridad, usted puede invitar a esa parte a que se aparte y le permita tomar el riesgo de nuevo.

Comparta con su cónyuge lo que ha notado que usted hace para proteger su corazón de ser herido. Dígale lo que él o ella hizo que detonó una herida de la infancia y pídale que le ayude a bajar el muro, que usted mismo levantó, para que los dos puedan volver a estar cerca de nuevo; además, dígale a su cónyuge lo que necesita para sentirse seguro. Si su pareja continúa actuando en un patrón donde le lastima, comuníquele los límites que usted necesita establecer para protegerse.

Puede ser útil procesar sus sentimientos con un mentor, amigo, pastor o terapeuta.

Para avanzar, usted necesita hacer frente a sus miedos y tomar el riesgo de permitir que su cónyuge esté en su círculo de confianza. Ningún ser humano es completamente digno de confianza en el sentido de que en algún momento le va a fallar y le hará daño. Todos «ofendemos muchas veces», como nos lo recuerda la Biblia (Santiago 3:2). No hay garantías de que no será herido en el futuro; sin embargo, no podrá disfrutar del potencial de crecimiento del amor en su relación si se niega a perdonar a su pareja que le ama imperfectamente.

Despójese de la vergüenza

Steve estaba sintiendo un enorme peso de vergüenza cuando él y Jill llegaron por primera vez a mi oficina. Había estado desempleado durante diez meses y sentía que había defraudado a la familia. La vergüenza había dado paso a la depresión, que lo inmovilizó aún más en su lucha por encontrar trabajo. Cada vez que Jill lo aguijoneaba para que fuera más agresivo en la búsqueda de empleo, él reaccionaba con ira. Jill no tenía conciencia de que Steve estaba cargado de vergüenza, ya que sólo veía la ira o el letargo en él.

Matt había enfrentado un enorme peso de culpa. Mientras salía con Kim, se había enamorado de Stacey. Continuó con Kim, en caso de que la relación con Stacey no funcionara, pero Matt se sintió culpable por su duplicidad, y no supo cómo darle la noticia a Kim. Su culpabilidad eventualmente lo llevó sincerarse con Stacey, lo que provocó una explosión enorme. Al día siguiente, terminó su relación con Kim.

La vergüenza y la culpa son experiencias diferentes. La vergüenza dice: «soy malo», «no soy suficiente», «soy demasiado». Por otro lado, la culpa puede decirnos: «*Hice* algo mal.» La culpa puede llevarnos a hacer lo correcto o cargarnos hasta que decidamos admitir o rectificar la situación. La culpa sana nos llama a tener una vida más honesta y transparente.

Por otra parte, la vergüenza nos mantiene atascados, creyendo que somos malos e indignos, esta vergüenza es lo que en el fondo creemos que somos. La investigadora Brene Brown define la vergüenza como «el sentimiento intensamente doloroso o la experiencia de creer que somos defectuosos y por lo tanto indignos de aceptación y pertenencia.»[61]

La vergüenza a menudo es el resultado de los mensajes que hemos recibido de otros y hemos internalizado. Cuando éramos niños, es posible que un padre o un maestro nos haya criticado o dicho que éramos malos o incapaces, y cuando nos han hecho sentir que no somos suficientes o que somos demasiado, sentimos vergüenza.

Para alejar el sentimiento de la vergüenza desarrollamos formas de protegernos a nosotros mismos, como enfadarnos, culpar a otros, ocultar nuestras vulnerabilidades o incluso avergonzarnos a nosotros mismos. Terminamos desarrollando una crítica interna para mantenernos en control y evitar así que los mensajes de los demás nos avergüencen. Lo que una vez se nos hizo, ahora nos lo hacemos a nosotros mismos.

Seth y Amber se encontraron en un ciclo de vergüenza y culpa. A medida que Seth empezaba a enfrentar el efecto perjudicial de su ira contra su esposa e hijos, se conectó con un profundo depósito de vergüenza que había experimentado desde la infancia. La revelación de la ira que vivió con el padre, y el genuino remordimiento de su propia ira, llevaron a Amber a la compasión.

Sin embargo, cada vez que Seth se quejaba de Amber, ella contestaba con un recordatorio directo o indirecto de sus ofensas pasadas. Esto le hacía entrar en autorecriminaciones punitivas. Debido a las infracciones pasadas, él sentía que no merecía quejarse. Así que le permitió a Amber rechazar sus preocupaciones.

En la terapia, Amber fue capaz de ver cómo su reacción provocó vergüenza en Seth, y eventualmente, Seth vio cómo el culparse a sí mismo se interpuso en el camino de involucrar todo su ser en la relación.

Despojarse de la vergüenza no es fácil. Sin embargo, el explorar los mensajes que recibió temprano en la vida le ayuda a ver cómo puede haber sido avergonzado. También cuando considera sus propios pensamientos, y nota cualquier crítica o acusación que usted mismo se dice acerca de usted, puede darle pistas sobre la presencia de la vergüenza en su vida hoy.

Una vez que haya identificado las áreas de su vida que experimentan vergüenza, reflexione sobre cómo protegerse de sentir vergüenza. Cuando logra identificar su propia reactividad hacia otros, como el enojo y la culpa, le ayuda a detectar cuáles son los protectores que ha desarrollado.

Por otro lado, usted da un paso importante hacia la sanidad interna cuando manifiesta compasión por esas áreas en las que experimenta vergüenza y se permite a usted mismo responder con más calma cuando recibe un mensaje hiriente de su cónyuge. Permítales saber a esas áreas sensibles en usted que recibió mensajes perjudiciales cuando era un niño, saber que entiende el dolor que experimenta. Recuérdeles a esas áreas que fueron hechas «formidables, maravillosas» (Salmos 139:14) y que tienen un Padre celestial que les ama incondicionalmente, asegúreles de su intención de amar de manera similar.

También puede ofrecerle compasión a sus áreas protectoras que han estado tratando de protegerle de la vergüenza. Hágales saber que usted aprecia sus esfuerzos y les invita a dar un paso atrás y confiar en usted en relación con sus interacciones con su cónyuge y otras personas. Es importante conocer nuestras partes internas que sostienen la vergüenza y que nos protegen de ella para despojarnos de la vergüenza y tener expresiones más amorosas con nosotros mismos y nuestro cónyuge.

Se necesita mucho valor para dejar de lado las estrategias y las creencias que le han ayudado a dar sentido a su mundo y a sus relaciones. Cargar con viejos patrones de interpretaciones negativas, leer la mente, o tener exigencias le puede dar una sensación de seguridad, pero no le llevará a donde usted desea ir. En palabras de Helen Keller: «La seguridad es más que nada una superstición. La vida es una aventura atrevida o no es nada.»[62]

Dejar ir estas viejas estrategias, y las creencias que las apoyan, le permite recibir a su pareja de una manera más saludable y le invita a tener una nueva conciencia en su matrimonio. Despojarse de estas estrategias les permite a ambos que exploren las complejidades del otro, y les libera de patrones que han obstaculizado el amor que anhelan.

Preguntas para discusión: Capítulo 7

Preguntas de grupo y pareja

Permita que cada persona realice las preguntas de «Para la reflexión personal» que están más adelante antes de reunirse.

1. ¿Por qué es tan tentador pensar que puede leer la mente o los motivos de su pareja? ¿Por qué es contraproducente? Describa un momento en el que intentó leerle la mente a

su cónyuge y descubrió que su interpretación era incorrecta. ¿Cómo se siente cuando otros malinterpretan sus pensamientos o intenciones? Lea Mateo 7:1-5. ¿Qué dicen estos versículos acerca de juzgar los motivos de su pareja?

2. ¿Cuál es la diferencia entre una exigencia y una petición? Cuando alguien se acerca a usted con una necesidad, ¿le gustaría que lo hiciera con una exigencia o una solicitud? ¿Qué es lo que se siente irrespetuoso de una exigencia?

3. Lea Efesios 4:2, 31-32; Proverbios 14:30; y Gálatas 6:4. ¿Cuál es la relación entre la humildad y leer la mente, las interpretaciones negativas y las expectativas desproporcionadas? ¿Cómo las comparaciones nos llevan a la envidia? ¿Cómo es el perdón un antídoto contra el resentimiento? Comparta una cosa que esté dispuesto a dejar ir para mejorar su relación con su cónyuge.

4. Comparta los aportes de sus reflexiones personales (abajo).

Para reflexión personal

1. ¿De qué necesita despojarse para mejorar la comunicación o mejorar la intimidad con su pareja? ¿Qué ha sido difícil dejar ir? ¿Puede identificar cuál es la creencia a la cual se ha aferrado para mantener un patrón o conducta?

2. ¿Alguna vez se ha encontrado haciendo suposiciones acerca de los pensamientos o intenciones de su pareja? ¿Alguna vez ha tenido la experiencia de creer que sabe lo que están pensando y disputa cualquier explicación que le ofrecen? ¿Qué será difícil de despojarse de la tentación de leer la mente o hacer suposiciones? La próxima vez que esté inclinado a saltar a una conclusión o hacer una suposición, eche un vistazo con su pareja. Pídale que le aclare. Podría preguntarle: «¿Puedes ayudarme a entender lo que estabas pensando?»

3. ¿Se ha sorprendido interpretando el comportamiento de su compañero bajo una consistente luz negativa? Intente preguntarse: ¿Hay alguna posibilidad de que esté viendo esto incorrectamente? Permítase estar equivocado. Si de manera regular usted observa el comportamiento positivo o neutral de forma negativa, su pareja va estar desilusionada.

4. Piense en una expectativa que haya tenido de su pareja que le causa la mayor decepción a usted. Pregúntese de dónde provino esta expectativa. ¿Existe algún temor involucrado? ¿Qué pasaría si su cónyuge no alcanza lo que usted espera? ¿Qué le diría eso de usted? ¿Qué se detona en usted al pensar que no puede tener las cosas que desea? Es muy útil cuando usted explora los temores que fundamentan sus expectativas o el perfeccionismo bajo el cual vive, para permitirle cambiar el enfoque que tiene en su cónyuge y pasar observar sus propios protectores. Cuando realice este cambio de enfoque aumentará la conciencia de usted mismo y le ayudará a despojarse de expectativas inalcanzables y cambiar a expectativas más razonables.

5. ¿Usted se ha visto comparando a su pareja con los cónyuges de otras personas? Anote todas las cualidades positivas que ve en su pareja. Mire hacia atrás en la relación y piense en todas las buenas contribuciones que su pareja ha hecho a su vida personal y a la familia. Permítase reflexionar sobre las cualidades positivas de su pareja. Elabore una lista y colóquela donde la pueda leer y pueda añadirle cosas todos los días. Luego, cada día, entrénese para buscar una cosa positiva acerca de su cónyuge y hágale saber lo que ve.

6. En las últimas ocasiones que le ha pedido a su pareja que haga algo, ¿usted ha utilizado el lenguaje de la exigencia o del deseo? Reflexione sobre lo que podría haber dicho si expresara la petición como un deseo en lugar de una exigencia.

Practique diciéndolo. La próxima vez que tenga una solicitud para su pareja, expréselo de manera intencional como un deseo.

7. ¿Se ha sentido resentido hacia su cónyuge? Pregúntese a sí mismo qué anhelo tiene que no está siendo satisfecho. ¿El anhelo está conectado a algo de su infancia? Piense en su resentimiento como una parte de usted (no es todo usted) que tiene la función de protegerle de ser lastimado por ese anhelo insatisfecho. A medida que identifique lo que su parte resentida ha estado haciendo en un intento de conseguir lo que usted desea, ofrézcale cierto aprecio. A continuación, invite a esa parte a que dé un paso atrás y le permita a usted aprovechar el valor de tomar el riesgo de nuevo. Usted puede compartir con su cónyuge lo que nota que ha estado haciendo para protegerse de las heridas. Usted podría comunicarle a su cónyuge lo que este hizo que le hirió a usted y lo que detonó de su infancia. También pregúntele si puede ayudarle a derribar el muro para que pueda volver a acercarse. Transmítale a su pareja lo que usted necesita para sentirse seguro o amado.

8. Considere sus propios pensamientos y observe cualquier cosa crítica o acusadora que se diga a usted mismo. Una vez que haya identificado las áreas que tienen vergüenza, reflexione sobre cómo se protege de sentir vergüenza. (Tenga presente que su propia reactividad hacia otros es una manera de detectar los protectores que usted ha desarrollado para no experimentar vergüenza, algunas de estas reacciones son la ira, culpa, y similares.) Externe compasión a esas áreas en usted que han sido avergonzadas y permita que esas partes sensibles de su corazón, que recibieron mensajes vergonzantes cuando era niño, sepan que usted ve y entiende el dolor experimentado. Recuérdeles que están «hechas de manera maravillosa» (Salmos 139:14) y que tienen un Padre

celestial que les ama incondicionalmente. También asegúrese de dejarles claro a estas áreas de su vida que usted tiene la intención de aprender a amar de manera similar, incondicionalmente. Ofrézcales compasión a las áreas protectoras que han estado tratando de protegerlo de más vergüenza y que reaccionan a la defensiva (a través de la ira, la retirada, etc.). Hágales saber a estas áreas de su corazón que usted aprecia los esfuerzos, pero que les invita a dar un paso atrás y a confiar en usted en relación con las interacciones con su cónyuge y otras personas.

8

Inclínese hacia su pareja

> Esos momentos cuando compran en el supermercado, doblan la ropa, o hacen una llamada rápida para ponerse al día mientras ambos están todavía en el trabajo, son esas pequeñas ocasiones en las que rara vez están pensando, y donde se constituye el alma y corazón de un matrimonio.
>
> John Gottman

La vida acontece, el trabajo se acumula, las finanzas escasean, los niños hacen de las suyas. En medio de las tensiones y presiones de la vida, su atención se redirige hacia las necesidades urgentes, y el matrimonio puede sufrir. La rutina diaria se deshace de la conexión que compartía, entonces ¿cómo navegan como un equipo en medio de los cambios de la marea de la vida? ¿Qué es lo que los mantiene unidos en medio de las olas de la responsabilidad y demandas, dentro y fuera del hogar, todo lo que clama por su atención?

No son las grandes vacaciones, o los regalos extravagantes, o los acontecimientos románticos los que fortalecen la conexión de un matrimonio próspero, sino que los pequeños incrementos en el comportamiento son los que marcan la diferencia. Por ejemplo, una esposa le pide a su esposo que recoja la ropa de la lavandería cuando viene de regreso a casa y él responde «claro» en lugar de fingir que no la escuchó; o una esposa percibe el estrés del marido y le envía un texto divertido en medio del trabajo. Estos son pequeños actos de conexión que alimentan el amor.

Cada momento que usted comparte con su cónyuge le inclina a la relación o lo aleja. Cuando su esposo hace una oferta para llamar la atención o afecto y usted responde positivamente, usted alimenta la conexión. Su pareja se siente notada, considerada, y valorada. Cuando se aleja, crea una distancia que, con el tiempo, afecta negativamente a la relación. Es necesario tomar conciencia y actuar sobre estas oportunidades para nutrir una relación amorosa.

No son las grandes vacaciones, o los regalos extravagantes, o los acontecimientos románticos los que fortalecen la conexión de un matrimonio próspero, sino que los pequeños incrementos en el comportamiento son los que marcan la diferencia.

El investigador John Gottman compara las cosas que las parejas hacen para mantenerse emocionalmente involucradas o para distanciarse como tener una «cuenta bancaria emocional».[63] Sugiere que los cónyuges que responden positivamente a las ofertas de su pareja por atención, afecto, humor o apoyo están poniendo dinero en el banco emocional de su matrimonio. Cuando vienen tiempos difíciles, debido a los cambios de la vida, el estrés, o a las dificultades, las parejas que han invertido en el clima de la relación sobrellevan los retos mucho mejor que aquellos que han descuidado poner depósitos regulares en el banco.

El descuido de nuestro matrimonio no es intencional, al menos al principio. Con el tiempo, nos preocupamos por otras pesadumbres y prioridades, y nuestro compañero queda aparcado de lado. Nosotros quedamos atrapados en lo que percibimos y en lo que hay que hacer, entonces asumimos que nuestro compañero estará disponible cuando demos un giro y nos movamos en su dirección. Damos por sentados a nuestros cónyuges y luego, a menudo encontramos que este empobrecimiento en la cuenta bancaria emocional ha cobrado su precio. Nuestro cónyuge puede sentirse resentido, descuidado o no disponible si la cuenta ha sufrido demasiados retiros.

Si usted sufre por una cuenta bancaria emocional debilitada, o si desea continuar invirtiendo en su cuenta y mantener esos flujos de dividendos, debe actuar de manera intencional. Para amar proactivamente, en lugar de pasivamente, se requiere tomar una decisión consciente de moverse hacia la pareja.

Piense en inclinarse hacia su matrimonio como un hábito diario, como cepillarse los dientes o revisar su correo electrónico. Con el tiempo, las cosas que hace para enriquecer su relación serán tan habituales que ni siquiera tendrá que pensar en ellas y se convertirán en parte del ADN de su matrimonio.

La mayoría de los hábitos que avivan una relación sólo toman un momento, dándole a su pareja una palabra de aprecio o un beso de despedida. Otros implicarán un poco más de pensamiento, como planear una sorpresa de cumpleaños o una noche de cita. Algunos implican una palabra hablada, y otros no se expresan verbalmente. Todo lo que haga que se incline hacia su pareja y transmita el mensaje de «me importas» es un punto de conexión.

El agradecimiento

A todos nos gusta sentirnos apreciados, ya que eso nos dice que lo que aportamos a la relación es notado y valorado. Una simple palabra de aprecio puede recorrer un gran camino para reducir el estrés y ayudar a calmar internamente a nuestro compañero. El agradecimiento también nos beneficia para centrarnos en las cosas por la cuales podemos dar gracias.

En un estudio realizado por los Institutos Nacionales de Salud, los investigadores examinaron cómo el flujo sanguíneo en las diferentes regiones del cerebro se ve afectado por el sentimiento de gratitud de una persona.[64] Ellos encontraron que los sujetos que mostraban más gratitud tenían niveles más altos de actividad en el hipotálamo (que controla el sueño), la temperatura corporal, el metabolismo, el hambre y los niveles de estrés. Ese nivel de actividad más alto significa un estrés reducido y una mejoría en el período del sueño, lo cual beneficia nuestra experiencia de bienestar.

El agradecimiento también es fantástico para el matrimonio.

Nick rutinariamente lleva a casa los botes de basura después de que el camión hace la recolecta. Cuando entra al hogar, Jennifer le dice: «Gracias por traer esos botes, yo realmente lo aprecio.» Con esa expresión de ella, el arduo día que tuvo Nick en el trabajo se hizo un poco más ligero.

Jill llama a Steve para avisarle que ella va a recoger la cena de camino a casa, por lo que podría llegar un poco más tarde de lo habitual. Cuando Jill arriba, Steve dice: «Gracias por pasar a recoger la cena.» Contenta de saber que sus esfuerzos son notados, Jill se siente más cálida hacia Steve.

Un simple «Gracias, cariño» o «Te aprecio» en una nota, por teléfono o cara a cara crea un aura de un buen sentimiento que puede permear todas las demás interacciones. Las expresiones regulares de agradecimiento por los esfuerzos o el carácter de su pareja mantendrán una sensación de conexión, incluso cuando usted y su pareja se encuentren físicamente separados.

Comprométase a expresarle diariamente a su pareja una cualidad o acción por la que está agradecido. Después de una semana, observe el sentido más profundo de conexión que usted siente.

Un beneficio adicional de la gratitud es que libera dopamina, un neurotransmisor en el cerebro que provoca sentimientos de placer o recompensa. La dopamina nos impulsa a repetir el comportamiento para disfrutar de placer adicional. La gratitud produce más gratitud, ¡una gran receta continua para la felicidad matrimonial!

La afirmación

Una afirmación es una declaración a su pareja de su admiración por lo que es y lo que le brinda a la vida. La afirmación se centra en el carácter de la persona, más que en sus acciones o comportamiento. Es una declaración de lo que valora de su pareja.

Las afirmaciones expresan el reconocimiento de la esencia creada de su pareja. El autor John Powell declaró: «Es una certeza humana absoluta que nadie puede conocer su propia belleza ni percibir un sentido de su propio valor hasta que se le ha reflejado de nuevo en el espejo de otro ser humano amoroso y cuidadoso.»[65] Las afirmaciones proporcionan ese reflejo.

Cuando le dice a su pareja: «Eres fuerte en las maneras que son importantes para mí» o «Me encanta lo juguetón que eres con los niños,» se conecta con la médula del sentido de ella o él mismo, y le afirma de manera profunda y significativa. Todo se trata de *quién* es.

Piense en las tres cosas que más admira en su cónyuge y ponga cada uno de estos pensamientos en una frase que capture cómo se siente. Luego comparta uno cada semana durante las próximas tres semanas. Preste atención a cómo el simple hecho de pensar en las afirmaciones cambia cómo se siente acerca de su pareja; luego siga ofreciéndole a su cónyuge al menos una afirmación cada semana. También podría sentarse con su pareja y cada uno de ustedes pensar en cinco afirmaciones de su matrimonio; a continuación, pueden combinar sus listas y crear una sola lista y colocarla de manera visible en varios lugares del hogar. Una afirmación del matrimonio podría ser algo así como «Nos damos espacio para cometer errores» o «Nos gusta caminar juntos después de la cena.» Tómese su tiempo cada semana para leer y comprobar entre sí sobre cómo están llevando a la práctica las afirmaciones.

Saludos y despedidas

Para la mayoría de las parejas, los días de trabajo implican que uno o ambos salen de su casa por la mañana y regresan por la noche. Estos puntos de separación y reencuentro proporcionan momentos importantes que pueden conectar o crear más distancia. Las parejas cuyos horarios o estados de ánimo les hacen olvidar saludarse mutuamente terminan separándose.

James y Amy estaban deslizándose hacia la desconexión. El horario de James requería que saliera de casa a las 6:45 de la mañana, y Amy no salía sino hasta las 7:15. Amy solía estar en la ducha cuando James se marchaba a trabajar, y habían caído en el hábito de no conectarse por la mañana. Ellos pasaban el día centrados en sus propias preocupaciones. Cuando James regresaba del trabajo, Amy estaba en casa, pero preocupada. En el momento que lo escuchaba entrar, Amy esperaba que él la buscara, pero él típicamente se sentaba en la cocina hasta que ella saliera. Cuando ella entraba en la cocina, su saludo era cordial, pero carecía de entusiasmo.

En la terapia, después de discutir la importancia de conectarse al inicio del día, James y Amy acordaron besarse el uno al otro de despedida y pedirse el uno al otro que compartiera una cosa que estaba esperando o temiendo acerca de su día. Algunas veces había una reunión importante o una conversación difícil, otras veces hubo un almuerzo divertido con un compañero de trabajo o un recado esperado. Sólo el hecho de saber algo acerca de cómo el otro estaría pasando el día les permitió sentirse más conectados. Al regresar por la noche, James buscaba a Amy y le daba un beso de saludo. Durante la cena compartían el uno con el otro acerca de cómo habían pasado el día y qué había sucedido con el evento del que habían hablado inicialmente. Esto proporcionó una manera para que cada uno expresara interés y cuidado sobre la vida cotidiana del otro. Después de unas semanas, James y Amy se sintieron mucho más cerca.

Si usted ha estado dejando sus saludos y despedidas se deslicen, considere restablecerlos. Esos simples besos de hola y de hasta luego revitalizarán su matrimonio y le ayudarán a usted y a su cónyuge a mantenerse conectados incluso cuando están separados.

Cultivar intereses compartidos

Probablemente haya oído que «los opuestos se atraen.» Es cierto que generalmente nos casamos con personas que son diferentes de nosotros, ya que buscamos compañeros que nos complementen porque tienen algo que no tenemos, y viceversa. Por lo tanto, las parejas suelen tener intereses diferentes.

A mi marido le encanta la pesca con mosca y a mí me encanta estar al aire libre, pero pasar nueve horas agobiada en un pequeño bote de pesca, cubierto de bichos, no es mi idea de un buen día. A mí me encantan los deportes acuáticos, y por otro lado cuando mi marido no está en un bote, es un marinero de agua dulce. Con los años, hemos aprendido a apoyarnos en los intereses del otro, así que yo voy a pescar con mosca por medio día y mi marido bucea conmigo cuando tenemos viajes en lugares tropicales.

A mi marido le encanta verme atrapar un pez con una caña de pescar de mosca; para él, eso es sexy, imagínese.

El apoyar los intereses de su pareja es un regalo para ellos y para usted. Esto le moldea a usted y a su vez le permite a su cónyuge disfrutar de su presencia mientras cultivan sus intereses.

Esto no quiere decir que usted no puede disfrutar de ciertas actividades que no sean compartidas por su pareja. Usted sólo tiene que compartir algunas actividades juntos, y las actividades que no comparten deben limitarse para que no agoten la sinergia conyugal.

A veces el interés de una persona puede llegar a compartirse. Cuando me uní a un grupo de ciclistas de mujeres, tuve que entrenar todos los sábados por la mañana durante tres meses. Eso fue un gran sacrificio, ya que mi marido y yo siempre habíamos compartido los sábados como pareja. Al final del primer mes, él estaba descontento con nuestra falta de tiempo juntos. En ese momento, él tenía una opción. Él podría pedirme que renunciara a mi nueva afición o podría encontrar una manera de participar. Decidió convertirse en el camarógrafo de equipo, saliendo los sábados para filmarnos en nuestros paseos. ¿Eso es dulce? Las otras ciclistas obtuvieron sus propias copias del video en la fiesta del equipo al final del entrenamiento. Mi marido fue un éxito con el equipo y conmigo. Posteriormente, le compramos una bicicleta, y ahora él y yo disfrutamos de ciclismo como pareja en los fines de semana.

Hay muchas cosas que se pueden disfrutar juntos como ir al cine, salir a cenar, o jugar. Tal vez ustedes pueden tomar juntos clases de baile, ejercicios, o de arte. Encuentre buenas caminatas en su área, den un paseo dominical en el auto o participen como voluntarios. Cualesquiera que sean sus diferentes intereses, siempre pueden nutrir uno que compartan.

Prueben esto. Siéntense juntos y cada uno anote diez actividades que disfruta. Clasifíquenlas de una a diez según su nivel de disfrute, siendo diez la más alta, y compartan las listas. Si hay algunos intereses que ambos disfruten, destáquenlos. Si hay alguna actividad en la lista de su cónyuge que no está en la suya, y usted estaría dispuesto a probarla, ponga una X al lado. A continuación, elaboren un plan para invertir tiempo juntos en las actividades destacadas y consideren cómo también podrían priorizar los elementos marcados con una X.

Rían juntos

¿Cuándo fue la última vez que rió con ganas junto con su cónyuge? No hay nada como el poder de una buena risa. La mayoría de nosotros encontramos una gran cantidad de estrés en nuestra vida cotidiana, lo que tiende a hacernos demasiado serios. Perdemos nuestro sentido del humor, y con él nuestra resistencia como pareja.

Ya sea que el estrés se origine en el trabajo o los retos de equilibrar a los niños, el mantenimiento del hogar u otras responsabilidades, a menudo este lleva a la tensión marital. Cuando se activa el estrés, el cuerpo libera continuamente cortisol, niveles crónicos elevados, los cuales pueden conducir a problemas graves. Demasiado cortisol puede suprimir el sistema inmune, aumentar la presión arterial y el azúcar, contribuir a la obesidad, y más.

¿Cuál es un antídoto probado contra el estrés? La risa.

En 2015, el Centro Médico ASAN llevó a cabo un estudio de sesenta mujeres sobre el uso de la risa como terapia para hacer frente al cáncer de mama.[66] Los investigadores descubrieron que la risa era eficaz para reducir la ansiedad, la depresión y el estrés en pacientes con cáncer de mama. Otros estudios han demostrado efectos positivos importantes sobre la calidad de vida, la resiliencia, la inmunidad y el insomnio en pacientes con cáncer.[67] La risa es buena para usted.

Una manera de aumentar el factor de la risa en su matrimonio es permitirse ser bobos. Unos amigos nuestros crearon un recuerdo maravillosamente juguetón mientras estaban en un crucero. Los cruceros tienen todo tipo de rincones y recovecos. Cuando Tom miró a Barb con una sonrisa traviesa y dijo: «Si te atrapo, voy a tener que matarte,» ¡inició el juego!

Una dieta constante de humor los acompañará en el camino para darle a la relación la elasticidad que necesita con el fin de que los dos permanezcan conectados, incluso en medio de los desafíos.

Barb salió disparada y Tom iba en persecución. Ella se escondía en los rincones, y cuando veía a Tom pasar de largo corría en dirección opuesta. Pronto algunos de los pasajeros comenzaron a notar sus actividades y preguntaron qué estaba pasando. Ante las miradas de extrañeza que le hacían, Barb y Tom les explicaban: «Estamos jugando a las escondidas.» Los espectadores rápidamente se interesaron y le decían a Tom: «Ella se fue por ahí», o a Barb: «¡Sal rápido!»

En un momento, cuando Tom estaba corriendo por una escalera, agarró una pierna que se veía muy parecida a la de Barb, y para sorpresa de todos, la pierna le pertenecía a otra mujer.

Después de una hora de diversión, Tom vio a Barb a través de las ventanas en la parte trasera de la nave, ella lo vio y corrió para «salvarse» pero eligió la dirección equivocada y fue capturada. En ese momento se desplomaron de risa. ¡Lo que comenzó con una ocasión de travesura había traído alegría a su relación y a sus nuevos amigos a bordo!

La tradición de vacaciones de familia favorita es sorprender a mis hijos con una pelea espontánea de globos de agua. Invariablemente, otros turistas se unen al alboroto. ¡Gran diversión!

Una forma maravillosa de disfrutar de la risa con su cónyuge es desarrollar una broma entre ambos. A mi esposo se le dio una tarjeta de cumpleaños que mostraba a una pareja de ancianos mirando a través de un cuerpo de agua hacia una península. La foto en la parte delantera de la tarjeta mostraba a la esposa preguntándole a su esposo cómo se llamaba el estrecho tramo de tierra. Sin saber la respuesta, inventó una y dijo con seguridad: «Eso es un asomado.» El interior de la tarjeta decía: «Un año más viejo, y un año más cerca de hacer disparates.» Ahora, cada vez que mi marido y yo nos encontramos a alguien que creemos que está inventando algo, nos miramos y susurramos: «¡Asomado!» Siempre nos brinda una sonrisa en el rostro.

La risa tiene una manera de aliviar el estrés y nos recuerda disfrutar a nuestro cónyuge. El famoso comediante Bob Hope dijo que la risa es unas «vacaciones instantáneas». Nos relaja y nos recuerda que hay alegría incluso en los mundanos momentos de la vida. Una dieta constante de humor los acompañará en el camino para darle a la relación la elasticidad que necesita con el fin de que los dos permanezcan conectados, incluso en medio de los desafíos.

El contacto físico

La investigación revela constantemente que el valor del tacto en la vida de un niño en crecimiento no puede ser subestimado. El tacto comunica que el niño es valorado, querido, seguro y amado. Lo mismo ocurre con los adultos. Nunca superamos nuestra necesidad de contacto físico. La respetada terapeuta familiar Virginia

Satir dijo una vez: «Necesitamos cuatro abrazos al día para sobrevivir. Necesitamos ocho abrazos al día para el mantenimiento. Necesitamos doce abrazos al día para crecer.»[68] La conexión física es crucial para nuestro bienestar.

En el matrimonio tenemos la deliciosa oportunidad de brindar ese contacto a nuestra pareja. Cuando le tomamos las manos, abrazamos, masajeamos, besamos y abrazamos comunicamos: «Tú eres importante para mí,» «eres amado, y me importas.» El contacto físico también tiene beneficios fisiológicos. Nuestra piel tiene receptores debajo de la superficie que, cuando se tocan, bajan nuestra presión arterial y los niveles de cortisol, que a su vez reduce nuestro estrés.

Un estudio que se realizó en la Universidad de Carolina del Norte en sesenta mujeres, encontró que las que abrazaban a sus parejas con frecuencia (incluso por sólo veinte segundos) tenían menor presión arterial y frecuencia cardíaca, lo que disminuye el riesgo de enfermedades cardiovasculares y mayores niveles de oxitocina.[69] La oxitocina, una «hormona de vinculación afectiva», hace que la gente se sienta segura y confiada la una hacia la otra, disminuye los niveles de cortisol y reduce el estrés. El contacto es fundamental para la comunicación humana, la vinculación y la salud.[70]

Para aumentar el contacto físico en su relación, siéntese con su cónyuge y escriba las cinco maneras que más le gustan a cada uno para recibir el contacto. Tal vez su pareja disfruta de un abrazo cálido, tomarse de la mano, o que le acaricie la espalda. Quizás lo que le hace sentir bien a usted es que le rodeen con el brazo la cintura, un masaje en los pies o abrazarse en el sofá. Escriba sus preferencias y compártalas. A continuación, comprométase a ofrecerle a su pareja un elemento de la lista cada día.

Si usted se siente incómodo con el toque físico, es probable que haya crecido en un hogar sin mucho contacto afectuoso. Esta será un área de crecimiento para usted. En lugar de rechazar el contacto debido a la incomodidad, debe entrenarse a sí mismo para recibir el contacto como una señal de que es amado y valorado por su pareja. Comparta con su cónyuge lo que le resulte más cómodo y luego abra espacio en las áreas menos cómodas. Esto le ayudará a crecer en su cercanía física con su pareja.

Haga concesiones

Ceder puede ser visto como un camino hacia el logro de una meta compartida o como capitulación que disminuye la individualidad y la libertad de elección.

Matt y Stacey encontraban difícil sacrificar sus propias necesidades y deseos por el bien del otro o de su relación. Cuando se conocieron, cada uno había creado su propia carrera, sus propios espacios de vida y cultivado sus propias amistades. Ninguno de los dos se sentía inclinado a sacrificar sus deseos para acomodar la relación.

Con frecuencia luchaban por quién tenía que renunciar a algo con el fin de fusionar sus vidas. Matt insistió en continuar sus frecuentes salidas con los chicos, incluso durante las temporadas cuando Stacey viajaba mucho y tenía poco tiempo para estar con él. Quién se iba a trasladar de apartamento se convirtió en un argumento competitivo, ya que ninguno quería renunciar a su propio terreno. Una de las discusiones más difíciles se dio cuando elaboraban la lista de invitados para la boda.

Un día antes de que ellos me visitaran en la oficina, tuvieron una gran discusión y cuando entraron, Matt estaba tenso, con el rostro enrojecido, además Stacey estaba claramente frustrada. Luego de pasar, se sentaron en los extremos opuestos del sofá, como para declarar su falta de voluntad de moverse hacia el centro.

«Puedo sentir la tensión en ambos,» dije. «¿Quién quiere empezar?»

«Yo lo haré,» dijo Matt. Claramente, él quería alegar su caso. «Stacey es tan irrazonable. Ella ha invitado a toda su familia a nuestra boda, incluso primos y primos segundos. Nunca he conocido a la mitad de esta gente. Si son tan importantes para ella, ¿por qué no me los ha mencionado?»

«Invitaste a toda tu familia», dijo Stacey. «¿Por qué no puedo invitar a todos los míos?»

«¡Porque tu familia es dos veces más grande! Va a ser demasiado caro.» Matt se volvió hacia mí y dijo:«Además, se niega a dejarme invitar a todos mis amigos.»

«Ya has invitado a veinte», dijo Stacey.

«Sólo porque no tienes tantos amigos como yo, eso no significa que deba eliminar algunos de los míos».

«Tal vez deberíamos cancelar la boda.» Stacey lloró. «No puedo soportar toda esta discusión.»

Invité a Matt y Stacey a identificar los sentimientos que estaban experimentando mientras pensaban en la lista de invitados de la boda. Matt dijo que había notado una cierta tensión en su estómago que estaba seguro de que estaba relacionado con el costo. Expresó miedo y ansiedad sobre la carga de la deuda de la boda. También sentía cierta ira hacia Stacey, a quien consideraba despectiva de sus preocupaciones.

Stacey identificó una sensación de presión en su pecho. Se sintió atrapada entre Matt y sus padres, que valoraban la conexión familiar extendida y habían expresado el deseo de que la boda fuera una reunión del clan. Ella también estaba enojada con Matt por lo que percibía como su valoración de los amigos por encima de la familia.

Mientras hablábamos más, quedó claro que la preocupación de Matt por el aspecto financiero de la boda tenía una historia. Describió a su padre, un contador, como una persona austera y un buen administrador del dinero. Le había ido bien en la vida financieramente, y Matt estaba decidido a seguir sus pasos. La preocupación de Stacey por invitar a toda la familia a la boda también tenía una historia. Sus parientes, un grupo italiano estricto, consideraban que la familia tenía prioridad sobre cualquier otra lealtad. Invitar a todo el clan a los acontecimientos era una cosa natural, y Stacey no quería ser la primera en romper con esa tradición. El precio emocional sería demasiado alto.

Cuando Matt y Stacey expresaron sus sentimientos y temores, sintieron más compasión por el punto de vista del otro. Sabían que necesitaban hacer concesiones para poder seguir adelante. Stacey estuvo de acuerdo en recortar su lista hasta cierto punto, siempre y cuando Matt estuviera dispuesto a interferir en la familia de ella si la agobiaban. Matt accedió a extender el presupuesto lo suficiente como a incluir una docena de parientes de Stacey de «segundo nivel» y también accedió a trabajar con ella en reducir los costos de otras áreas del presupuesto de la boda.

Estos compromisos fueron posibles gracias a una nueva conciencia de dos factores importantes: sus posiciones se derivaron de sus historias familiares y sus posturas de autoprotección fueron causadas por el temor subyacente. El callejón sin salida pasó de ser un cónyuge con razón y el otro sin ella, a la comprensión mutua y al trabajo juntos para encontrar una solución.

En cada buen matrimonio, cada cónyuge necesita doblegarse y, en ocasiones, renunciar a sus propios deseos o posición por el bien del matrimonio. Para aquellos que son ferozmente independientes, o que construyeron una vida propia antes de casarse, esto puede ser difícil. Los «matrimonios de unión» (como el ejemplo de dos empresas independientes) tienden a tener más problemas para ceder que los «matrimonios de arranque». Pero como todos los matrimonios están formados por dos personas diferentes, el compromiso es la mejor manera de avanzar, tomando decisiones importantes en la vida juntos. Cada uno de ustedes aprende a dar algo para conseguir algo más grande: la compañía íntima y una vida compartida, que los moldeará a ambos en personas más amorosas, menos ensimismadas.

Discúlpese

A nadie le gusta equivocarse, ya que se siente mucho mejor tener la razón. Cuando éramos niños, hacer lo correcto normalmente nos brindaba aprobación y alabanza, o al menos nos ayudaba a evitar las críticas por hacer algo malo, y por eso llegamos a equiparar la equivocación con el castigo o el retiro de los afectos de los padres. Para evitarlo, aprendimos a defendernos y a justificar nuestro comportamiento.

Como resultado, el disculparse con nuestro cónyuge no es nuestro reflejo usual, y en su lugar estamos mucho más dispuestos a defendernos y a excusarnos. Incluso si pedimos disculpas, a menudo se expresa en términos que evitan la plena responsabilidad y decimos algo como: «Lamento que te sientas de esa manera,» lo cual es una frase que evade el reconocimiento de haber hecho algo mal. El cónyuge en el extremo receptor de esa declaración por lo general se siente desestimado.

Nuestras disculpas también se suelen expresar en forma de algún tipo de excusa. «Lo siento, pero tenía mucho en mi plato hoy,» lo cual se siente más como una evasión que una disculpa sincera. Dado que no queremos asumir la plena responsabilidad o parecer el tipo malo, respondemos de una manera que rechaza las quejas de nuestro cónyuge y minimiza nuestra responsabilidad.

A menudo nuestra resistencia a ofrecer una disculpa se alimenta de la conciencia de las faltas y los errores de nuestra pareja que repentinamente aumenta. Creemos que si nos disculpamos, entonces sus fallas pasarán desapercibidas o se considerarán menos importantes que las nuestras. En nuestra racionalización, cambiamos la culpa a sus ofensas.

Justo el otro día, mi marido señaló que yo había pasado por alto su preocupación. En ese momento, convenientemente recordé cómo él había hecho lo mismo apenas unos días antes y le recordé su infracción. Esta acción no hizo nada para reparar nuestra relación.

Todos cometemos errores. Todos somos propensos a hacer cosas que dañan o frustran a nuestra pareja. Cuando hacemos una de esas cosas, la forma más efectiva de reparar una ruptura en la relación es con una disculpa sincera y restaurar la conexión. Ofrecer una buena disculpa es una poderosa herramienta que puede restaurar un matrimonio.

Aquí les comparto los ingredientes de una disculpa eficaz y sincera:

1. *Busque en usted mismo.* Antes de acercarse a su pareja, tómese un tiempo para considerar si tiene alguna estrategia autoprotectora que desee minimizar o defender la ofensa. Todos somos vulnerables a las racionalizaciones, así que sea brutalmente honesto consigo mismo. Imagine estar en el extremo receptor de lo que usted hizo y el daño que puede haber causado.
2. *Admítalo.* Su ofensa puede ser menor, como olvidar poner algo en su calendario o no dar un recado. O también puede ser algo grande, como traicionar la confianza u ocultar una adicción. Admitir los errores implica reconocer su falta sin minimizar su impacto o excusarse de ninguna manera. Cuando admita su falta, sea específico. Una vaga disculpa es cobarde y no tan reparativa como una detallada que indica claramente lo que ocurrió.
3. *Reconozca que ha herido.* Trate de entender y sentir empatía por el dolor que ha causado. Pregúntele a su pareja qué sentimientos surgieron cuando usted hizo lo que hizo. Hágale saber que tiene sentido para usted que él o ella se sintiera de esa manera (herido, decepcionado, frustrado, etc.).
4. *Acepte las consecuencias.* Si la ofensa hace que su pareja se distancie por un tiempo, permita ese tiempo sin exigir que le perdonen instantáneamente. Si la ofensa es grande y ha herido lo más profundo de su pareja, hágale saber que usted entiende la necesidad de tiempo que tiene y que usted será paciente. Acérquese de vez en cuando y averigüe si necesita algo de usted para calmar el dolor.
5. *Modifique su comportamiento.* Cuando cambia la manera en que trata a su pareja se hace evidente que ha tomado la ofensa en serio y que tiene un deseo sincero de amar mejor. En el momento que altera el comportamiento muestra un signo de que su corazón estaba involucrado en la disculpa.[71]

En la mayoría de las situaciones, cada uno de ustedes tiene cierta responsabilidad por lo ocurrido. Usted no puede disculparse por lo que le corresponde a su pareja, pero puede disculparse por completo por lo que a usted le corresponde, y sin esperar una disculpa recíproca de su pareja. Las disculpas son unilaterales: implican una admisión de su parte en el conflicto. Si usted exige que su compañero sea dueño de su parte como condición para ofrecer una disculpa, la misma no es sincera. Su pareja puede necesitar tiempo para que los protectores renuncien antes de que puedan reconocer su parte. Deles ese tiempo. Es más importante que una disculpa sea sincera que extraer una de un cónyuge que no lo desea.

Perdone

Cuando estamos heridos, es natural querer protegernos de más dolor. Ocultamos nuestras heridas y sospechamos de las intenciones de nuestra pareja. Dudamos o rehusamos ofrecer perdón. Tememos que si perdonamos a nuestro cónyuge, el comportamiento será repetido o no tomará sus ofensas en serio. Queremos que sienta el aguijón de nuestra distancia para transmitir la severidad de su ofensa, no queremos que minimice o excuse lo que ha hecho.

Cuando nuestro cónyuge nos hiere, pensamos que nos debe algo. Una disculpa sería agradable, una garantía o la promesa de que no volverá a hacerlo ni siquiera de manera mejorada. Muy a menudo, este deseo de extraer algo de nuestro compañero es un producto de nuestro orgullo. Él o ella ha hecho algo para dañarnos y nos sentimos despreciados.[72] Queremos defender nuestra imagen y no dejar que nuestro compañero se quede con un perdón prematuro, entonces nos negamos a levantar las sanciones hasta que haya pagado lo suficiente la ofensa. Cuando rechazamos perdonar nos permitimos mantener las poderosas cartas en nuestras manos hasta que nuestro ego se calme.

Sin embargo, al protegernos y retener el perdón contribuimos a la falta de seguridad en la relación. Si su pareja no puede echar a perder las cosas sin tener una desconexión prolongada con usted, él o ella aprenderá a ocultarse y levantar sus propias barreras para protegerse de usted.

El no perdonar es una forma de juicio que dice: «Usted no es digno de una segunda oportunidad o de mi confianza.» Considera que el lapso en el que su pareja falló en el comportamiento evidencia un defecto importante en el carácter.

Retener el perdón sugiere que somos ciegos a nuestras propias imperfecciones y formas dañinas.[73] Cuando podemos ver nuestras faltas con claridad, tenemos un mejor punto de vista para ver los defectos de nuestro cónyuge y así, en el momento que mostramos la voluntad de ofrecer el perdón, nuestro cónyuge probablemente será más directo acerca de su responsabilidad en hacernos daño.

Cuando los cónyuges perdonan generosamente, la relación se vuelve más auténtica. Cada uno puede ser quien realmente es y saber que cuando lo estropea, el otro le seguirá amando y no se retirará.

Alguien que es muy consciente de la forma en que sus protectores reaccionan, y el daño que pueden infligir, tiende a ser un perdonador más lleno de gracia que una persona que no ve su propia responsabilidad. Cuando los cónyuges perdonan generosamente, la relación se vuelve más auténtica. Cada uno puede ser quien realmente es y saber que cuando lo estropea, el otro le seguirá amando y no se retirará.

Cuando perdona a su pareja, no está minimizando ni excusando lo que ha hecho. Usted está diciendo: «Lo que hiciste estaba mal, pero estoy optando por cancelar la deuda que me debes. Ya no la mantendré contra ti.»

Algunas personas, particularmente aquellas que están obligadas a agradar a otros, pueden ignorar el daño que se les ha hecho y llamarlo perdón. En el momento en que se ignorara una falta por temor al conflicto, o temor a estar desconectado del otro si la ofensa se enfrentaba honestamente, no es perdón o amor, eso es falta de coraje que no beneficia ni al herido ni al ofensor. Es mucho más útil identificar el comportamiento que causó la herida y buscar la reparación.

El perdón tampoco es simplemente el acto de decir: «Te perdono.» El perdón implica un cambio de corazón hacia el ofensor y dice: «Lo que hiciste me lastimó y te perdono. No lo mantendré contra ti ni dejaré que influya en la forma en que te veo de ninguna manera.» El perdón implica rendir por completo el deseo de vengarse. Se dice que Henri Nouwen dijo: «El perdón es el amor que se practica entre las personas que aman pobremente.» El perdón debe practicarse una y otra vez, ya que los humanos rutinariamente fallan cuando aman. El perdón es una forma de amor que busca al ofensor por el bien de la restauración de la relación. Para convertirse en una persona que perdona generosamente, debe permitirse ser consciente de sus propios defectos y su propia necesidad de perdón. Además, debe ver a su pareja como una obra de arte en progreso, siempre convirtiéndose en la persona que Dios tenía en mente cuando la creó.

El perdón a menudo llevará a la reconciliación, ya que libera al que haya hecho mal de cualquier deuda. A través del perdón, el camino hacia la restauración de la relación es posible. Sin embargo, existen algunas situaciones en las que el perdón puede tener lugar, pero no hay reconciliación, como por ejemplo en situaciones que siguen siendo inseguras (abuso) o donde la infidelidad está teniendo lugar.

El perdón no se trata de consentir o de caminar de manera fácil sobre la injusticia. El perdón en estos casos se trata más bien sobre liberar al ofensor de cualquier deuda y renunciar a toda necesidad de retribución. El perdón permite al perdonador que esté libre del enojo, resentimiento y pensamientos negativos. En la mayoría de los casos, sin embargo, el perdón, incluso en situaciones de infidelidad, puede conducir a la reconciliación y una nueva calidad de vida juntos.

¿Cómo vamos a perdonar a nuestra pareja de una manera que lo libere de la deuda y allane el camino para la restauración de la relación? Aquí hay cuatro pasos que puede tomar:

1. *Busque dentro de usted mismo.* Reconozca cualquier sentimiento que surja como resultado de la ofensa de su pareja. Permítase sentir el dolor, la falta de respeto, el miedo, y así sucesivamente. Observe sus protectores que se activan en un intento por garantizar su seguridad: enojo, deseo de castigar o erigir un muro emocional.
2. *Comprométase con su cónyuge.* Permita que su pareja sepa lo que está sintiendo y que usted desea perdonarle. Sea específico acerca de la herida y lo que necesita en el futuro; además, establezca los límites que protejan el camino de la reconciliación (nada de sobrenombres, ningún tiempo avanzada la noche en la computadora, y así sucesivamente).
3. *Libere.* Despójese de la negatividad hacia su pareja. Renuncie a la culpa, la amargura, el resentimiento y la ira. Tim Keller comparte estas palabras en relación con la liberación que se necesita en el perdón: «Una de las habilidades más básicas en el matrimonio es la capacidad de decir la verdad de manera recta y sin adornos sobre lo que ha hecho el cónyuge; y luego, de forma completa, sin egoísmo y alegremente expresar perdón sin una pizca de superioridad, sin hacer que la otra persona se sienta pequeña.»[74] La liberación consiste en dejar ir cualquier necesidad de retener la ofensa sobre su cónyuge, cualquier necesidad de retribución o pago. Asegúrese de que cualquier parte de usted que pueda tener miedo de una herida futura, sepa que usted es un adulto y usted se cuidará cuando eso sea necesario.
4. *Restaure.* Dígale a su pareja que lo perdona e invítele a ayudar a reconstruir sus vidas juntos. Hagan una lluvia de ideas, el uno con el otro, sobre los pasos que sanarán su matrimonio. Si la infracción fue pequeña, puede ser suficiente planificar una cita divertida el fin de semana. Si la ofensa fue grande, la restauración puede tardar semanas o meses. Piense en las áreas de reconexión, que pueden comenzar con actividades compartidas, como tomarse de la mano o asistir

a una conferencia matrimonial, y luego avanzar a acurrucarse en el sofá, un fin de semana fuera de casa, o ponerse bobos juntos. Con el tiempo, es probable que disfrute de una reparación completa que restaure la vitalidad de su relación.

Elija inclinarse hacia su pareja

Cambiar los hábitos maritales implica una intencionalidad llena de consciencia. Aprender a inclinarse, a moverse hacia su compañero en vez de alejarse, es una elección que usted hace cada momento de su vida de matrimonio. Cuando se es más generoso con las afirmaciones, el aprecio aumentará el cariño en su relación y le ayudará a mantenerse enfocado en por qué usted dijo «Acepto.»

Los nuevos hábitos al saludarse y despedirse, además de un mayor contacto físico, les ayudarán a sentirse conectados durante todo el día. Reír juntos y desarrollar intereses compartidos agradables reducirá el estrés y profundizará su amistad conyugal. También, aprender a comprometerse más fácilmente, disculparse y perdonar les permitirá resolver las diferencias y reparar las heridas, y garantizar así la flexibilidad que su relación necesita para enfrentar los desafíos maritales. Al ser proactivo en inculcar nuevos hábitos alimentará esa vida de amor que usted desea. (Para obtener un resumen de las ideas acerca de cómo hacerlo, consulte la sección «Para la reflexión personal» que está a continuación.)

Preguntas para discusión: Capítulo 8

Preguntas de grupo

Tómese el tiempo para hacer las secciones «Para la reflexión personal» y «Ejercicios para la pareja» antes de la reunión del grupo.

1. Comparta sus hábitos actuales de conexión como pareja con el grupo. ¿Cuáles son? Específicamente, ¿cuáles son las

maneras positivas en que afectan su relación estos hábitos? Lea Filipenses 2:3 y Romanos 12:10. ¿Cómo podrían las actitudes expresadas aquí ayudarle a inclinarse hacia su relación?

2. De los nueve hábitos que se mencionan (el agradecimiento, la afirmación, los saludos y despedidas, nutrir intereses compartidos, reírse, el contacto físico, el ceder, la disculpa y el perdón, ¿con cuál tienen más dificultad como pareja? ¿Qué obstaculiza el desarrollo de este hábito? Pregúntele a su grupo lo que hacen que ha sido útil para desarrollar este hábito.

3. Lea Colosenses 3:12-14. Discuta cada cualidad mencionada y considere cómo al «ponerse» cada una de ellas cambiaría la forma en que se relaciona con su cónyuge en formas prácticas diariamente. Sea específico.

4. Lea Santiago 5:16. ¿Por qué es necesario disculparse?

5. ¿Puede pensar en algún momento en que fue perdonado? ¿Como se sintió? Lea Efesios 4:32; Lucas 6:37-38; y Marcos 11:25-26. ¿Qué dicen estos versículos acerca de la relación entre perdonar y ser perdonado por Dios? ¿Es usted una persona que perdona generosamente?

6. Como pareja, decidan tres cosas que harán juntos con el fin de crear un impulso para «inclinarse» hacia su matrimonio trabajando en los hábitos de conexión. Vuelvan al grupo y compartan todos los que les hacen sentir cómodos, e inviten al grupo a revisar y ver cómo lo están haciendo.

Para la reflexión personal

1. ¿Cuáles son sus hábitos actuales de conexión? ¿Qué sentimientos se promueven cuando se compromete con esos hábitos?

2. *Agradecimiento*: comprométase a expresar diariamente a su pareja una cualidad o acción por la cual usted está especialmente agradecido. Después de una semana, tome nota sobre la sensación de conexión que siente. ¡Sigua haciéndolo! Para más inspiración, lea 1 Tesalonicenses 5:18.
3. *Afirmación*: piense en las tres cosas que más admira de su pareja. Ponga cada uno de estos pensamientos en una frase que capture lo que quiere decir. Luego comparta uno cada semana durante las próximas tres semanas. Haga un plan para continuar ofreciendo una afirmación cada semana.
4. *Pedir disculpas*: ofrezca a su pareja una disculpa sincera por algo que usted ha hecho en el mes pasado. Utilice el proceso de cinco pasos que se muestra en el capítulo. Este es el primer paso para sanar la relación (Santiago 5:16).
5. *Perdonar*: si su pareja le ha ofendido o herido de alguna manera, siga los pasos para el perdón descritos en el capítulo para restaurar su relación.

Ejercicios de pareja

1. De manera separada, cada uno haga una lista de los hábitos de conexión que cada uno disfruta actualmente, que disfrutaba, y desea disfrutar en el futuro. Compartan las listas entre sí y hagan una sola lista compuesta de los hábitos que desea integrar en el ADN de su relación. Coloque la lista en un lugar donde la puedan leer a diario.
2. *Saludos y despedidas*: haga el compromiso para enmarcar el día con besos, cuando salga por la mañana, cuando se reúnen en la noche, cuando se va a la cama. Permita que su pareja sepa que sin importar lo que suceda, esos besos seguirán siendo una parte de sus rituales maritales. Antes de que salga en la mañana, revise una cosa que su cónyuge tiene

en el plato del día. Recuerde preguntarle sobre eso cuando se reúnan al final del día. ¡Sumar estas pequeñas cosas a su rutina puede revitalizar su conexión!

3. *Cultive intereses en común*: siéntense juntos y cada uno anote diez actividades que disfrutan. A continuación, califique de uno a diez en función de su nivel de disfrute, diez es el que más le gusta. Compartan sus listas, y si hay alguna cosa que es la misma, resáltela. Si existe alguna actividad en la lista de su pareja que no está en su lista, pero usted estaría dispuesto a intentarlo, póngale una X al lado. Luego elaboren un plan juntos para invertir tiempo en las actividades destacadas y considere cómo también puede dar prioridad a los elementos que tienen una X.

4. *Reír juntos*: para aumentar el nivel de risa en su unión, aquí están algunas ideas:
   a. Sea bobo. ¡Permítase ser juguetón!
   b. Vean un programa de televisión o una película que les haga reír a ambos.
   c. Busque un video o una aplicación divertida de YouTube y envíelo a su cónyuge durante la jornada laboral. Monk-e-maker es especialmente divertido, ya que puede enviar a su cónyuge una imagen de sí mismo en parodia pareciéndose a un mono.
   d. Configure algunas notificaciones divertidas que aparecerán en el teléfono de su pareja.
   e. Desarrolle una broma entre ambos.
   f. Encuentre por lo menos tres cosas que le garantizan reírse y ¡hágalas regularmente!

5. *Contacto físico*: siéntense juntos y escriban las cinco maneras en las que les gusta recibir contacto físico. Quizás le guste un abrazo cálido, tomarse de la mano, o un masaje de espalda. Tal vez le haga sentir bien a su pareja un brazo

alrededor de su cintura, un masaje de pies, o acurrucarse en el sofá. Escriban sus preferencias y compártanlas. A continuación, comprométase a ofrecerle a su pareja una forma de contacto físico de la lista cada día.

6. *Ceder*: elija un asunto que haya sido una fuente de desacuerdo en el cual usted puede ceder.

a. Tómese el tiempo, de manera individual, para escribir su posición sobre el tema brevemente. Incluya las razones por las que cree que su posición es razonable.
b. Pregúntese si hay algo de su historia familiar que podría estar influyendo en su posición. (Por lo general, entre más intenso se siente sobre el tema, más probable es que haya una historia importante para ello.) Esto le dará algunas pistas acerca del porqué su posición parece tan correcta para usted.
c. Pregúntese a usted mismo: Si no lo logró a su manera, ¿cuáles son los sentimientos que le surgen? ¿Cuáles son sus preocupaciones en cuanto a lo que podría suceder? ¿Qué podría llevar a eso? ¿Cuáles serían sus sentimientos entonces?
d. Antes de reunirse con su pareja, pregúntese si usted se siente preparado para ser sincero acerca de encontrar una solución juntos. Si no, usted puede tener algunos protectores que necesita calmar antes de intentar una solución. Una vez que usted se sienta tranquilo, reúnase con su pareja y comparta los sentimientos que descubrió que surgieron en torno al tema.
e. Invite a su pareja a hacer una lluvia de ideas sobre las posibles soluciones que tomarían en consideración los sentimientos de ambos.

   1) Decida lo que es no negociable (es decir, nos vamos a casar, ambas familias necesitan estar bastante representadas, pero no puede costar más de $ 30K) y lo que es negociable (es decir, el vendedor caro del pastel, pagar por el vuelo de tío Johnny, invitar a todos los familiares de «segunda

línea»).

2) Haga una lluvia de ideas de tantas soluciones como sea posible que no se han evaluado. Escríbanlas.

3) Regrese y revise esa lista y considere los pros y los contras de cada aspecto. Haga una marca de verificación al lado de los que son más factibles.

4) Juntos, decidan una solución, sabiendo que ninguna es perfecta.

5) En dos semanas, evalúe su compromiso y decida si está funcionando o si desea revisar la lista y seleccionar otra solución.

f. Exprese agradecimiento a su pareja por la disposición a entender sus sentimientos y avanzar hacia la cesión.

9

Aborde la intimidad

> El miedo es el gran enemigo de la intimidad. El miedo nos hace huir unos de otros o aferrarnos unos a otros, pero no crea la verdadera intimidad.
>
> Henri Nouwen

Qué significa tener intimidad para usted? ¿El tener una conversación que fluye libremente? ¿Tener un sentido profundo de confianza? ¿Afecto cálido? ¿Conexión sexual? La intimidad puede incluir todos estos aspectos, pero en su esencia, la intimidad significa ser conocido y amado de manera profunda, así como conocer y amar profundamente al otro. La intimidad genuina nos hace sentirnos vivos porque alguien ha tenido mucho cuidado de mirar en las profundidades de nuestra alma y contemplar lo que somos de verdad.

¿Recuerda nuestras ilustraciones del castillo? Cada uno de nosotros es un castillo con un foso y un puente levadizo. Cuando sentimos que otra persona es segura y deseable, bajamos nuestro puente levadizo sobre el foso y le invitamos a entrar. Una vez dentro, puede ver las vulnerabilidades del castillo. Donde hay amor, cada habitación y jardín en el castillo puede ser explorado libremente y las vulnerabilidades están protegidas por el amante. Esta exploración íntima implica que cada uno de ustedes está abierto y es transparente con sus emociones, sus cuerpos y su yo espiritual. Para algunos, la palabra *intimidad* tiene connotaciones de miedo. Al dejar entrar a alguien en nuestros castillos, nos arriesgamos a ser rechazados o volver a ser heridos. Podemos temer que la otra persona no sea confiable y que pueda utilizar el acceso para explotarnos. La intimidad también puede provocar sentimientos de que no somos «suficientes».

Muchos hombres temen no poder satisfacer la necesidad de intimidad emocional de sus esposas y, por otro lado, las mujeres suelen informar que no pueden mantenerse al día con el deseo de sus maridos de tener intimidad sexual. La misma palabra *intimidad* despierta los sentimientos de incompetencia y la actitud defensiva. Aunque el matrimonio fue creado para abastecer nuestra más profunda necesidad de compañerismo y plenitud, también puede convertirse en un lugar de expectativa, presión sobre el desempeño y cautela.

Aunque el matrimonio fue creado para abastecer nuestra más profunda necesidad de compañerismo y plenitud, también puede convertirse en un lugar de expectativa, presión sobre el desempeño y cautela.

Asimismo, nuestras imágenes de intimidad pueden estar contaminadas por lo que vemos en los medios de comunicación. La mayoría de las veces el sexo se retrata como algo caliente, apasionado y autogratificante, dándoles a las parejas un cuadro donde cada uno se centra en sí mismo de cómo debería ser el sexo en el matrimonio.

Es probable que tenga conocimiento de programas de televisión populares como *The Bachelor* [El soltero] en los que un hombre selecciona a una esposa de un grupo de mujeres con las cuales tiene citas y entrevistas. Con el tiempo se estrecha el grupo hasta finalistas con las que tiene una noche de sexo en la «suite de fantasía» antes de tomar la decisión final.

Si usted dio un paso atrás y se preguntó qué imágenes de «intimidad» están representadas en ese programa, podría deducir que la intimidad se trata de la química de la atracción, un encuentro sexual caliente y una conversación superficial. Sin embargo, la intimidad verdadera es profundamente diferente.

Se vive un matrimonio próspero y duradero a través de la intimidad emocional que tienen los mejores amigos, la intimidad sexual de los amantes y la intimidad espiritual de dos que se convierten en uno. La verdadera intimidad implica la voluntad de estar totalmente abiertos entre sí en estas tres áreas clave.

Debido a que la intimidad requiere tal apertura, esta comienza con el conocimiento de uno mismo, ya que para poder permitirle a alguien que entre en los miedos, deseos, esperanzas y sueños, y fortalezas y debilidades, usted necesita tener claridad sobre lo que es cada una de estas cosas. Ser una persona verdaderamente íntima comienza con estar conectado al propio corazón.

La intimidad acontece con el tiempo. Dado que ser abierto y vulnerable requiere que usted se sienta seguro, revelar el corazón y el verdadero yo puede ocurrir solamente a medida que la confianza en la otra persona crece. Cuando usted descubre que esa persona está dispuesta a guardar sus confidencias, buscar su bienestar, y es cortés con sus debilidades y defectos, usted mismo va a compartir más y más de sí mismo con ella. Al arriesgarse a exponer sus sentimientos y pensamientos más vulnerables, y encontrar que su pareja los toma como tesoros preciosos, la seguridad en la relación se desarrolla.

La intimidad emocional

La intimidad emocional es la capacidad de compartir los sentimientos más profundos con su pareja y a su vez, acoger los sentimientos de la pareja con comprensión y empatía. Esta intimidad involucra crear un refugio seguro donde cada uno de ustedes pueda sentirse plenamente cómodo revelando su verdadero yo.

El miedo es el mayor obstáculo para la intimidad emocional. Si escondemos nuestro auténtico «yo» debido a que tememos el rechazo o ser heridos, no podemos disfrutar de una profunda conexión emocional con nuestro cónyuge. Por otro lado, si nos aferramos ansiosamente a nuestra pareja debido a nuestras propias inseguridades, el cónyuge no se sentirá libre de ser él o ella misma, lo cual es una condición necesaria para la verdadera cercanía. Si nos volvemos exigentes por temor a que no logremos satisfacer nuestras necesidades, entonces saboteamos la conexión que deseamos.

Ser íntimo es una elección y requiere tomar riesgos, eso implica que exponer las partes más profundas de usted mismo a la pareja puede ser incómodo. También, puede parecer más seguro quedarse detrás de las barreras de protección que le protegen a usted de ser rechazado de manera potencial.

Sin embargo, si usted desea que lo conozcan y desea ser amado, debe bajar el puente levadizo. Ser íntimo con alguien es siempre un acto proactivo, o sea, implica iniciar. Usted elige mostrarse u ocultarse, por lo que su pareja solo puede entrar en su castillo por invitación.

Cuando una esposa invita a su marido a las áreas más sensibles de ella misma, y él se muestra atento, interesado y amable, la esposa se siente valorada y amada, por lo que se abre más hacia él. Cuando el esposo se da cuenta de que no necesita resolver las cosas para ella, o persuadirla para que piense de otra manera, él simplemente puede escucharla y tratar de entender, lo que dará como resultado un profundo afecto de ella por él.

Si la vulnerabilidad de ella se enfrenta con impaciencia, indiferencia o incomodidad, la esposa cerrará sus sentimientos e insertará un ladrillo más en la barrera. Muchos esposos luchan por entender que lo que sus esposas necesitan es simple. Todo lo que ellas normalmente necesitan es que ellos sólo estén allí con ellas, dándoles toda su atención; no hay soluciones, no hay planes de batalla, es sólo estar allí.

Cuando un marido invita a su esposa para que conozca los sentimientos de vulnerabilidad que él posee y ella responde amorosa, con respeto y generosidad, él siente una cálida conexión con ella. Debido a que el respeto es tan crítico para los hombres, es especialmente difícil que revelen lo que pueden considerar como debilidad. Una esposa comprensiva se da cuenta de esto y afirma mucho las fortalezas, a medida que escucha atentamente.

No obstante, si la esposa es crítica o da consejos, es probable que él se cierre. La mayoría de las esposas no entienden que sus maridos anhelan profundamente que ellas crean en ellos. Entonces los esfuerzos de una esposa para mejorar a su marido, o decirle lo que debe hacer, suenan como incredulidad, y por lo tanto provocan que el esposo se aleje.

Tanto el esposo como la esposa tienen un papel protagónico en la creación de la seguridad y la intimidad en su relación. Algunas personas creen que no son muy buenas para compartir sus pensamientos y emociones. Quizás usted pudo haber crecido en un ambiente donde los sentimientos fueron minimizados o, peor aún, criticados. Es posible que haya aprendido a edad temprana a ocultarse y solo a presentar lo que los padres permitieron o pudieron tolerar.

Pregúntese a usted mismo: ¿Qué me asusta *de ser completamente vulnerable con mi pareja? ¿Qué debo retener? ¿De qué tengo miedo?* El darse permiso para sentir y expresar a lo que usted siente puede ser difícil al principio, pero como con cualquier nueva destreza, con la práctica será más capaz de identificar sus sentimientos y revelarlos.

Pregúntele a su pareja: «¿Qué puedo hacer o decir (o no hacer o no decir) que te ayude a sentirte más cómodo y seguro compartiendo conmigo lo que llevas en el corazón?» Procure escuchar sin estar a la defensiva y reciba la retroalimentación que su cónyuge le brinda, con el corazón.

Usted puede preguntarse: *¿Por qué molestarse con todo esto? ¿Por qué pasar por este trabajo si es algo tan incómodo*? La respuesta es simple: usted está estableciendo un vínculo para tener una relación íntima. La Biblia dice que Dios le diseñó con un anhelo de ser conocido y amado, de tener a alguien que le vea y le ame por lo que realmente es usted .[75] Dios le diseñó a usted principalmente para tener una relación con Él. Y debido a que Él le hizo, Dios le conoce y le ama a usted más íntimamente de lo que cualquier ser humano podría.

Ahora, Dios mismo también le diseñó a usted para que establezca una relación íntima con otra persona.[76] La Biblia nos provee de una hermosa imagen de intimidad en el relato de Adán y Eva. Antes de la creación de Eva, Adán estuvo solo; y para satisfacer las necesidades más profundas de relación que tenía Adán, Dios hizo a Eva y se la presentó a Adán. Este la reconoció instantáneamente como su semejante, y estaba cautivado.

El relato continúa diciendo que ambos estaban «desnudos, y no sentían vergüenza».[77] No sentían miedo a la vulnerabilidad, ni necesidad de ocultar sus cuerpos ni sus corazones. Podían darse a conocer por completo y ser totalmente amados. No hubo obstáculos, heridas o ideas preconcebidas de los medios de comunicación, o de otros lugares, que distorsionaran su visión de la belleza intrínseca creada de su pareja o el valor como pareja equitativa en la danza de la vida. Se recibieron el uno al otro como un regalo puro. Esta es una bella imagen de intimidad emocional, física y espiritual, y nosotros fuimos creados para disfrutar de esto.

La clave para convertirse en compañeros íntimos es crear un lugar seguro donde ambos puedan estar libres para compartir los pensamientos y sentimientos más profundos, y a su vez disfrutar del placer de la cercanía sexual libre de ataduras.

Este cuadro completo se pierde a menudo hoy. Los hombres asociarán la intimidad con el sexo, las mujeres con conexión emocional. El verdadero encuentro íntimo incluye ambas cosas. La clave para convertirse en compañeros íntimos es crear un lugar seguro donde ambos puedan estar libres para compartir los pensamientos y sentimientos más profundos, y a su vez disfrutar del placer de la cercanía sexual libre de ataduras.

La intimidad sexual

El sexo es la expresión más vulnerable e íntima de entregarnos libremente, el uno al otro, como esposo y esposa, en el matrimonio. Dios lo creó como un regalo a través del cual los esposos dan y reciben placer y experimentan el cuidado y un profundo sentido de pertenencia. El sexo nos une como ninguna otra experiencia en la vida.

Dios nos dio los órganos sexuales por una razón, en realidad por más de una razón. Definitivamente nos los dio para la reproducción, pero claramente también quería que disfrutáramos del cuerpo de nuestro cónyuge, basta con ver la evidencia fisiológica. Debido a que los hombres tienen una mayor área preóptica en el hipotálamo, ellos tienen una inclinación para ser visualmente estimulados y responder al cuerpo de una mujer cuando lo ven. Los hombres también producen diez veces más testosterona que las mujeres, lo que explica el hecho de que los hombres tienden a pensar en el sexo mucho más a menudo que sus esposas.

Por otro lado, las mujeres están dotadas de un clítoris, que sólo tiene una función: el placer sexual. Las culturas que tienen una visión distorsionada de la sexualidad masculina/femenina a veces quitan parte o todo este órgano para prevenir la excitación sexual femenina. Con esto, están violando el diseño divino. Dios dio a las mujeres un clítoris porque Él claramente quiere que las esposas disfruten de la experiencia sexual tanto como lo hacen sus maridos. Las mujeres, también, tienen niveles mucho más altos de estrógeno que los hombres, lo que promueve el comportamiento sexual femenino.

Cuando las mujeres dan a luz, sus cuerpos producen oxitocina, lo que les permite relajarse para que la leche fluya y aumente su sentido del amor y el apego a sus bebés. La oxitocina a veces es conocida como la «hormona del vínculo», ya que crea un sentido de confianza y de apego.[78] La hormona es calmante, reduce el estrés y promueve un sentido de seguridad. La Dra. Louann Brizendine, en *The Female Brain* [El cerebro femenino], informa que «la oxitocina se libera naturalmente en el cerebro después de un abrazo de veinte segundos de un compañero, sellando el vínculo entre las dos personas que se abrazan y activando los circuitos de confianza del cerebro.»[79]

Cuando los esposos y esposas están en las primeras etapas de la pasión, la oxitocina sube hasta cinco veces más[80] del nivel normal en ambos compañeros, lo que les permite sentirse relajados, contentos y profundamente unidos.[81] Además, el orgasmo desencadena otra neurohormona, la vasopresina, que interactúa con la testosterona de un hombre, lo cual impulsa su energía, atención y agresión. Esto genera que él se concentre intensamente en su pareja aun cuando no esté presente y estimula el comportamiento monogámico y el cuidado paterno.[82] ¡Pareciera que tenemos la motivación hormonal para mantenernos emocional y sexualmente conectados con nuestra pareja!

Estas realidades físicas revelan que fuimos hechos para disfrutar de nuestro cónyuge físicamente. Los hombres y las mujeres experimentan el deseo sexual de manera diferente, pero ambos fueron creados para disfrutar del placer sexual y la satisfacción.[83] Clifford y Joyce Penner señalan: «Cada pasaje del Nuevo Testamento que aborda la relación sexual marido-esposa empieza o termina con un mandato de reciprocidad.»[84]

No obstante, nuestra cultura se ha centrado tanto en el placer masculino y el consentimiento femenino, que hemos perdido de vista la intención original de Dios. La bella reciprocidad para la que fuimos creados ha sido sepultada por distorsiones, resentimientos, demandas y expectativas que han robado nuestra conexión física.

Debido a que la relación sexual es el lugar donde experimentamos nuestra más íntima unión y vulnerabilidad, también puede ser el lugar de nuestro dolor más profundo.

La sexualidad fracturada

Nuestra sexualidad ha sufrido dos extremos debilitantes: la búsqueda de satisfacción personal en el encuentro sexual y la negación de la importancia y belleza de la relación sexual. Estos dos extremos pueden crear un ciclo de disfunción sexual que daña muchos matrimonios.

Ryan y Sarah habían quedado atrapados en un patrón desvitalizante. Después del nacimiento de su primer hijo hacía seis años, Ryan se frustró con la infrecuencia de la conexión sexual. Se sentía rechazado cuando abordaba el sexo con Sarah y ella postergaba o rechazaba las propuestas que él le hacía.

Habiendo estado expuesto a la pornografía cuando fue adolescente, Ryan comenzó a verla como una forma de satisfacer su deseo de excitación y estimulación. En los años que siguieron, Ryan se involucró en el porno cuando se sentía estresado o distante de Sarah. Sarah no era consciente de este hábito, aunque notó que Ryan se estaba haciendo más distante y se quedaba despierto hasta tarde muchas noches. La cuestión explotó cuando su hija de seis años de edad vio la computadora de papá una noche, cuando iba de camino al baño.

Cuando entraron en mi oficina en un frío día de enero, ambos estaban angustiados. El rostro de Ryan estaba enrojecido y desafiante. Obviamente no estaba feliz de estar allí, y Sarah se sentó en la silla opuesta, inclinada hacia delante con el rostro entre las manos mientras me contaba el incidente con su hija de seis años.

«Simplemente no le importa que esté dañando a nuestra hija», dijo Sarah, mientras luchaba por contener las lágrimas. «¡Lo único que le importa es él mismo!»

«¡Eres tan exagerada!» exclamó Ryan. «¡¿Crees que Maddy va

a tener cicatrices de por vida por una imagen que estuvo en la pantalla por una fracción de segundo?!»

«Lo que ella tiene es una foto de su padre mirando la imagen de una mujer desnuda. ¿Cómo crees que eso la hace sentir sobre ti? ¿O sobre ella misma?» replicó Sarah.

«Estás sacando esto muy fuera de proporción.»

Yo necesitaba interceptar este ciclo de ataque y defensiva, entonces intervine: «Vamos a desacelerar esto un poco para que podamos entender lo que realmente está pasando aquí. Sarah, ¿cómo te enteraste de lo que Maddy vio?»

«A la mañana siguiente, bajó a desayunar y estaba inusualmente callada. Le pregunté si algo estaba mal, y me dijo que había visto una foto en la computadora de papá que la molestaba. Cuando le pregunté qué era, me dijo que era una mujer desnuda. Casi me disparo contra el techo, pero sabía que tenía que mantener la calma para ella. Le pregunté si había visto algo más. Ella dijo que no, pero dijo que papá le indicó que «no es gran cosa», que él sólo estaba navegando por internet buscando información para nuestras próximas vacaciones. ¡Eso fue una mentira!»

«¿Qué sentiste internamente la primera vez que oíste eso de Maddy?»

«Yo estaba enojada», dijo Sarah. «Él no protegió a nuestra hija.»

«¿Algún otro sentimiento?»pregunté.

«Me sentí herida y traicionada.»

«¿Y qué hiciste o dijiste?»

«Llamé a Ryan al trabajo y le dije lo que Maddy dijo. Le dije que necesitábamos hablar cuando llegara a casa, luego colgué.»

En ese instante me dirigí a Ryan: «Cuando te llamó, ¿qué sucedió dentro de ti?»

«Estaba avergonzado y enojado. Mis compañeros de trabajo podían oírla gritar», dijo Ryan.

«¿Sentiste algo más?»

«Me preocupó que Maddy estuviera perturbada. Y a la defensiva debido a que Sarah estaba gritando, y me sentí atacado.»

Cuando discutimos la situación más adelante, supe que cuando Ryan llegó a casa, él le gritó a Sarah por avergonzarlo en el trabajo. Ella lo acusaba de preocuparse más por su reputación que por su familia. Ambos recurrieron a los insultos y al desprecio. A medida que fuimos capaces de frenar la reactividad e identificar los sentimientos que subyacían, cada uno se dio cuenta de sus temores y protectores internos.

Ryan admitió que había visto pornografía «ocasionalmente» a lo largo de los años, afirmando que era «normal» y que «todos los chicos lo hacen.» Había razonado que, como Sarah no lo sabía, no estaba realmente perjudicando su matrimonio. Ver pornografía le hizo sentirse más vivo, pero después se sintió avergonzado.

Sarah expresó el dolor y la inseguridad que sentía cuando Ryan acudió a la pornografía para satisfacer sus deseos sexuales. El padre de ella había tenido una breve relación secreta durante el matrimonio de sus padres, y todavía llevaba el dolor de esa traición y su consiguiente estrago en la familia. Ella había jurado nunca tolerar ninguna infidelidad en su matrimonio.

También admitió que su actitud hacia el sexo había sido desdeñosa y que el abordaje de Ryan se había convertido en una molestia para ella. Ella había racionalizado que, como era la mamá de dos niños activos, Ryan debía entender el nivel de agotamiento que experimentaba y no añadir más cosas, expresando un deseo de sexo. Con el tiempo, se había convertido en crítica de los frecuentes deseos sexuales de él.

Mi primer orden del día fue educar a esta pareja con respecto a la pornografía y la adicción sexual. Les expliqué que la dopamina, un neurotransmisor, es un componente clave en la recompensa / motivación en las vías del cerebro. El cuerpo libera dopamina en respuesta a cualquier actividad que produce placer o promueve la vida (como comer, plantar un jardín, el sexo o la pornografía).

Como Norman Doidge aclara en su libro *The Brain That Changes Itself* [El cerebro que cambia por sí solo]:

> El centro de recompensa del cerebro utiliza dos sistemas de placer diferentes, uno que excita (deseo) y otro que satisface. El primer sistema nos motiva a ir tras las cosas; es alimentado en gran parte por la dopamina. El segundo sistema nos hace sentir satisfechos y felices después de lograr algo. Este último es dirigido por las endorfinas. La pornografía activa los dos sistemas de placer en el centro de recompensa, pero el sistema de deseo es más fuerte que el sistema de satisfacción. La pornografía hiperactiva nuestro sistema de deseo, al bombear dopamina en respuesta a cada nueva imagen. Como resultado, el usuario puede quedar atrapado en un ciclo de desear, utilizar, bombear un montón de dopamina, en respuesta a las nuevas imágenes que encuentra durante el uso de la pornografía, y entonces termina deseando aún más.[85]

Esencialmente, la dopamina puede enganchar el cerebro de un hombre a la pornografía. Cuanto más ve, más débil es el camino del cerebro hacia las experiencias normales de excitación al tacto, el abrazo y la estimulación visual de mirar a su pareja verdadera cuando llega. La pornografía crea una nueva vía, que requiere imágenes cada vez más estimulantes para devolver al usuario al mismo nivel de placer.

La pornografía puede convertirse en un hábito tenaz y, en algunos casos, se puede convertir en una adicción completa. Muchos usuarios de pornografía reportan que no se pueden excitar con ninguna otra cosa que la pornografía. Ellos encuentran que necesitan mirar pornografía más a menudo o encontrar imágenes más intensas para obtener el mismo efecto.[86]

Independientemente de que la pareja lo sepa o no, la pornografía daña la relación matrimonial porque deforma la idea del usuario de lo que es el sexo, crea secreto y rompe la confianza. Además, ver pornografía puede impactar lo que el usuario espera de su pareja.

> Cuando una persona utiliza pornografía, el cerebro está conectando lo que ve en la pornografía con los sentimientos de excitación que esta crea, entonces construye nuevos mapas en el cerebro para lo que piensa que es sexy y lo que espera de su pareja.[87]

Muchos cónyuges se sienten inadecuados debido a que no pueden competir con la pornografía. No sólo se sienten traicionados, sino que, en muchos casos, las parejas presentan síntomas de trauma.[88]

Incluso en la pornografía más ordinaria, los actos sexuales mostrados son degradantes para las mujeres y se centran en el placer masculino. Este tipo de sexo es un mundo aparte de lo que es mutuamente agradable, y de lo que mutuamente honra la intimidad sexual, lo cual es característico de los matrimonios saludables.

Si usted o su pareja está involucrado en la pornografía, existe ayuda. Un buen libro para comenzar es *Healing the Wounds of Sexual Addiction* [Cómo sanar las heridas de la adicción sexual] por Mark Laaser.[89] También, dos sitios web que pueden ser útiles son: www.fightthenewdrug.org y www.pureintimacy.org .Yo le recomendé a Ryan que obtuviera ayuda profesional y le sugerí que fuera a www.iitap.com para encontrar un terapeuta de adicción al sexo certificado.

Luego ayudé a Ryan y Sarah a entender las necesidades y emociones profundas del otro. Sarah tenía un fuerte deseo de ser el único interés amoroso de Ryan, y a Ryan le sorprendió que su visión de la pornografía hiciera sentir a Sarah muy insegura sobre su cuerpo. El ayudarle a Ryan a entender la presión que las mujeres tienen en nuestra cultura para tener el cuerpo perfecto, le permitió ver cómo su comportamiento había sido, para ella, como lanzar sal en una herida.

Ryan también admitió que su libido por el sexo con Sarah había disminuido a medida que se hacía más frecuente la masturbación con la pornografía. Ryan pudo ver cómo su deshonestidad afectó la relación, ya que creó una cuña en la capacidad de ellos para ser abiertos e íntimos. Aunque se sentía impotente para atraer a Sarah a un compromiso más sexual, también pudo ver cómo había violado la relación buscando satisfacción sexual en otros lugares.

A su vez, Sarah fue capaz de ver cómo su desinterés en el sexo estaba dañando la relación. Las creencias previas que tenía sobre el sexo le habían impedido tener un compromiso total con Ryan. Y pensamientos y actitudes tales como «lo que todos los chicos quieren es sexo» o «el sexo gira alrededor de él» impregnaron su forma de ver las cosas. Aunque ella y su esposo habían disfrutado de frecuentes relaciones sexuales al inicio del matrimonio, una vez que Maddy nació Sarah había empezado a canalizar sus energías a su papel como madre. Cuando Ryan la buscó para tener relaciones sexuales, ella intentó ignorarlo o acusarlo de ser egoísta y obsesionado.

Con el tiempo, Sarah se dio cuenta de que sus primeras creencias le habían robado de gozar su propio placer sexual. Había estado tan concentrada en la satisfacción de Ryan que no había aprendido a guiar a su marido hacia sus zonas erógenas. Tanto ella como Ryan aceptaron la idea de que «el sexo es para los hombres,» lo cual causó que Ryan tuviese una mentalidad depredadora y que Sarah se retrajera. Ambas actitudes les robaron la alegría del placer mutuo.

Después de unas pocas sesiones, Ryan reconoció que su uso de pornografía estaba perjudicando el matrimonio. Él expresó un sincero remordimiento y comenzó a trabajar en la reconstrucción de la confianza. También, Sarah reconoció que su rechazo estaba hiriendo una parte esencial de su marido. Aunque el interés de Ryan había sido secuestrado por la pornografía, al ver ella su papel en la disfunción que estaban viviendo, motivó a Sarah para ayudar a reparar la relación sexual.

El impacto de la vergüenza y el abuso

Debido a que nuestro yo sexual es tan vulnerable a las heridas, la experiencia de la vergüenza en esta área de nuestras vidas no es infrecuente. Muchas mujeres se sienten inseguras acerca de sus cuerpos. Al compararse con otras mujeres, como las modelos en portadas de revistas o actrices, llegan a creer que el cuerpo que les han dado «no es suficiente.»

Si una mujer ha sido abusada, acosada sexualmente o violada, ella puede concluir que está mal o dañada. En el libro *The Wounded Heart* [El corazón herido], Dan Allender describe el impacto de la vergüenza y el temor al rechazo que las mujeres maltratadas experimentan: «Es el terror de que si nuestra alma oscura es descubierta, nunca seremos disfrutados, ni deseados, ni perseguidos por nadie.»[90] Por otro lado, los hombres que han sido abusados sexualmente también pueden sufrir profundos sentimientos de vergüenza.

Debido a que el sexo es una de las expresiones más bellas del amor íntimo, también es muy vulnerable a las distorsiones y al mal uso. Si usted ha sido violado sexualmente, usted sabe la herida de tener esta parte sensible de su alma maltratada por el placer de alguien más. Incluso puede haber llegado a un lugar de despreciar su propio cuerpo debido al dolor que esa experiencia representa. Es a usted a quien deseo ofrecerle una palabra de aliento: su cuerpo es hermoso, y sólo porque alguien más lo usó para sus propios fines no lo hace a usted menos bello. Dios le hizo y le ama, y desea hacer algo hermoso de las cenizas de su abuso.[91]

Incluso puede haber llegado a asociar el sexo con la perversión, malos recuerdos o el dolor. Si es así, le animo a buscar la ayuda de un terapeuta calificado que pueda ayudarle a superar la lesión traumática que usted ha experimentado, y a restaurar su capacidad de disfrutar del regalo de la cercanía física con su cónyuge.

Aunque Dios quiere restaurar todas nuestras áreas de quebrantamiento, creo que Él tiene un corazón especial para sanar nuestra intimidad sexual; esto porque toca nuestra vulnerabilidad más profunda y abastece nuestra conexión humana más profunda. Esta conexión fue el primer regalo para nosotros como hombre y mujer, y Dios desea que disfrutemos de este regalo al máximo.[92]

Sólo para esposas

Damas, me gustaría hablarles un momento acerca de cómo están hechas físicamente. Chicos, si están leyendo esto, permítanme darles una palabra de precaución: resista el impulso de convertirse en el entrenador sexual de su propia esposa, deje que ella se encargue de su propio aprendizaje y le invitamos a ser parte del proceso cuando ella esté lista. Si usted sólo desea encontrar los «botones calientes» de ella para que pueda obtener más rápidamente una relación sexual y su propio placer sexual, perderá la oportunidad de convertirse en una pareja sexual inteligente. Su esposa necesita tiempo para explorar su cuerpo. Si usted toma el control, ella no se sentirá segura y probablemente dará marcha atrás.

Las mujeres somos más sexualmente complejas que nuestros maridos. La mayoría de las células nerviosas de un hombre están ubicadas en un solo órgano. Pero las mujeres tienen múltiples zonas erógenas, que responden de manera diferente en días diferentes.

Así que esposas, conózcanse a ustedes mismas y aprendan sobre lo que les trae placer físico. Es posible que necesiten obtener algunos libros para ayudarse a explorar esta parte de sí misma, como *The Good Girl's Guide to Great Sex* [La guía de la chica buena para tener sexo genial] de Sheila Gregoire o *The Gift of Sex* [El regalo del sexo] de Clifford y Joyce Penner. Conocer su cuerpo es una parte crucial del aprendizaje sobre sus preferencias individuales.

Aproximadamente la mitad de todas las mujeres a veces experimentan el orgasmo a través del coito. Sólo el 25 por ciento es consistentemente orgásmica durante el coito y el 20 por ciento rara vez o nunca tiene un orgasmo durante el coito.[93] Aproximadamente el 70 por ciento de las mujeres requieren estimulación del clítoris para el orgasmo.[94] Después de esta información podemos decir de manera certera que la relación sexual no es la clave principal para la satisfacción sexual de la mayoría de las mujeres.

Durante el coito, el clítoris se estimula indirectamente, pero puede necesitar una estimulación más directa para que el orgasmo ocurra. Algunas mujeres son más vaginalmente sensibles debido principalmente a dos partes de su anatomía: el músculo pubococcígeo (PC) que rodea y controla el tercio inferior de la pared del tubo vaginal, y el Grafenberg o punto G, una masa de tejido localizada en la pared frontal de la vagina justo más allá del músculo PC, que se agranda durante la estimulación sexual. Estas áreas pueden ser maravillosas fuentes de estimulación sexual.

Cuando presta atención y persigue lo que es placentero para usted, estará más interesada en el compromiso sexual y a su vez estará más satisfecha después. Su marido no tiene manera de saber qué está pasando en su cuerpo, por lo que es muy beneficioso comunicarle a su esposo sus sensibilidades y preferencias únicas momento a momento, esto para una vida sexual plena y satisfactoria.

Aquí hay algunas sugerencias para disfrutar de la intimidad sexual con su esposo:

1. *Cambie mentalmente a modo sexual.* El órgano sexual más importante de una mujer es su mente. El sexo es una decisión que usted toma mentalmente. Las mujeres son grandes en la multitarea y nuestras mentes a menudo pueden vagar durante el sexo. Es importante aceptar esa realidad pero volver nuestra atención a nuestros cuerpos y lo que ellos están sintiendo y disfrutando, incluso cuando otros pensamientos pasarán por nuestras mentes.

   ¿Ha estado viendo el impulso sexual de su marido como una molestia? ¿Ha caído en una actitud de obligación? ¿Ha permitido que otras responsabilidades e intereses desborden su energía para hacer el amor? Su mente puede necesitar renovación en esta área. Como dice Sheila Gregoire en su libro sobre el sexo para las esposas jóvenes: «La clave del corazón de un hombre no es aplacarlo; es realmente participar en el proceso.»[95]

   Si no tiene energía o deseo de tener sexo, puede que necesite más descanso y cuidado propio. Pero también pueden existir algunos mensajes negativos que le impidan disfrutar de este aspecto de su vida matrimonial. Si es así, la terapia podría ser beneficiosa para ayudarle a reclamar su interés y alegría en esta área. Aquí están algunas formas de conseguir que su mente se involucre:

a. Planee un encuentro sexual romántico o juguetón. La planificación le ayudará a centrarse y energizarse.
b. Establezca límites con lo que les priva a usted y a su esposo de momentos íntimos juntos (por ejemplo, las demandas de los niños, la distracción de la televisión, una puerta desbloqueada).
c. Entrene a su mente para «pensar en el sexo.» Después de un agotador día cuidando a los niños o trabajando, lo último en su mente es el sexo. Usted está preocupada por lo que todavía necesita hacerse, pero la cercanía física íntima con su esposo es tan importante como muchas de esas tareas, si no es que más. Así que tome unos momentos para considerar cuándo sería un buen momento para abordar el sexo, como cuando sus hijos están dormidos o sus requerimientos de trabajo son los más ligeros. Programe en el calendario y proteja ese tiempo de las intrusiones.

2. *Nutra sus sentimientos sexuales.* Conozca las partes de su anatomía que son más sensibles al placer sexual. También preste atención a cuándo durante el mes o el día usted está más interesada sexualmente o mejor responde (por ejemplo, durante la ovulación o por la mañana).

   Conozca cuáles son sus condiciones óptimas. ¿Esta más sensible sexualmente después de un tiempo de juego? ¿Durante una cena a la luz de las velas? ¿Después de un tiempo prolongado de hablar o de celebrar? Esté al tanto de qué la estimula: una comedia romántica, afirmación verbal, que él la desnude o las expresiones apasionadas de afecto.

Ejercite su cuerpo. La energía es esencial para sentirse sexual. Un buen tiempo de trotar o incluso sólo unos minutos en el gimnasio puede aumentar sus niveles naturales de hormonas, y así alimentar su deseo. También, invite a su esposo a ayudar para que usted se relaje. ¿Hay algo que él pueda quitar de su lista de quehaceres para que le permita a usted estar más disponible?

3. *Conozca a su esposo*. Pregúntele a su marido qué es lo que le resulta más placentero en el acto sexual. Para un hombre, la intimidad física a menudo abre la puerta a la cercanía emocional.

   La intimidad para los hombres también se trata de la compañía. Él quiere disfrutar de aventuras dentro y fuera de la cama. No quiere que simplemente ella se encierre en el sexo para satisfacer las necesidades de él, aunque podría conformarse con eso si es todo lo que cree que puede esperar. Él quiere que sean socios en una experiencia mutua. Únase a él en la aventura.

   Ir en busca de su propio placer no es egoísta. Por el contrario, eso excita. Su marido quiere satisfacerle sexualmente, entonces usted trabaje en la autoconciencia e inhibiciones para que pueda ser más audaz en su vida amorosa. Su esposo está hecho para ser visualmente estimulado, y disfruta de la belleza de su cuerpo.

   Aunque usted puede pensar que su cuerpo necesita mejoras en una o más áreas, él se satisface más fácilmente; permítale que la vea desnuda.

   Además, posibilite que estas palabras de una ceremonia de boda anglicana le inspiren:

   Con mi cuerpo te adoraré.
   Y solo a tu cuerpo desearé.
   Con mi cuerpo declararé tu valor.[96]

4. *Acepte el placer y bríndelo también.* A menudo nos sentimos más cómodos dando que recibiendo. Sin embargo, dese permiso para recibir galanterías y placer físico, así como también recibir estimulación.

Sólo para los esposos

Como hombres, naturalmente tienen un enfoque orientado a objetivos y una visión competitiva de la vida. Gran parte de su vida laboral se ha centrado en obtener resultados, pero esa mentalidad no conducirá a un amor, una pasión o intimidad profunda con su esposa. «El sexo no se trata de conquistar, lograr o anotar; el sexo se trata de relación.»[97]

Ser un gran amante implica algunos cambios críticos en la forma de pensar y acercarse al sexo. Usted necesita cambiar su perspectiva de perseguir un objetivo para disfrutar del proceso de hacer el amor. Debido a que el maquillaje sexual de su esposa es más complicado y a las múltiples zonas erógenas, se requiere que usted asuma el papel de director de sinfonía, que explore matices e invite al descubrimiento. Si cree que tiene que ser el mariscal de campo con el pase ganador, puede terminar con una pérdida frustrante.

Sea receptivo para aprender sobre el cuerpo de su esposa y los deseos de ella. Tenga en cuenta que lo que le hace sentir bien a ella cambia con cada encuentro. Tendrá que estar atento y responder a lo que le brinda placer a ella en cualquier momento dado.

Si cree que ha encontrado el botón correcto para encenderla en cada ocasión, se sentirá frustrado e impaciente cuando esa técnica no estimule la misma respuesta de manera consistente. Convertirse en un amante experto es como ser un surfista, usted tiene que estar sintonizado con las olas y permitirles guiar el próximo movimiento para tener el viaje de su vida y no aniquilarlo.

Estos son algunos consejos para ayudarle a convertirse en un gran amante:

1. *Atienda a su estilo para disfrutar de un mejor sexo.* Debido a que usted es visualmente más estimulado que su esposa, y puede llegar a un orgasmo mucho más rápido que ella, trate de atenderla a ella primero. Las mujeres típicamente toman de tres a diez veces más tiempo para alcanzar el orgasmo que el hombre promedio.[98] Eso es probable porque el centro de ansiedad del cerebro de ella, la amígdala, necesita cerrarse para hacerla disponible para la experiencia sexual. Como explica Louann Brizendine:

   > La excitación sexual femenina comienza, irónicamente, con un desvío cerebral. Los impulsos pueden precipitarse a los centros de placer y desencadenar un orgasmo sólo si la amígdala, el centro de temor y ansiedad del cerebro, está desactivada. Antes de que se apague la amígdala, cualquier preocupación de última hora sobre el trabajo, los niños, los horarios, la cena en la mesa, puede interrumpir la marcha hacia el orgasmo.[99]

   Por lo tanto, desacelere y disfrute del proceso de hacer el amor. Concéntrese en el disfrute de ella más que en su propio clímax. Escuche atentamente la comunicación verbal y no verbal de ella. Su esposa sentirá su paciencia y el interés desinteresado, y ¡eso la encenderá!

2. *Traiga de vuelta el romance.* Cuando se enamoró por primera vez de su esposa, ¿cómo comunicó sus sentimientos? ¿La llamó con frecuencia? ¿Le dejaba tarjetas, notas, pequeñas señales de que ella estaba en su mente? ¿Invirtió tiempo en la creación de momentos especiales y recuerdos? ¿Era tierno y paciente? Reanude estos comportamientos que la hicieron enamorarse de usted. Hágale saber que usted está cautivado por ella.

   Sea intencional sobre la atmósfera y el ambiente que rodean la relación. La forma en que trató a su esposa ese día, si respondía o no las necesidades de ella, si el tono fue áspero o tierno, todo eso, va a influir en el deseo de ella de entregarse a usted físicamente.

3. *Ofrezca ayuda.* Sea consciente de todos los papeles y responsabilidades que su esposa tiene que equilibrar. Cuando una mujer tiene que cuidar hijos, manejar un hogar, preocupaciones de la familia extendida, trabajo o proyectos en los que está involucrada, es fácil sentirse abrumada.

   Encuentre maneras de aligerar la carga de ella y hágale saber que aprecia todo lo que tiene que manejar. Por ejemplo, si su esposa es una madre que está en el hogar y usted trabaja fuera del mismo, usted puede pensar que ella podría manejar fácilmente todo. Sin embargo, aunque tuviera capacidad y energía ilimitadas, su esposa no quiere sentirse sola en llevar la carga del hogar. Para su esposa, el hecho de que usted muestre interés en ayudarla es sexy. El sexo comienza en la cocina...¡cuando usted ayuda a lavar los platos!

4. *Escuche atentamente.* Las mujeres procesan verbalmente de una manera no lineal y libre. Pensar en voz alta les ayuda a ellas a conectar las emociones y los pensamientos. Cuando usted muestra disposición a escucharla sin dar consejos o tratar de arreglar las cosas, es un regalo y una expresión de su amor por ella; lo cual ella apreciará profundamente y a lo cual ella responderá. Al ella sentirse más emocionalmente conectada a usted la hace más disponible para la conexión física.

   Si escucha atentamente, descubrirá algunas claves para el corazón de su esposa y el deseo que ella tiene de conectarse físicamente con usted. ¿Qué condiciones la hacen estar más interesada sexualmente? ¿Después de un tiempo de juego? ¿Cuándo usted viste la camisa preferida de ella? ¿Por la mañana, tarde o noche? ¿Justo después de que ambos se duchan? ¿A medida que ella lo ve jugar con los niños?

¿Qué forma de contacto no genital aprecia más ella? ¿Un abrazo, tomarse de la mano, frotar un pie? Al tratar la relación sexual como un lugar de exploración quitará el foco de las demandas y el desempeño, e introducirá un sentido de descubrimiento en el tiempo de hacer el amor.

La forma en que usted experimenta el impulso sexual es muy diferente a la forma en que su esposa lo vive, ya que cuando ella se siente atesorada se abre a la intimidad sexual. Entonces, en lugar de perseguir a su esposa, asegúrele su belleza y valor. Cuando usted la ama desinteresadamente, y sin demandas, el corazón de ella se siente atraído hacia usted y se vuelve más abierta sexualmente.

Un hermoso ejemplo de esta dinámica está en la historia de Salomón, que se deleita en su esposa y la afirma. La adoración que él expresa despierta en ella un hambre sexual por él: «Su paladar, dulcísimo, y todo él codiciable. Tal es mi amado, tal es mi amigo, Oh doncellas de Jerusalén» (Cantar de los Cantares 5:16). La carta de Efesios 5:25 lo dice de otra manera: «Esposos, amen a sus esposas, así como Cristo amó a la iglesia y se entregó por ella» (NVI).

El sexo es un aspecto maravilloso y vinculante de la relación de una pareja donde pueden disfrutar de un ritmo que nutre de conexión física entremezclado con alturas de intensa pasión.

La intimidad espiritual

La intimidad espiritual es una experiencia donde se disfruta mutuamente de la presencia de Dios y la participación de Él en su vida como pareja. La visión judeocristiana de Dios es que Él es personal: nos ama y quiere una relación con cada uno de nosotros.

Piense en un cordón trenzado con tres hilos. Si sólo hubiese dos hilos, usted podría retorcer los dos juntos de manera muy fuerte, pero una vez que los soltara, se desenrollarían y se separarían.

Cuando se agrega el tercer hilo y se trenzan los tres, se crea un vínculo que los mantiene a todos juntos. Tal cuerda no se desentraña fácilmente, y cuando ustedes dos comparten el deseo del corazón de estar cerca de Dios, se crea un sentido de unidad y propósito que fortalece su vínculo matrimonial.

Al principio de nuestro matrimonio, mi esposo y yo recibimos el siguiente diagrama. Aunque simple, ha sido muy útil para nosotros.

Ilustración 9.1

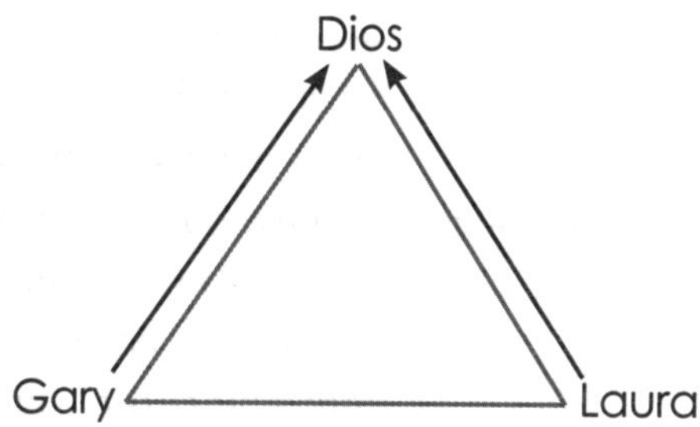

La intimidad espiritual, en el contexto cristiano, es el proceso de acercarse a Dios. A medida que cada uno de nosotros crecemos en nuestra comprensión de quién es Dios, y buscamos amarlo y alinear nuestras vidas con sus propósitos para nosotros, crecemos más cerca uno del otro. A medida que confiamos más en Dios y nos volvemos más vulnerables con Él, también nos volvemos más vulnerables y abiertos entre nosotros. El movimiento primario es hacia Dios, y nosotros, como pareja, nos beneficiamos de la creciente cercanía entre nosotros.

Su intimidad espiritual se verá mejorada cuando aprenda a orar como pareja. Orar juntos es una experiencia profunda, ya que une sus corazones en medio de las preocupaciones de la vida compartida e invita a Dios a enfrentar los desafíos. Orar por sus hijos puede ayudarle a unirse cuando pide a Dios sabiduría sobre las necesidades y la personalidad de cada uno. El reconocer sus deficiencias delante de Dios mientras oran juntos puede ayudar a suavizar su corazón de uno hacia el otro y le permite ofrecer perdón más rápidamente. Orar por los miembros de la familia, las presiones del trabajo y los desafíos de la vida puede ayudarle a confiar en Dios con las realidades de sus vidas y a percatarse juntos de todas las formas en que usted percibe a Dios trabajar.

Orar juntos constantemente les conecta a un nivel profundo que mantiene la relación centrada en lo que es importante. No hay necesidad de impresionar a su cónyuge con sus palabras mientras ora, hágalo de manera sencilla y sincera.

También puede ser útil leer un libro espiritualmente enriquecedor o un devocional para parejas para leer juntos. Por ejemplo, *Devotions for a Sacred Marriage* [Devociones para un Matrimonio Sagrado] por Gary Thomas o *The One Year Love Language Minute Devotional* [Devocional de minuto sobre el lenguaje del amor para un año] por Gary Chapman les puede proporcionar inspiración para su matrimonio.[100] El libro de Tim Keller *The Meaning of Marriage* [*El significado del matrimonio*] es otro recurso excelente para entender el matrimonio cristiano.[101] También podrían leer la Biblia juntos, el libro de Juan es un buen lugar para comenzar.

Para crecer aún más en la relación con Dios y con su cónyuge, encuentre a otros que están tratando de crecer de la misma manera. Usted puede haber sido decepcionado en iglesias organizadas, pero encontrar una comunidad cristiana que le estimule a crecer y le proporcione un ambiente donde pueda aprender y orar con otros será un valioso apoyo para su matrimonio y su fe.

También puede beneficiarse de la oportunidad de servir juntos, cuidar a los pobres, ofrecerse voluntariamente u ofrecer sus talentos para apoyar a la comunidad de fe. Servir hombro a hombro le permite ver su cónyuge en acción y fortalecerá su vínculo matrimonial.

Crecer en su intimidad espiritual tiene beneficios increíbles para su intimidad emocional y sexual. A medida que vaya adquiriendo mayor confianza en que Dios le ama y es digno de confianza, podrá moverse hacia su pareja con más vulnerabilidad y menos autoprotección. A medida que pasa más tiempo con Dios, el carácter de Dios se impregnará más en usted. Usted puede ser más compasivo, amable y generoso, además de ser más capaz de amar a su pareja sin exigencias ni condiciones.

Al confiar en las buenas intenciones de Dios para su matrimonio, usted se volverá más receptivo a su pareja, reconociendo que están en el proceso de convertirse en las personas que Dios diseñó para que fuesen; inclusive, usted puede ver su papel en la transformación de su cónyuge de manera más clara.

Aunque sabe que su pareja tiene diferentes necesidades emocionales y sexuales a las suyas, y usted puede entender cómo satisfacerlas, la intimidad que usted tenga con Dios le dará el corazón para llevarlo a cabo.

Si su pareja no comparte su interés por la intimidad espiritual, usted puede seguir buscando el crecimiento espiritual y permitir que el amor de Dios impregne su matrimonio a través de usted.

• • •

El matrimonio nos proporciona un contexto duradero en el que amar, ser vulnerable y transparente, y convertirse en compañeros íntimos. Aquí usted puede crear un lugar seguro donde es libre de compartir sus pensamientos y sentimientos más profundos, disfrutar del placer de cercanía sexual sin ataduras, y nutrir su vida espiritual. A medida que inicia la intimidad con su pareja y se abren al don de cada uno, usted será bien encaminado hacia el matrimonio próspero que desea que dure toda la vida.

Preguntas para discusión: Capítulo 9

Preguntas de grupo

1. ¿Qué significa la palabra intimidad para usted? ¿Se encuentra más cómodo con una forma de intimidad que con otra

(emocional, física, espiritual, etc.)? ¿Cuál es su imagen de lo que significa tener una relación verdaderamente íntima? Compártalo con el grupo.

2. ¿Está de acuerdo en que el miedo es el mayor obstáculo para la intimidad? ¿Por qué o por qué no?
3. Generalmente hablando, ¿cuál cree que es el mayor desafío de una mujer con respecto a la intimidad física? ¿Cuál es el mayor desafío del marido? ¿Qué dice Génesis 2:22-25 acerca de la intimidad que Dios tiene para el marido y la mujer?
4. Lea El Cantar de los Cantares 4:16-6:3 y 1 Corintios 7:3-5. A partir de estos versículos, ¿piensa que Dios pretendía que la relación sexual entre marido y mujer fuera mutuamente satisfactoria?
5. Lea Juan 17:20-26. En la oración de Jesús por nosotros, ¿qué dice acerca de la intimidad que podemos disfrutar con Él y con Dios?
6. ¿Usted busca tener una relación espiritualmente íntima? Lea Efesios 5:25-32. ¿En qué se asemeja la relación entre marido y mujer con la relación entre Cristo y la Iglesia? ¿Cómo podría el amor sacrificial de un esposo por su esposa y el respeto de una esposa por su esposo conducir a profundizar en la intimidad espiritual? Comparta las «mejores prácticas» que ayuden a su relación cuando se trata de la intimidad espiritual.

Para la reflexión personal

1. El mayor obstáculo para la intimidad es el miedo. Usted puede hacerse preguntas importantes como:¿Qué me asusta sobre ser completamente vulnerable con mi compañero? ¿Qué retengo? *¿De qué tengo miedo?*

2. ¿Qué sentimientos tiene sobre la relación sexual con su pareja? ¿Cómo le gustaría que fuera diferente? ¿Qué necesitaría hacer para moverse en una dirección más positiva? De las sugerencias mencionadas en las secciones «Sólo para esposas» o «Sólo para esposos», ¿hay algo que está dispuesto a trabajar para mejorar su relación física?

3. ¿Ha habido alguna forma en que le han robado (mensajes sexuales negativos, abuso sexual) o le han secuestrado (pornografía) de tal manera que obstaculiza actualmente la alegría de la relación sexual con su cónyuge? ¿Está usted dispuesto a trabajar en esas áreas para traer sanidad a su matrimonio? Si es así, dígaselo a su cónyuge. Durante el capítulo se ofrecen recursos dedicados al tratamiento del abuso sexual y la adicción sexual. También, la ayuda de un terapeuta calificado puede ser un recurso necesario para superar el impacto del abuso sexual y los mensajes negativos sobre el sexo.

4. ¿Es importante para usted estar espiritualmente conectados? ¿Cuál es la imagen de cómo podría beneficiarle eso a usted y a su relación? Si está interesado, vea la pregunta 4 que está más adelante para una idea de cómo comenzar.

Preguntas de parejas

1. ¿Qué significa el término «intimidad emocional» para usted? Comparta con su pareja las épocas en su vida matrimonial en que usted se ha sentido más cercano. ¿Cuáles fueron los factores que le hicieron sentir tan cercano?

2. ¿Siente que puede ser completamente usted mismo con su pareja, incluyendo sus temores, debilidades, sueños, etcétera? ¿Qué obstaculiza esa apertura entre ustedes? ¿Qué es lo que cada uno de ustedes puede hacer para eliminar las barreras para tener una relación más cercana? Una pregunta que puede hacerle a su pareja es: «¿Qué puedo hacer o decir

(o no hacer o decir) que te ayude a sentirte más cómodo y seguro para que te abras conmigo?» Trate de escuchar de manera no defensiva y lleve sus comentarios al corazón.

3. Después de haber leído las secciones respectivas sobre la intimidad física («Solo para esposas» o «Sólo para esposos»), comparta con su pareja una cosa en la que va a trabajar para mejorar la relación física. O si desea una sugerencia más específica sobre cómo mejorar su vida sexual:

    - Para las esposas: agradezca a su esposo por el deseo de conectarse sexualmente con usted. Déjele saber cómo usted se siente cuando está abrumada con tareas y compártale dos cosas que le ayudarían a estar más disponible cuando él quiera disfrutar del sexo.
    - Para los esposos: agradezca a su esposa por todo lo que hace para cuidarle a usted y a la familia. Si ella sistemáticamente no está disponible sexualmente, hágale saber cómo se siente usted. (Ella necesita saber que puede decir «no» a veces). Sea vulnerable. Ella no puede saber cómo experimenta esto usted de manera única como hombre. Pregúntele qué puede hacer usted para ayudarla a levantar la carga.

4. Si usted tiene un interés en crecer en la intimidad espiritual, una manera simple de hacerlo es ir a www.marriageprayers.today y tomar un tiempo para la simple oración diaria para parejas. Algunas parejas disfrutan de comenzar el día con la oración. A otros les gusta hacerlo cuando se van a la cama por la noche. Sea cual sea su ritmo, es fácil de entender y le ayuda a conectarse de esta manera corazón a corazón.

Tercera parte

UNA NUEVA VISIÓN DEL MATRIMONIO:

CAMBIE LA FORMA EN QUE AMA

10

El poder de una promesa

> Una de las ventajas del matrimonio es que, cuando se desenamora de su esposo o él se desenamora de usted, el matrimonio les mantiene juntos hasta que vuelven a enamorarse de nuevo.
>
> Judith Viorst

Si usted tiene la intención de disfrutar del amor duradero, o sea, de un matrimonio que resiste la prueba del tiempo, ¿qué puede anticipar que vaya a cambiar y en qué puede confiar para que permanezca igual? En los tres primeros capítulos de este libro analizamos cómo reimaginar el matrimonio, y exploramos por qué el matrimonio es un trabajo tan duro, por qué vale la pena el esfuerzo y las tendencias culturales que merecen una reflexión. También discutimos nuevas maneras de pensar acerca de la relación. En los próximos seis capítulos estudiamos formas específicas para revitalizar el matrimonio cambiando las maneras en que usted y su cónyuge se relacionan entre sí. En estos últimos capítulos exploraremos cómo lograr que el amor perdure al arrojar una nueva visión para el matrimonio. Esta nueva visión se construye sobre la base de la promesa que se hicieron el uno al otro, la cual crea el impulso para las nuevas posibilidades de la relación. ¿Cómo puede llegar a ser su matrimonio?

Cuando un capullo se convierte en una mariposa, algunas partes de la oruga siguen siendo las mismas, mientras que la mayoría de las partes se transforman en una criatura completamente nueva. Las partes que permanecen iguales, las células imaginales, son críticas para el proceso de transformación en el nuevo estado. La metamorfosis del matrimonio es así. Algunas partes permanecen constantes mientras que otras partes entran en el proceso para convertirse en algo nuevo.

El matrimonio de contingencia

Mi esposo y yo compramos una casa recientemente. El papeleo casi nos enterró. Yo había olvidado cuánto hay que firmar y el tiempo que se tarda uno en leer la letra pequeña de los documentos legales. Quizás el momento más mordaz de nuestras transacciones fue durante la eliminación de las contingencias. En un mercado donde hay muchos compradores, los vendedores dan prioridad a los compradores que no tienen contingencias. Quieren saber que no hay manera de que el comprador pueda retroceder.

La eliminación de todos los «en caso de» selló el acuerdo. Ahora somos dueños de la casa y no hemos mirado hacia atrás. El trabajo de eliminar todas las contingencias en la relación más importante de su vida también puede ser desesperante. A instancias de mi nuera, recientemente vi un programa de televisión llamado *Married at First Sight* [Matrimonio a primera vista]. Este *reality show* lleva a cabo un experimento social en el que tres parejas se reúnen en el altar, sin saber nada acerca de sus futuros cónyuges, sólo que han sido emparejados por un panel de expertos.

Mientras observaba este programa, no pude evitar preguntarme qué atraería a alguien a inscribirse en este compromiso a ciegas. Algunos de los participantes parecían tener largas historias de citas sin ningún éxito aparente en encontrar a alguien especial. Tal vez, al darle a los «expertos» permiso para localizar a la pareja les quitaría de encima las suposiciones (y, con suerte, las dificultades de la relación).

Aparentemente tenían más confianza en que los extraños serían más sabios de lo que serían ellos mismos al tomar esta importante decisión de vida. Tal vez vieron el riesgo como una pequeña inversión con altas ganancias, al igual que un bajo costo, y acciones de alto rendimiento, sobre todo ya que se les ofreció a las parejas la opción de un divorcio rápido después de cinco semanas si las cosas no funcionaban.

¿Qué significa el matrimonio para aquellos que están dispuestos a reunirse en el altar y potencialmente divorciarse cinco semanas después? ¿Qué significa el matrimonio para usted? ¿Es un mero contrato en el cual se puede ingresar o se puede quebrar a voluntad? ¿O es algo más grande, algo más allá de un acuerdo firmado con cláusulas de salida?

El significado del matrimonio

Para algunos, el matrimonio es una idea anticuada. Ellos ven el matrimonio como un pedazo de papel que no es realmente necesario si dos personas se aman, aunque pueden reconocer que puede proporcionar algunos beneficios legales y prácticos. Otros ven el matrimonio como un contrato entre dos personas para satisfacer las necesidades del otro, vivir juntos y posiblemente criar una familia. En esta visión contemporánea, la relación es legítimamente sostenible sólo si se satisfacen las necesidades de cada socio. Puesto que la felicidad del individuo es el valor primario, los sentimientos del amor y del romance son el pegamento de la relación contractual. Una vez que el pegamento pierde su viscosidad, el contrato ya no se considera obligatorio.

Muchos matrimonios operan con contingencias tácitas. El matrimonio es visto como un arreglo condicional que protege los derechos de ambas partes en caso de que alguno no cumpla con las expectativas del otro y centra la atención en lo que cada cónyuge está o no está contribuyendo a la relación. El matrimonio proporciona una «salida» si se percibe que cualquiera de los dos no está a la altura de su parte del trato. El matrimonio contractual con esta opción de «divorcio sin culpa» permite la disolución del matrimonio si una de las partes no siente amor.

Hace años, asistí a una boda que tuvo lugar en un hermoso entorno al aire libre, con toda la familia y muchos amigos reunidos. La novia era una chica de espíritu un poco libre, y el novio era un tipo simpático, tranquilo. Ellos se veían muy felices ese día, y pensé que disfrutarían de una larga vida juntos. Sin embargo, al decirse mutuamente los votos, dijeron que estaban comprometidos «mientras ambos nos amemos.»

¿Cuánto durará eso? me pregunté. Resulta que, después de tener dos hijos se divorciaron, se volvieron a casar con otras parejas y se divorciaron otra vez. Fieles a sus votos, la promesa se mantuvo siempre y cuando *sintieran* amor y se disolvió cuando el sentimiento se desvaneció.

Ha habido muchas veces en mis años de matrimonio cuando no he sentido amor por mi esposo. Ha habido muchos momentos en los que me he vuelto disparatadamente furiosa y muchas temporadas cuando me he sentido desconectada. Tenemos un matrimonio fantástico ahora, pero si hubiéramos hecho que los sentimientos de amor fueran los criterios para permanecer juntos, nos habríamos separado hace mucho tiempo y habríamos perdido el disfrute del fruto de nuestro trabajo, y, sí, me refiero al trabajo que implica estar juntos.

La mayoría de nosotros nos casamos con la idea de que estamos comprometidos con una relación de por vida. No puede predecir el tipo de desafíos que enfrentará al entrar en el matrimonio, y las dificultades suelen ser más de las que esperaba. Puede ser una sorpresa el darse cuenta de que puede sentir odio por alguien a quien también ama. Usted puede discutir apasionadamente sobre pequeñas cosas tontas como si fueran monumentales. Y en esto, su actitud sobre lo que es el matrimonio dará la pauta de cómo navegar por esos desafíos inesperados.

El poder de una promesa

Cuando usted declara sus votos matrimoniales y hace la promesa de amar, honrar y cuidar a su amado(a) todos los días de su vida, ahí está ejercitando su libertad en una forma que cambia la vida. Usted está diciendo que no importa cuál sea su historia, sin importar cuáles sean sus limitaciones, no importa lo que traiga el futuro, «Yo te elijo.» Es paradójico que usted está eligiendo *libremente unirse* a una persona para toda la vida. Está restringiendo su libertad, abandonando a todos los demás, para asegurar el amor. Este es el ejercicio supremo de la elección.

Cuando usted declara sus votos matrimoniales y hace la promesa de amar, honrar y cuidar a su amado(a) todos los días de su vida, ahí está ejercitando su libertad en una forma que cambia la vida. Usted está diciendo que no importa cuál sea su historia, sin importar cuáles sean sus limitaciones, no importa lo que traiga el futuro, "Yo te elijo."

La protección que proporciona esta promesa se captura en una obra de Thornton Wilder llamada *The Skin of Our Teeth* [La piel de nuestros dientes] cuando un personaje le dice al otro: «No me casé contigo porque fueras perfecto. Ni siquiera me casé contigo porque te amaba. Me casé contigo porque me hiciste una promesa y esa promesa compensó tus faltas. Y la promesa que te hice compensó las mías. Dos personas imperfectas se casaron y fue la promesa la que creó el matrimonio. Y cuando nuestros hijos estaban creciendo, no era una casa la que los protegía, y no fue nuestro amor el que los protegía, fue esa promesa.»[102]

La visión judeocristiana es que el matrimonio es una promesa de amar a otra persona incondicionalmente todos los días de su vida. Hay una vieja palabra para este tipo de compromiso: un *pacto*. Un pacto se aleja años luz de un acuerdo contractual, ya que es mucho más creativo y convincente. Permítame explicarle.

Pacto es un término bíblico usado originalmente para describir la naturaleza de la relación de Dios con los israelitas.[103] Dios los había elegido para ser su pueblo y se había vinculado con ellos por medio de las promesas irrevocables de estar con ellos, y fue una promesa unilateral la que aseguró una relación continua. Los israelitas podían estropearlo, y lo hicieron muchas veces, pero Dios no los abandonaría. Si se apartaban del pacto, no experimentarían las bendiciones que la relación segura podría proporcionar, pero Él no los dejaría. La relación estaba salvaguardada.

Aunque a menudo no pensamos que al ser padres tenemos un «pacto» con nuestros hijos, la forma en que nos relacionamos con ellos es muy de pacto. Puede que no nos guste cómo se comporten en un momento dado, pero estamos comprometidos a amarlos de todos modos. A pesar de nuestra cólera o frustración momentánea, hemos hecho una promesa inherente de ser sus padres y de estar presentes sin importar lo que suceda. Es una oferta unilateral que dice: «Así es como las cosas siempre estarán entre nosotros.»[104]

La Biblia también habla del matrimonio como un pacto. En Malaquías 2:14 se le recuerda a un hombre que su cónyuge es «tu compañera, y la mujer de tu pacto.» En el libro de Proverbios, el versículo 2:17 se refiere a una esposa infiel, «la cual abandona al compañero de su juventud, y se olvida del pacto de su Dios.» Entrar en un pacto es hacer una promesa unilateral de amar y ser fiel al otro para toda la vida. Es unilateral en el sentido de que usted está haciendo una promesa a Dios de amar a su pareja, independientemente de cómo puedan amarle o dejen de amarle a usted.

Cuando usted se casó, probablemente hizo votos que prometieron esta clase de constancia. Usted pudo haber dicho los votos tradicionales, tales como: «Te tomo como mi legítimo(a) esposo(a).

Prometo y hago pacto, delante de Dios y de estos testigos, de ser tu esposo(a) amoroso(a) y fiel. En la abundancia y en la necesidad, en la alegría y en la tristeza, en la enfermedad y en la salud, hasta que la muerte nos separe.»

O tal vez escribió sus propios votos. Esperemos que haya guardado sus votos en forma escrita o en un video de la boda. Sáquelos y revíselos de vez en cuando, probablemente incluyen la promesa de amarse uno al otro para toda la vida.

¿La idea de hacer la promesa de pacto de amar a alguien sin plan de contingencia parece loca o imprudente? En realidad, es arriesgada. Pero también es transformadora.

El matrimonio de pacto nos cambia. Es decirle a nuestro esposo(a): «Yo estaré siempre allí para ti. No importa lo que suceda o lo que cambie, seré tenaz en la forma en que te amo. Cuando estés irritable y frustrado(a), ejercitaré la paciencia. Cuando luchemos y discutamos, voy a dar todo de mí para ver tu punto de vista y trabajaré para restaurar nuestra relación. No voy a esperar la perfección, pero te daré espacio para crecer. Cuando mis sentimientos por ti se hayan secado, confiaré en que las lluvias vendrán y refrescarán y renovarán nuestro amor. Cuando estemos lejos y la vida nos separe, yo buscaré estar conectado(a) y trabajaré contigo para establecer límites en lo que nos hace no comprendernos. Cuando estemos en desacuerdo y esté tentado(a) a buscar en otro lugar para que mis necesidades sean satisfechas, me protegeré a mí mismo(a) de buscar el amor de alguien más. Tendré ojos sólo para ti. Creo que podemos trabajar y le daré a nuestra relación todo lo que tengo. Y cuando seamos prósperos y estemos contentos, celebraré nuestro amor, me maravillaré de nuestro viaje, y luego continuaré invirtiendo en el fortalecimiento de nuestro matrimonio, a través de todos los días que tenemos por delante.»

El pacto matrimonial es un compromiso duradero y total que dice: «Así es como siempre seré contigo.» A diferencia de un contrato, no es condicional, ni depende de las expectativas o sentimientos de amor. Es dentro de la seguridad de esta promesa que ambos pueden ser liberados para ser verdaderamente ustedes mismos, y así crean la seguridad necesaria para que el amor crezca. Como señala Daniel Brown: «Las promesas actúan como restricciones benevolentes, eliminando las opciones inquietantes. La promesa de amar elimina la perspectiva de no amar.»[105]

El mantener este tipo de promesa es poderoso. El autor Lew Smedes declara:

> Cuando haces una promesa, te atas a ti mismo a la otra persona por medio de las fibras invisibles de la lealtad, y aceptas quedarte con la gente con quien estás adherido. Cuando todo les dice que no pueden contar con nada, ellos cuentan contigo. Cuando no tienen la más mínima idea de lo que está sucediendo alrededor de ellos, sabrán que tú vas a estar allí con ellos. Tú has creado un pequeño santuario de confianza, dentro de la selva de la imprevisibilidad: Tú has hecho una promesa que tienes la intención de mantener.[106]

Este santuario de confianza es imprescindible para que el amor crezca. Cuando la emoción del enamoramiento se ha ido, y comienza a experimentar la vida real con un(a) compañero(a) real, el pacto en el que ha entrado le mantendrá unido(a) mientras el amor madura.

Cuando la emoción del enamoramiento se ha ido, y comienza a experimentar la vida real con un(a) compañero(a) real, el pacto en el que ha entrado le mantendrá unido(a) mientras el amor madura.

Con la seguridad de que su matrimonio resistirá las pruebas del tiempo y los desafíos, usted y su cónyuge se liberan para exponer el verdadero yo. Y cuando traen el verdadero yo el uno al otro, el suelo es fértil para que se dé el crecimiento.

Algunos han argumentado que tener esta certeza podría causar que las parejas den las cosas por sentadas entre los cónyuges. Esta postura afirma que tener cierta inseguridad sobre la relación obliga a ambas partes a mantener el juego en el punto correcto y a dar el mejor esfuerzo. Nunca he visto evidencia de eso. Lo que sí veo en las parejas que son incapaces de comprometerse plenamente, es una vigilancia y autoprotección que les impide ser ellos mismos. Se esconden el uno del otro, y se centran en lo que no están recibiendo de la relación. Estas parejas se sienten inseguras exponiendo sus vulnerabilidades porque no confían en que sus compañeros estén allí para ellos.

El ver el matrimonio como una unión permanente tiene beneficios significativos, ya que esto proporciona un fundamento que le permite resistir los temblores de las expectativas desilusionadas, las necesidades conflictivas, y los sentimientos menguantes de amor. Es como una readaptación sísmica en la relación que le ayuda a soportar todos los tirones y sacudidas de la vida.

Cuando James y Amy entraron en la terapia, se vieron atrapados en la tensión insegura de no saber si su relación duraría. Estaba claro para Amy que James no estaba satisfaciendo las necesidades de tiempo y atención que ella tenía, y estaba considerando una separación como una forma de alertar a James sobre la profundidad de su dolor.

También, James experimentó una creciente demanda por parte de Amy para estar disponible, lo que le hizo sentirse sofocado e inadecuado. También él estaba considerando dejar la relación para aliviarse de la carga de las necesidades emocionales de Amy.

Al estar cada uno inseguro del compromiso del otro, los protectores estaban trabajando duro para guardar sus propias posiciones

Durante cuatro meses de terapia, James se dio cuenta del área sensible de Amy, que anhelaba la conexión con su padre. Además, se dio cuenta de que cuando se retiraba activaba el miedo en ella de no ser querida, de no pertenecer. Él también se hizo más consciente de cómo él, temprano en la vida, cortó con la propia necesidad de cercanía, puesto que tales deseos fueron desechados por sus padres.

Una tarde, James entró en mi oficina con un sentido de determinación: «Tengo algo que quiero decirle a Amy» anunció.

Amy parecía perpleja: «¿Qué es?»preguntó, claramente sorprendida.

«Sólo quiero que sepas, no voy a ir a ninguna parte. Estoy en esto para siempre.»

Amy se echó a llorar: «¿Qué quieres decir?»

James tomó la mano de ella y dijo: «Cuando hablabas de tu área sensible la semana pasada y dijiste que estabas preocupada de que pudiera irme, eso me golpeó. Y pensé: *ella necesita saber que me quedo.*»

Las lágrimas corrían por el rostro de Amy. «Eso se siente muy bien.» Los hombros de ella se relajaron, como si se hubiese liberado de una pesada carga. Apretó la mano de James diciendo: «Quiero que sepas que yo también estoy dentro.»

«Me alegro.» James sonrió. «Te amo, Amy, y estoy dispuesto a hacer lo que sea necesario para que nuestro matrimonio funcione. Sé que tengo que cambiar algunas cosas, solo espero que puedas ser paciente.»

«Saber que estás abierto a crecer es todo lo que necesito», dijo Amy. «Voy a tratar de darte más espacio.»

James y Amy estaban empezando a cosechar los frutos del amor comprometido. Al tomar la perspectiva de dejar sus puntos de vista personales, fueron libres para reinvertir la energía en el crecimiento como pareja. La apertura que tuvieron a la autoconciencia y comprensión compasiva de uno por el otro allanó el camino para la transformación que habían estado buscando en el matrimonio.

La promesa de permanecer es como las células imaginales del capullo, tan necesarias para la metamorfosis en una mariposa. (Si usted ha estado pensando en su matrimonio de una manera más contractual, y le gustaría volver a ver su matrimonio como una relación de pacto, refiérase al Apéndice C.)

Preguntas para discusión: Capítulo 10

Preguntas de grupo y pareja

1. ¿Ha estado viendo su matrimonio como un contrato o como un pacto? ¿Dónde identifica que las contingencias se han deslizado en su pensamiento acerca de la relación?

2. «Entrar en un pacto es hacer una promesa unilateral de amar y ser fiel al otro para toda la vida. Es unilateral en el sentido de que está haciendo una promesa a Dios de amar a su pareja, independientemente de cómo le amen o no le amen.» Cuando piensa en hacer tal promesa unilateral, ¿qué sentimientos le surgen? Lea Malaquías 2:14, Proverbios 2:17 y Mateo 19:3-9. ¿Cómo un compromiso de pacto hace la diferencia en la manera en que ve el matrimonio?

3. Lew Smedes afirma:

   > Cuando haces una promesa, te atas a ti mismo a la otra persona por medio de las fibras invisibles de la lealtad, y aceptas quedarte con la gente con quien estás adherido. Cuando todo les dice que no pueden contar con nada, ellos cuentan contigo. Cuando no tienen la más mínima idea de lo que está sucediendo alrededor de ellos, sabrán que tú vas a estar allí con ellos. Tú has creado un pequeño santuario de confianza, dentro de la selva de la imprevisibilidad: Tú has hecho una promesa que tienes la intención de mantener.[107]

   ¿Alguna vez, en algún momento de su matrimonio, ha experimentado ese «pequeño santuario de confianza»? ¿Cómo su promesa ha hecho esto posible?

4. Si todavía sabe o tiene una copia de sus votos, es posible que desee tomar algún tiempo para compartirlos en su grupo. Juntos presten atención a los compromisos que hizo. Tal

vez quiera renovar sus votos (ver Apéndice C) con su grupo como testigos.

Para la reflexión personal

1. ¿Ha estado viendo su matrimonio más como un contrato o como un pacto? ¿Dónde identifica que las contingencias se han deslizado en su pensamiento acerca de la relación? ¿Cómo el compromiso de pacto hace la diferencia en cómo ve el matrimonio?
2. Laura afirma: «Al tener la seguridad de que su matrimonio resistirá las pruebas del tiempo y los desafíos, usted y su cónyuge son liberados para exponer su verdadero yo.» ¿Cómo al saber que su pareja está comprometida con usted para toda la vida, le permite bajar la guardia y ser más plenamente vulnerable? ¿Cómo promueve su crecimiento personal? ¿Cómo es que la promesa que usted hizo protege su matrimonio?

11

El matrimonio como catalizador del cambio

Si no querías ser mejorado, no debías haberte casado.
Nancy (La Sra. Scott) Stanley

La relación íntima es poderosa. Usted puede elegir ser el fan más grande de su esposo(a) y el confidente más cercano, o su crítico más áspero. Su relación tiene el poder de aplastarlos o de volver a crearlos como seres humanos más amorosos. Tiene que elegir cuál será el resultado. No puede controlar a su pareja, pero puede controlar cómo decide responder a ella. Su matrimonio le proporciona una experiencia inigualable de oportunidades para la transformación personal.

Por lo general, el impulso para nuestro crecimiento positivo es una situación difícil. Cuando nos enfrentamos a las dificultades somos sacados de nuestra zona de confort y somos empujados a cavar profundamente y descubrir de lo que estamos hechos. La imagen que tenemos de nosotros mismos de personas bondadosas, razonables y generosas da un giro cuando vemos la profundidad de nuestro propio interés. Es en nuestra relación más íntima que surgen nuestros seres reales y se nos exige que nos autoexaminemos y nos adaptemos. El matrimonio proporciona esa oportunidad, es el laboratorio perfecto en el que se aprende a amar bien.

Es muy probable que usted no entrara en la relación matrimonial con deseos de cambiar. Su pareja parecía bastante perfecta para usted, y se sentía cómodo consigo mismo. Usted disfrutó de intereses y puntos de vista similares, en su mayor parte, y al mirar hacia adelante, la vida parecía un camino liso y nivelado. Quizás con algunos baches y desvíos, pero sobre todo transitable. La mayoría de nosotros no esperamos que el camino implique graves cavernas y subidas montañosas.

El cambio en el matrimonio es un hecho seguro, porque el matrimonio es la relación más dura y reveladora de todas nuestras relaciones humanas.

La mayoría de nosotros no nos considerábamos egoístas hasta que nos casamos. Cuando las necesidades de nuestro compañero se enfrentan con las nuestras y alguien tiene que ceder, nos enfrentamos a nuestra propia falta de disposición a hacer concesiones. Cuando nuestra pareja desea que le mostremos afecto y no tenemos deseos de hacerlo, se pone en evidencia nuestra conveniencia. Cuando tenemos que considerar el bienestar de otro cuando tomamos decisiones de vida, somos empujados a ir más allá de nuestra preocupación egocéntrica por nuestras propias prioridades.

No sólo eso, sino que nuestro compañero tiene un asiento de primera fila frente a nuestras deficiencias y ¡por lo general está demasiado dispuesto a señalarlas! Cuando lo hace, podemos defendernos o considerar seriamente las observaciones de nuestro compañero. Podemos negarnos a cambiar o echar un vistazo a nosotros mismos y ver lo que podría necesitar algo de nuestra atención. El matrimonio es así: expone nuestras debilidades y nos ayuda a ver con más detalle. Podemos elegir lo que hacemos con la información, pero más a menudo de lo que debería ser, esa retroalimentación es muy poco digna de una mención honorífica. Haríamos bien en considerar si queremos llegar a ser la mejor versión de nosotros mismos.

El autor Gary Thomas reconoció cómo su matrimonio había revelado su verdadero yo y dice:

> Me pareció que había una tremenda cantidad de inmadurez dentro de mí con la cual mi matrimonio se enfrentó directamente. La clave era que yo tenía que cambiar mi perspectiva del matrimonio. Si el propósito del matrimonio era simplemente disfrutar de un enamoramiento y hacerme «feliz», entonces tendría que tener un «nuevo» matrimonio cada dos o tres años. Pero si realmente quería ver a Dios transformarme de adentro hacia afuera, yo necesitaría concentrarme en cambiar, en lugar de enfocarme en cambiar a mi cónyuge. De hecho, se podría incluso decir que mientras más difícil se muestre mi pareja, tengo más oportunidad para crecer.[108]

Este cambio de enfoque puede transformar su matrimonio. Entonces, en lugar de concentrarse en sus necesidades y las faltas de su pareja, puede ver las dificultades de su vida juntos como una oportunidad para el crecimiento que puede modificar su vida. Al prestar más atención a sus propias maneras de ser sin amor, puede traer nueva vida a la relación. Esto no es fácil de hacer, ya que nuestra inclinación natural es velar por nosotros mismos y justificar nuestro propio comportamiento.

Mi matrimonio ha expuesto mi egoísmo más que cualquier otra relación en mi vida. La íntima relación cotidiana trae a la luz mis propios patrones que necesitan cambiarse si quiero crecer como ser humano. Al inicio de nuestro matrimonio, tenía expectativas que necesitaba deponer para librarme de la decepción crónica y tratar a mi esposo con más respeto. A su vez, mi esposo necesitaba reevaluar su prioridad con respecto al trabajo sobre la familia para engranarse de nuevo de una manera más equilibrada y amorosa. Las exigencias del matrimonio nos obligaban a cambiar, y aunque algunas veces fue doloroso, el hecho de que éramos conscientes de que estábamos en un proceso para convertirnos en las personas que Dios quiso que fuésemos nos mantuvo avanzando.

En Efesios 5:25-33 somos llamados a amarnos unos a otros de una manera que nos transformará. Los esposos, que parecen luchar más con el egoísmo y la falta de consideración, son exhortados a amar a sus esposas sacrificialmente. Ellos están llamados a entregarse por sus esposas, así como Cristo se entregó a sí mismo por la Iglesia. Las esposas, que luchan más con la decepción, se ven obligadas a respetar a sus maridos y deben valorar a sus maridos y elevarlos afirmando la capacidad y la competencia que ellos tienen. Tanto a los esposos como a las esposas se les pide amar de la manera que es más difícil para cada cual: con sacrificio y respeto. Lo que es más difícil de hacer es lo que se requiere si queremos crecer para amar como Cristo ama.

Usted no está solo en este viaje hacia convertirse en una persona más amorosa y madura. Dios tiene un interés personal en ayudarlo a crecer. Él le ama y quiere transformarle desde el interior[109] y Él tiene el poder de hacer que eso suceda. En Efesios 3:20 se nos dice que Dios es «poderoso para hacer todas las cosas mucho más abundantemente de lo que pedimos o entendemos, según el poder que actúa en nosotros.» Dios tiene el poder de cambiarle a usted, a su pareja y su matrimonio.

¿Quiere este tipo de cambio para su matrimonio? ¿Le gustaría experimentar la ayuda de Dios en la transformación de su corazón y sus comportamientos de una manera que le dará vida nueva a su matrimonio? Si esto es algo que usted desea, puede suceder por medio de una relación con Dios.

La Biblia nos dice que Dios es muy relacional y desea tener una relación personal con usted.[110] A través de una relación con Él, experimentará el amor en su manifestación más grande.[111] Este amor es sorprendentemente libre y potente. A través de él, usted puede verse en una nueva luz. A medida que usted llega a verse y amarse a sí mismo de manera diferente, será capaz de ofrecer destellos de este amor a su pareja. (Si usted desea esta relación, vea el Apéndice D.)

Cuando usted se casó, es probable que haya leído del «capítulo del amor» en la Biblia:

> El amor es sufrido, es benigno; el amor no tiene envidia, el amor no es jactancioso, no se envanece; no hace nada indebido, no busca lo suyo, no se irrita, no guarda rencor; no se goza de la injusticia, mas se goza de la verdad. Todo lo sufre, todo lo cree, todo lo espera, todo lo soporta. El amor nunca deja de ser; pero las profecías se acabarán, y cesarán las lenguas, y la ciencia acabará. (1 Cor. 13:4–8)

Amar de esta manera es una tarea difícil, yo puedo mirar hacia atrás, tan solo en la semana pasada y darme cuenta de que no he amado bien. Como un simple ser humano, soy incapaz de amar así, necesito el amor de Dios en mí, cambiando mi corazón, para ayudarme a amar bien.

¿De qué forma le puede cambiar la experiencia del amor de Dios y le puede dar libertad para amar a su pareja de nuevas maneras? Me vienen a la mente muchas formas en que esta experiencia le puede cambiar y dar libertad.

Libertad para admitir

Saberse amado le permite admitir sus propios comportamientos de desamor. Crea una seguridad que le permite mirarse a sí mismo con honestidad. Las áreas orgullosas y defensivas que suelen contenerle para no querer reconocer la falta, pueden calmarse y con el tiempo ser reemplazadas por una mayor capacidad para ver «la viga en su propio ojo».[112]

Hay seguridad en descubrir que no hay nada que pueda hacer que haga que Dios le ame menos.[113] No tiene que esconder quién es realmente. Dios sabe todo sobre nuestras formas egocéntricas y Él nos ama de todos modos. Quiere que reconozcamos nuestros comportamientos y pensamientos poco amorosos para que podamos ir más allá de ellos.[114] Él quiere que seamos libres para vivir una vida de amor, y cuando admitimos nuestras deficiencias nos permite soltar nuestros antiguos caminos y experimentar su amor lleno de gracia.

Libertad de la reactividad

Saber que es amado por Aquel que le hizo le da un lugar firme donde mantenerse, independientemente de cómo le esté tratando su pareja. Sus protectores pueden estar seguros de que usted se encuentra a salvo dentro del amor de Dios. Cuando su cónyuge es mordaz porque está teniendo un mal día, en lugar de ver ese comportamiento u observaciones como un desprecio personal, usted tiene más espacio interno para ver que lo que sucede se trata de él o ella, no de usted. Es probable que los protectores de él o ella actúen, y usted puede elegir darle a su pareja espacio para calmar la lucha interna.

Libertad para perdonar

El verbo *perdonar* se define en el diccionario como «perdonar una ofensa, o a un delincuente, o cancelar o remitir una deuda.»[115] Desde una perspectiva cristiana, el perdón es dramáticamente más emocionante. Un cuadro hermoso del perdón se encuentra en la parábola del hijo pródigo, donde el hermano menor ha herido el corazón de su padre hasta lo más profundo, por el despilfarro de su herencia en la vida lasciva.[116]

Cuando el joven regresó a su casa, esperaba que lo trataran como si fuera un sirviente. En cambio, el padre salió corriendo a su encuentro, lo abrazó y le prodigó su amor y dio una gran fiesta. Su perdón era mucho más que un acto obligatorio; fue extravagante. La historia proporciona una imagen del amor abundante que Dios tiene por nosotros, la naturaleza generosa de su perdón, y también nos invita a ser extravagantes perdonadores nosotros mismos.

El concepto de perdón puede ser difícil de tragar. Tiene sentido que en el curso del matrimonio tendremos que perdonar a nuestro compañero una y otra vez para seguir adelante y disfrutar de una relación restaurada después de cada pelea o encuentro hiriente. Pero ser perdonado por Dios es una historia diferente. Usted puede sentir que ha llevado una vida bastante buena y, francamente, no siente la necesidad de ser perdonado. De acuerdo con los estándares del mundo puede ser cierto, pero según la norma de Dios, todos nosotros lo hemos rechazado en algún nivel. Todos nos hemos alejado de Dios hasta cierto punto y hemos tratado de vivir la vida sin Él. Hemos confiado en nuestros protectores para enfrentar las cosas y es por esto que todos necesitamos perdón: lo hemos ignorado a Él.[117]

Cuando su cónyuge es mordaz porque está teniendo un mal día, en lugar de ver ese comportamiento u observaciones como un desprecio personal, usted tiene más espacio interno para ver que lo que sucede se trata de él o ella, no de usted.

Su perdón es liberador. Cuando quiero hacer que mi marido pague por un comentario malo que hizo o un momento importante que olvidó, recuerdo que Dios me ha perdonado por mucho más y mi corazón se suaviza. Voy a comunicar mi dolor, pero ya no quiero extraer mi libra de carne. El perdón es como quitarnos un peso, lo que nos permite amar con un corazón más ligero.

Libertad del miedo

A medida que experimente la seguridad del amor de Dios por usted, los temores que conmocionan sus protectores disminuirán. El Salmo 18:2 dice: «Jehová, roca mía y castillo mío ...mi alto refugio.»

A medida que usted crezca en la conciencia de la fuerza de Dios, aprenderá a confiar en que Él es su mayor protector, y así usted tendrá menos necesidad de temer a medida que gana confianza en la presencia de Él y en la provisión que Él tiene para usted.

También usted se preocupa menos por la satisfacción de sus necesidades o de no tener lo que necesita para el futuro, ya que sabe que su futuro está en sus manos de amor.[118] Al saber que Dios cuida de usted, puede vivir menos ansioso, más abierto, y gozar del presente.

El miedo nos hace escondernos y protegernos. A medida que crecemos en nuestra conciencia de que no hay nada que pueda separarnos del amor de Dios,[119] somos liberados para ser vulnerables en nuestras relaciones con nuestro cónyuge y otras personas, sabiendo que en última instancia estamos seguros en nuestra relación con Dios. Cuando nuestra pareja nos lastima o nos decepciona, podemos desplegar la confianza más rápidamente, dándonos cuenta de que el amor humano siempre decepcionará en algún aspecto. Tenemos expectativas más realistas de la capacidad de nuestro cónyuge de amarnos a la perfección, y podemos apoyarnos en el amor infalible de Dios.[120]

Si nos enfocamos en cambiar a nuestro compañero es probable que nos sintamos frustrados y decepcionados. Hay algo extraño y hermoso cuando nos sentimos plenamente aceptados y amados: hace posible el cambio. Cuando nos sentimos aceptados por Dios, podemos abrirnos a explorar nuestras formas autoprotectoras y vivir con menos amenaza. Cuando traemos esa misma aceptación a nuestro compañero, asegurándole que a pesar de su tropezar nuestro amor por él o ella es seguro, ellos son libres de mirarse a sí mismos menos a la defensiva y el cambio puede comenzar. No es de extrañar que esta relación que expone más, también lleve consigo las semillas de la oportunidad más transformacional de nuestras vidas.

Preguntas para discusión: Capítulo 11

Preguntas de grupo y pareja

1. ¿El matrimonio ha sido un catalizador para su crecimiento de manera personal? Si es así, ¿cómo? Lea 2 Corintios 3:16-18, Efesios 3:20, y Proverbios 27:17. ¿Qué dicen estos

versículos acerca de cómo Dios está trabajando en su vida y, en consecuencia, en su matrimonio?

2. Lea Efesios 5:25-33. ¿Por qué es difícil para un marido sacrificarse por el bien de su esposa? ¿Por qué es difícil para una esposa respetar a su esposo? ¿Cree que los esposos luchan más con el egoísmo y las esposas luchan más con la decepción? ¿Qué debe entregar cada uno para poder amar bien? ¿Qué es lo que puede hacer esta semana para amar a su esposa sacrificialmente o demostrar respeto por su esposo?

3. Lea 1 Juan 4:9-16. ¿Cómo se nos muestra el amor de Dios? ¿Cómo se forma en nosotros? ¿Ha experimentado la libertad que su amor hace posible en la relación? (¿La libertad para admitir? ¿La libertad de la reactividad? ¿La libertad para perdonar? ¿La libertad del miedo?) ¿Puede pensar en otras maneras en las que el amor de Dios le ha libertado o puede liberarle para amar de manera diferente?

Para la reflexión personal

1. Cuándo se casó, ¿sabía que tendría que cambiar? ¿Se consideraba a usted mismo egoísta cuando se casó? ¿Diría usted que el matrimonio le ha dado la oportunidad de mirar con más realismo su tendencia a ser egoísta?

2. Lea 1 Juan 4:9-16. ¿Cómo es que el amor de Dios por usted le libera para amar a su pareja de manera más plena? ¿Cómo es que el amor de Dios por usted le brinda la seguridad que necesita para vivir más libremente? ¿Ha experimentado más libertad en alguna de las cuatro áreas mencionadas en este capítulo?

12

Mejor juntos

> Las cadenas no sostienen un matrimonio unido. Se trata de hilos, cientos de pequeños hilos que cosen a la gente a lo largo de los años.
>
> Simone Signoret

Usted y su pareja tienen una historia en común. Cómo se conocieron, qué les atrajo primero, los ajustes de la vida matrimonial, el nacimiento de los niños, las aventuras que han disfrutado, las dificultades que han sufrido juntos, todo esto se combina para formar la historia que comparten, estos son hilos que los mantienen unidos a través de los años.

¿Cuáles son sus hilos? Piense en los primeros días de cortejo. ¿Qué les atrajo el uno del otro? ¿Qué miró en su pareja que empezó a conectar su corazón con el de él o ella? ¿Qué hizo para empezar a unirse? ¿Salieron a cenar, caminaron, escucharon música, practicaron un deporte, tomaron clases juntos? ¿Qué recuerdos compartidos crearon? ¿Qué le hizo reír? ¿Cuáles eran sus bromas entre ustedes? ¿Cuál fue su primer viaje juntos? ¿Cuáles fueron los términos de afecto?

Muchas cosas simples forman la fuerza del vínculo que comparten: reír, llorar, largas conversaciones, disfrutar de una puesta de sol. Cada uno de estos es un hilo que les conecta a través de los años.

También hay temas importantes como el nacimiento de los hijos, la compra de una casa, o las alegrías y angustias que han experimentado como pareja. Incluso sus más serios conflictos y experiencias negativas pueden servir como hilos mientras usted soporta y supera.

Su historia compartida es una fuerza sustentadora para el amor duradero. Estas experiencias son un tesoro que puede servir como garantía a medida que se enfrentan a tiempos difíciles en la vida matrimonial. Si usted ha estado casado menos de diez años, es probable que todavía este construyendo esa garantía. Usted ha hecho un gran esfuerzo, pero puede no estar cosechando la recompensa completa. Mark Twain una vez hizo la observación: «El amor parece ser el más veloz, pero es el más lento de todos los crecimientos. Ningún hombre o mujer realmente sabe lo que es el amor perfecto hasta que ha estado casado un cuarto de siglo.»[121] Toma tiempo construir esa historia compartida y disfrutar de los beneficios de la inversión. Desafortunadamente, algunas parejas jóvenes eligen salir de sus matrimonios antes de que hayan tenido la oportunidad de disfrutar del fruto de su perseverancia.

A esperar

Cuando empezó a leer este libro, es posible que se sintiera desesperanzado o por lo menos seriamente desalentado acerca de su matrimonio, sin creer que las cosas podrían cambiar entre usted y su cónyuge. No está solo. La mayoría de los matrimonios experimentan tiempos, o incluso temporadas prolongadas, que son dolorosas y parecen intransitables.

En esos momentos es útil retomar la historia que comparten y pensar en lo que usted espera en la relación. Puede ser difícil imaginar hoy lo que los dos pueden hacer de su matrimonio, pero le animo a comenzar a proyectar una visión de lo que puede ser su matrimonio.

Ambos tienen anhelos y deseos de una vida por delante. Usted tiene metas personales, así como metas maritales y familiares. Tiene ideas sobre cómo le gustaría tratar a los demás, lo que quiere hacer para recreación, y cómo le gustaría dar forma al carácter y las competencias de sus hijos.

Esto puede ayudar a crear una nueva visión compartida con su pareja, una «visión matrimonial»[122] que le ayudará a definir sus intenciones para el futuro e inspirarle a experimentar una relación próspera. Para hacerlo, separe un período de tiempo sin presiones, cuando los dos puedan hacer una lluvia de ideas. Elija un momento en que esté fresco y libre de teléfonos celulares, niños, y cosas semejantes. Comiencen con cada uno haciendo una lista de objetivos que desean ver suceder en su matrimonio. Expongan cada objetivo de manera positiva, como si ya estuviera ocurriendo. Aquí hay una lista que le puede servir de ejemplo:

- Somos afectuosos.
- Nos respetamos mutuamente.
- Tenemos una cita semanal en la noche.
- Tomamos tiempo para identificar nuestros protectores durante o después de un conflicto.
- Somos compasivos hacia las áreas sensible en nosotros mismos y entre nosotros.
- Nos gusta el sexo.
- Nos reímos juntos.
- Expresamos agradecimiento por lo menos una vez al día.
- Tenemos tiempo de pareja a diario.
- Cuando uno de nosotros está ausente, permanecemos en contacto diario.
- Tomamos decisiones en equipo.
- Nosotros nos priorizamos a nosotros sobre padres, familia extensa y amigos.
- Cultivamos nuestras vidas espirituales.

Una vez que haga su lista, compártala con su pareja. Ponga un símbolo de más junto a los objetivos en que ambos coinciden que son importantes. Haga una lista nueva y combinada que incluya todos los objetivos que ambos piensan que son importantes. Luego revise la lista y sea más específico. Identifique dos o tres estrategias o comportamientos para lograr cada punto. Por ejemplo:

1. Tomamos decisiones en equipo.
    a. Cuando vayamos a determinar a dónde vamos a pasar las vacaciones, hablamos juntos y acordamos cuál va a ser nuestro horario. No nos comprometemos con nuestras familias de ninguna manera hasta que hayamos tomado un acuerdo completo como pareja.
    b. Antes de hacer una compra de más de 200 dólares, consultamos uno al otro primero.

2. Tenemos tiempo de pareja a diario.
    a. Después de que los niños estén dormidos, tomamos treinta minutos para relajarnos juntos y compartir acerca de nuestro día o preocupaciones.
    b. Durante el tiempo de pareja, apagamos nuestros teléfonos, la televisión, y todo distractor, y brindamos, el uno al otro, toda nuestra completa atención.

Esta lista combinada de objetivos y estrategias se convierte en su visión matrimonial. Coloque los objetivos de su visión en algún lugar donde los vea diariamente. Revise la lista completa de estrategias semanalmente hasta que se convierta en parte de su ADN como pareja. Recuerde: este es un documento vivo que puede cambiar o al cual se le pueden agregar cosas a medida que pasa el tiempo.

Cuando crea una visión compartida del matrimonio, esta le ayudará a saber hacia dónde se dirige y le ayudará a mantenerse en el rumbo cuando la vida empiece a sacarlo del mismo. La visión le ayudará a cambiar mientras le mantiene a usted consciente de las metas que tienen como pareja. Si hay uno o más puntos que uno de ustedes consideró muy importantes pero el otro no lo hizo, tome nota de ellos y, en otro momento, use las habilidades, de las que se habla en el capítulo 6, para abordar estos puntos juntos.

Conviértase en su mejor versión, juntos

Todos estamos en el proceso de convertirnos en algo más. El cónyuge que ve hoy no es el cónyuge que verá en el futuro. Mi esposo y yo hemos estado casados por cuarenta años. No teníamos idea de cuánto cambiaríamos a través de los altibajos de la vida juntos. El egoísmo que caracterizó nuestros primeros años de matrimonio ha dado paso a una voluntad de dar y a las concesiones. La tendencia a tratar de satisfacer nuestras propias necesidades en primer lugar ha dado paso a una preocupación de apoyo mutuo para satisfacer las necesidades de ambos. Todavía tenemos nuestros momentos egoístas, pero cada uno de nosotros los reconocemos y somos capaces de disculparnos y cambiar de rumbo más rápidamente.

¿Se siente desalentado por su matrimonio y por las posibilidades de cambio? Dios entiende eso. Él está en el negocio de la transformación y Él quiere que usted experimente las alegrías del matrimonio incluso más que usted mismo. Después de todo, el matrimonio fue su idea.

A medida que miro hacia atrás a las diferentes temporadas de nuestra vida matrimonial, veo que tuvimos momentos en que lo único que sostenía unido nuestro matrimonio fue el compromiso que habíamos hecho para aguantar. Una de esas temporadas fue cuando mi marido se estaba cuestionando su amor por mí. Yo estaba devastada y herida, y lo único que fue un ancla para mí en ese tiempo fue saber que era amada por Dios. Entonces, pude encontrar paz en medio de la confusión de mi esposo y no reaccionar por tener miedo o sentirme herida.

Aunque estaba tentada a alejar a mi esposo y a protegerme del dolor adicional, pude permanecer centrada en mi relación con Dios mientras mi marido ordenaba sus emociones. Entonces, cuando expresó su deseo de restaurar nuestra relación, yo estaba tentada a castigarlo. Pero después de reflexionar sobre lo mucho que mi amoroso Dios me había perdonado, era difícil justificar el no perdonar a mi esposo.

El amor de Dios suaviza los corazones y hace posible la restauración. Tener una relación íntima con Dios cambia la forma en que usted se ve a sí mismo (al saberse plenamente conocido y plenamente amado) y cambia la forma en que ve a su pareja (ya que todos estamos en el proceso de convertirnos en la persona que fuimos diseñados para ser, en manos de un Dios amoroso). Cuando la prioridad es amar a Dios, saber cómo amar al otro se hace algo claro, además es más fácil permitir que haya el espacio y el tiempo para que Dios trabaje en la vida de su cónyuge y en la suya.

Todos estamos en el proceso de convertirnos en quienes habíamos de ser. Si puede ver a su pareja como alguien en proceso de cambio, en lugar de verla como un conjunto estático de rasgos negativos, usted abrirá un espacio para para que él o ella crezca. Cuando usted mismo ha recibido ese espacio por parte de Dios, quien ve sus «verrugas» y aún le ama, usted es más capaz de ofrecer ese espacio a los demás y puede ayudar a su cónyuge a ser todo lo que Dios desea que él o ella sea.

Si puede ver a su pareja como alguien en proceso de cambio, en lugar de verla como un conjunto estático de rasgos negativos, usted abrirá un espacio para para que él o ella crezca.

Tim Keller dice:

> Dentro de esta visión cristiana del matrimonio, esto es lo que significa enamorarse. Es mirar a otra persona y echar un vistazo a lo que Dios está concibiendo, y decir: «Veo a la persona que Dios está creando en ti y ¡eso me emociona! Quiero ser parte de esto, y quiero hacer equipo contigo y con Dios en el viaje que tienes camino a su trono. Y cuando lleguemos ahí, miraré tu magnificencia y diré: "Yo siempre supe que podías ser así, tuve vislumbres de ello en la tierra, pero ahora ¡mírate!"»[123]

Qué tremenda oportunidad tenemos de presenciar cómo nuestra pareja se convierte en todo lo que estaba destinada a ser. Su matrimonio es un trabajo en progreso. Juntos, usted y su cónyuge comparten una aventura que es única en todo el mundo. No hay dos personas como ustedes y no hay nadie más que ustedes que tenga el potencial de darse forma el uno al otro, para que sean la mejor versión de ustedes mismos.

• • •

Cuando usted dijo «Acepto» probablemente no tenía idea de que el viaje que le esperaba implicaría tantos obstáculos y baches como ha descubierto en el camino. El cuadro que tenía entonces no incluía los desvíos y ni la construcción de carreteras que serían necesarias. Usted no podría haber anticipado las transformaciones personales que tendrían que ocurrir, mientras las maneras egocéntricas de ser y pensar fueron expuestas y moldeadas, con el fin de permitir que el amor creciera.

El matrimonio fue diseñado por Dios para satisfacer nuestras necesidades más profundas de compañerismo e intimidad. También fue diseñado para ser nuestro lugar de transformación más profunda. Ahora, no podemos disfrutar de las alturas del compañerismo sin experimentar la metamorfosis de la intimidad. Espero que abrace la aventura, hay vistas por delante que no se puede imaginar.

Preguntas para discusión: Capítulo 12

Preguntas de grupo y pareja

1. Comparta con su grupo los aspectos más destacados de su historia compartida. Puede incluir cómo se conocieron, cómo se comprometieron, momentos divertidos, temporadas difíciles, etc. ¿Cuáles son sus «hilos» significativos?

2. Cree su «Visión del matrimonio» siguiendo las instrucciones del capítulo. Comparta con el grupo dos de sus metas y dos o tres estrategias que intenta implementar para alcanzar esos objetivos. Si usted se siente cómodo, invítelos para que de manera ocasional revisen el progreso y así hacerle responsable del trabajo hacia esos objetivos.
3. Lea la cita de Tim Keller en voz alta. Comparta con su pareja los «vislumbres de magnificencia» que ha podido ver en él o ella, las evidencias de la obra de Dios en su vida. Discutan juntos cómo pueden obstaculizar la actividad de Dios en la vida del uno y el otro (los protectores que agitan), y cómo pueden apoyar el trabajo de Dios en la vida de cada uno.
4. Lea 2 Tesalonicenses 3:5. Si su corazón estuviese lleno del amor de Dios y la perseverancia de Cristo, ¿cómo afectaría su matrimonio? ¿Cómo afectaría su tenacidad en tiempos difíciles? ¿Cuál es la relación entre el amor y la perseverancia?

Para la reflexión personal

1. ¿Cómo ayuda pensar que su pareja es «un trabajo en progreso» en lugar de definirla por sus rasgos negativos? ¿Cómo podría una actitud tan llena de gracia alinearse con cómo Dios les ve? Lea Romanos 5:8. ¿Dios espera hasta que seamos perfectos para amarnos? ¿Qué implicaciones tiene su respuesta a la hora de amar a su cónyuge?
2. ¿Cuáles son los «vislumbres de magnificencia» que puede ver en su pareja hoy? Si no puede verlos, mire con más detenimiento. Dios ve esos vislumbres y quiere que usted comparta su visión. Si usted los ve, saboréelos y sepa ¡que hay más por venir!

Apéndice A

Palabras que describen emociones

Ansioso: tenso, intranquilo, en el límite, aprensivo, impaciente, apesadumbrado, inquieto, hiperactivo, nervioso, exaltado, tembloroso, desencajado, irritable, angustiado, incómodo, agitado, desasosegado.

Tranquilo: calmado, sereno, reposado, sosegado, recogido, compuesto, moderado, imperturbable, apacible, quieto, pacífico, pensativo.

Temeroso: lleno de miedo, asustado, perturbado, atemorizado, amilanado, vacilante, aterrado, inquieto, preocupado.

Alegre: exuberante, feliz, excitado, alegre, encantado, extático, entusiasmado, contento, festivo, extasiado, gratificado, ligero, encantado, jubiloso, complacido, placentero, optimista.

Resentido: amargado, disgustado, herido, consternado, antagónico, dolido, indignado, deshonrado, ofendido, perturbado, rencoroso, irritado, pesimista.

Agradecido: gentil, complacido, abierto, conforme, lleno, satisfecho.

Frustrado: irritado, molesto, incómodo, exasperado, derrotado, desanimado, desalentado, bloqueado, frustrado, sofocado, descontento.

Juguetón: vivaracho, despreocupado, amante de la diversión, ligero, alegre, infantil, travieso, animado, enérgico, antojadizo.

Enojado: furioso, airado, iracundo, irritado, antagónico, disgustado, enfurecido, feroz, ardiente, indignado, odioso, calentado, caliente, encolerizado, enfurecido, furibundo, enfadado, provocado, encrespado.

Conectado: cercano, íntimo, que pertenece, valorado, deseable, fusionado, juntos, unidos.

Solitario: solo, incomprendido, abandonado, desatendido, rechazado, aparte, indeseable, no amado, poco interesante, alienado, aislado, sin amigos, separado, desconectado.

Amoroso: compasivo, tierno, cariñoso, afectuoso, encariñado, dedicado, afectuoso, leal, respetuoso, romántico, cálido.

Culpable: que falla, responsable, penado, malo, acusado, condenado, equivocado, juzgado, cargado.

Apologético: apenado, arrepentido, contrito, apesadumbrado.

Triste: deprimido, bajo, sufriente, afligido, desanimado, doliente, desolado, desesperado, apenado, lúgubre, melancólico, desconsolado, acongojado, abatido, melancólico, sombrío, pesaroso.

Invalidado: descontado, despedido, sin importancia, pasado por alto, devaluado, desacreditado, negado, rechazado, socavado.

Vergonzoso: sucio, desagradable, malo, dañado, defectuoso, no deseado, manchado, juzgado, indigno, rechazado, equivocado, odioso, expuesto, tachado, patético, vergonzoso, humillado.

Apéndice B

Ejemplo de lista de protectores

I. *Protectores Preventivos* (también conocidos como *Gerentes*). Estos protectores intentan anticipar y actuar con antelación ante cualquier problema que surja. Su lema es «Nunca más.» Estos protectores quieren que usted nunca más experimente los sentimientos dolorosos o las añoranzas de la infancia. Estos protectores interceptan las emociones y anhelos por medio de varias tácticas.

   a. El evasivo: no se compromete para no tener que sentir.
   b. El analista: mantiene una distancia segura observando y criticando.
   c. El escéptico: desconfía para mantenerse a salvo.
   d. El luchador: presiona para demostrar que es digno.
   e. El que complace: hace a otros felices para ser amado.
   f. El soldado: sólo hace y cumple con su deber.
   g. El regulador de distancia/cercanía: acerca o aleja a las personas para sentirse bien.
   h. El que explica: justifica su posición para asegurarse de que está bien.

i. El superior: declara que va más allá de lo que sucede para sentirse invulnerable.
j. El juez: condena para mantener a los demás o él/ella bajo control.
k. El que avergüenza: humilla a otros con el fin de mantenerse oculto.
l. El pasivo: no se muestra a nadie para mantenerse a salvo.
m. La víctima: evita la responsabilidad culpando a los demás.
n. El ansioso: se mantiene vigilante para garantizar la seguridad.
o. El distractor: desvía la atención para garantizar la seguridad.
p. El despreciable: mantiene el desdén para evitar la vulnerabilidad.
q. El planificador: se centra en planes futuros para evitar el dolor presente.
r. El controlador: restringe el entorno o a otros para controlar sentimientos.
s. El cuidador: cuida de otros para no lidiar con sus propios sentimientos.

II. *Protectores Reactivos* (también conocidos como *Bomberos*). Estos protectores suenan la alarma cuando los *Gerentes* no han logrado mantener los sentimientos dolorosos bajo control. Se apoderan del control y se aseguran de que los sentimientos y los anhelos de la infancia, tal como lo expresan las áreas sensibles, se extingan.

a. El enojado: descarga o protesta para proteger su vulnerabilidad.
b. El usuario de estupefacientes: busca insensibilizarse para evitar el dolor.
c. El adicto: busca insensibilizarse para evitar el dolor.
d. El que se desconecta: disocia, se insensibiliza, se nubla, o adormece para cortar el dolor.

e. El suicida: se daña a sí mismo para evitar el dolor.
f. El automutilador: se daña a sí mismo para evitar o aliviar el dolor.
g. El compulsivo sexual: utiliza el sexo para evitar el dolor.
h. El comilón compulsivo: come para distraerse del dolor.
i. El que restringe los alimentos: restringe la ingesta de alimentos para distraer del dolor.
j. El que toma altos riesgos: hace cosas extremas para amortiguar el dolor.
k. El obsesivo: tiene un enfoque extremo para evitar sentimientos dolorosos.
l. El violento: manifiesta violencia para evitar los sentimientos.

Estoy en deuda con Richard Schwartz, autor de *Internal Family Systems Therapy* [Terapia de Sistemas Internos de Familia] (Nueva York: Guilford Press, 1995), por dar origen al concepto de partes protectoras.

Apéndice C

Renovación del pacto matrimonial

Si desea renovar sus votos matrimoniales con una nueva comprensión del pacto, aquí hay una forma en la que podría considerar hacerlo.

Renovar sus votos puede ser una expresión íntima entre ustedes dos y Dios, un compromiso que hacen en presencia de sus hijos, o puede ser un evento donde invitan a otros a que sean testigos de su compromiso. Elija un lugar como su dormitorio, el patio trasero, un lugar al aire libre favorito, o una capilla. Si usted está renovando sus votos en privado, asegúrese de que ese espacio de tiempo esté protegido de interrupciones: sin niños, ni teléfonos, y demás posibles estorbos.

1. Planee con anticipación cómo le gustaría compartir la renovación de sus votos.

a. Si usted tiene una copia de sus votos originales, e incluyen la idea de un pacto, usted podría simplemente querer reafirmar sus votos con una nueva conciencia del significado del pacto.

b. Es posible que desee volver a escribir sus votos, incluyendo la idea del pacto. El pacto matrimonial es un compromiso que dice: «Así es como siempre seré contigo.» No importa lo que suceda, es una promesa de amor a pesar de las circunstancias. Los votos tradicionales incluyen esta idea de permanencia: «Yo te tomo como mi legítimo y prometido [esposo] y me comprometo y hago pacto, ante Dios y estos testigos, para ser tu amorosa y fiel [esposa]. En la abundancia y en la necesidad, en la alegría y en el dolor, en la enfermedad y en la salud, hasta que la muerte nos separe.»

2. Expresen sus votos el uno al otro. Sostengan sus manos, mírense a los ojos, y digan sus votos.

3. Opcional: represente simbólicamente su nuevo compromiso, puede preparar tres velas. Después de decir sus votos pueden encender las dos velas laterales, que representan a cada uno de ustedes, sus seres individuales con todos sus dones, personalidades, heridas, habilidades, la suma total de lo que es cada uno. A medida que enciende su vela, tome un momento para reflexionar sobre la llama que representa todo lo que es usted.

   Después de unos momentos, tomen sus velas individuales y juntos enciendan la vela central. Al encender la vela central está diciendo «acepto» la promesa del pacto de amar a su cónyuge durante toda la vida. Este acto representa la unión de uno con el otro, dos convirtiéndose en uno. Esta idea se deriva de las palabras de Jesús: «Por esto el hombre dejará padre y madre, y se unirá a su mujer, y los dos serán una sola carne» (Mateo 19:5-6).

   Usted puede elegir soplar y apagar cada una de las velas individuales, sabiendo que sus llamas se queman ahora en la vela central; o pueden optar por soplar su vela y volver a encender la vela de su cónyuge al mismo tiempo que él o ella enciende la suya, y así representar el compromiso mutuo para sacar lo mejor de la otra persona, para ayudarle a convertirse en todo lo que Dios quiere que sea.

4. ¡Celebre!

Apéndice D

Inicie una relación personal con Dios

Qué pasaría si hubiese un amante perfecto ahí afuera? ¿Qué pasaría si hubiera alguien que le conoce íntimamente y le ama apasionadamente tal como es usted? ¿Y si este nunca le fallara, nunca le va a dejar, siempre tiene su mejor interés en el corazón? ¿Usted quisiera ese tipo de amante en su vida?

La Biblia nos dice que ese exactamente es Dios. La Biblia nos dice que Él le hizo a usted,[124] le conoce completamente,[125] y le ama más de lo que usted pueda imaginarse.[126] También dice que Dios es un amante completamente digno de confianza.[127] Él nunca retrocederá o retirará su amor, pase lo que pase. Puede ser auténtico con Él, porque no hay nada que pueda hacer que le separará de su amor.[128] Él le conoce y usted puede conocerlo. Sin esconderse, sin fingir, sin preocuparse por ser algo que no es usted. No hay nada que pueda hacer para que Él le ame más, y no nada que pueda hacer para que le ame menos. Todo está resuelto.

La Biblia dice que Dios quiere que le conozca, así como Él le conoce a usted.[129] Para revelarse a usted y para demostrarle su amor por usted, Él envió a su propio Hijo al mundo en la persona de Jesús.[130]

La Biblia también dice que nosotros, como humanos, todos sufrimos del mismo problema. Todos tenemos una tendencia incorporada a intentar hacer nuestras propias vidas trabajar sin Dios. La Biblia llama a esto *pecado*, que es lo mismo que decir «independencia de Dios». Esta independencia nos separa de Dios, crea una brecha entre nosotros y Dios. Jesús vino para crear un puente sobre esa brecha y lo hizo asumiendo la pena de nuestra voluntaria independencia al morir en la cruz.[131] Al hacerlo, abrió el camino para que disfrutáramos de una relación restaurada con Dios, ahora y siempre.

Nuestros protectores nos instan a permanecer independientes de Dios. Ellos nos han cortejado con falsas promesas de encontrar vida estando lejos de Él. Pero nuestros protectores no pueden satisfacer lo que nuestros corazones anhelan. Nosotros mismos estamos hambrientos de Dios. Al mismo tiempo que Dios nos invita a tener una la relación con Él, también podemos pedir perdón por permitir que nuestros protectores nos guíen y por haberles cedido el control.

Tener una relación con Dios implica: creer en Jesús[132] (creer que Dios le envió, que murió por usted, y que Dios lo levantó de la muerte); pedir perdón[133] (reconocer que nuestros propios esfuerzos para hacer que la vida funcione sin Dios no han servido); y recibirle en el corazón.[134] Al hacerlo, de una manera misteriosa, Jesús vive ahora en usted.[135] Para hacer esto, puede simplemente hablar con Dios a través de la oración.

Cuando cree y recibe a Jesús, se encontrará a usted mismo más abierto al amor que Dios tiene por usted. Ahora puede vivir a través de la «nueva creación» [136]que es ahora en Cristo. A medida que se acerque más a Él por medio de pasar tiempo con Él en oración y leyendo su Palabra (la Biblia), usted se encontrará atraído a amarle más a Él, amarse más a usted mismo, amar más a su pareja, y amar más a otros.[137] Usted habrá encontrado a su verdadera Alma Gemela.

Apéndice E

Infografía de los resultados de la encuesta

CÓMO LOGRAR QUE EL AMOR PERDURE
254 PERSONAS CASADAS QUE RESPONDIERON
79% MUJERES | 21% HOMBRES
50%
50% ENTRE LOS 23 Y 27 AÑOS
69% NO HABÍAN VIVIDO CON SUS CÓNYUGE ANTES DEL MATRIMONIO
69%
PARTICIPACIÓN EN LA IGLESIA
68% Activamente involucrados
20% Ocasionalmente involucrados
11% No involucrados
CONCEPTO DEL MATRIMONIO EN EL MOMENTO DE LA BODA
73.1% Un pacto sagrado
24.1% Un contrato entre dos personas
2.8% Un pedazo de papel que nos es necesario
LA SORPRESA MÁS GRANDE CON RESPECTO A LOS DESAFÍOS DE LA VIDA MATRIMONIAL
El impacto de los hijos
Obstáculos en la comunicación
Las diferencias y hacer concesiones
Mi propio egoísmo

Notas

Capítulo 1: Por qué el matrimonio implica esforzarse

1. Departamento de Salud y Servicios Humanos de los Estados Unidos, «Primer Matrimonio en los Estados Unidos: Datos del 2006–2010 en la Encuesta Nacional de Crecimiento Familiar»: Reportes de Estadísticas de Salud Nacional no. 49 (22 de marzo de 2012), http://www.cdc.gov/nchs/data/nhsr/nhsr049.pdf.
2. David Popenoe y Barbara Dafoe Whitehead, «Why Men Won't Commit: Exploring Young Men's Attitudes about Sex, Dating and Marriage,» [Por qué los hombres no se compromenten: Una exploración sobre las actitudes masculinas hacia el sexo, las citas y el matrimonio] El estado de nuestros sindicatos 2002: La salud social del marimonio en los Estados Unidos, ed. Por David Popenoe y Barbara Dafoe Whitehead (Piscataway, NJ: Rutgers University National Marriage Project, 2002) [Piscataway, NJ: Universidad Rutgers, Proyecto nacional sobre el matrimonio Matrimonio, 2002]12, http://www.stateofourunions.org/pdfs/SOOU2002.pdf
3. «El dinero de la boda: ¿Cuál es el costo promedio de la boda?» The Knot Accesado el 17 de noviembre de 2016, https://www.theknot.com/content/what-does-the-average-wedding-cost.

Capítulo 2: Más de lo que imaginas

4. Laura Taggart, «Cómo lograr que el amor perdure,» encuesta realizada a través de *Survey Monkey*, de septiembre a diciembre de 2015. La encuesta fue distribuida a través de los medios sociales a individuos con diez años o menos de casados.

5. Este concepto de matrimonio por unión, como dos empresas que inician, se encuentra en el libro de Charles Murray: *The Curmudgeon's Guide to Getting Ahead* [La guía del Curmudgeon para seguir adelante] (New York: Crown Business, 2014), pp. 137–40.
6. Dan Gilbert, «The Surprising Science of Happiness,» [La sorprendente ciencia de la felicidad] TED Talks, Febrero 2004, https://www.ted.com/talks/dan_gilbert_asks_why_are_we_happy?
7. Tim Keller, The Meaning of Marriage [El significado del matrimonio] (New York: Dutton, 2011), p. 35.
8. Yasmin Anway, «Science of Happiness MOOC Captivates Millennials,» [La Ciencia de la Felicidad MOOC cautiva mileniales] Berkeley News, 30 de Junio, 2014, http://news.berkeley.edu/2014/06/30/science-of-happiness-mooc/
9. Filipenses 1:6; 2:13.
10. Cantar de los Cantares, capítulos 4-5; Proverbios 5:18-19; Efesios 5:25-33.

Capítulo 3 Por qué el matrimonio vale la pena

11. Linda J. Waite et al. *Does Divorce Make People Happy? Findings from a Study of Unhappy Marriages* [¿El divorcio hace feliz a las personas? Conclusiones de un Estudio de matrimonios insatisfechos] (Nueva York: Institute for American Values, 2002), (New York: Institute for American Values, 2002), http://americanvalues.org/catalog/pdfs/does_divorce_make_people_happy.pdf.
12. John Gottman, *The Seven Principles for Making Marriage Work* [Los siete principios para hacer que el matrimonio funcione] (New York: Three Rivers Press, 1999), p. 5.
13. Dr. Norval Glenn, «With This Ring: A National Survey on Marriage in America,» [Con este anillo: Una encuesta nacional sobre el matrimonio en los Estados Unidos] (National Fatherhood Initiative, 2005), http://wyofams.org/indexhtm_files/NationalMarriageSurvey.pdf.
14. Instituto Nacional de Salud Mental, «Desórdenes de Ansiedad,» NIMH (mayo de 2015), http://www.nimh.nih.gov/health/topics/anxiety-disorders/index.shtml.
15. Henri J. M. Nouwen, *Reaching Out: The Three Movements of*

the Spiritual Life [Cómo llegar: Los tres movimientos de la vida espiritual] (New York: Doubleday, 1975), pp. 71–72.

16. Romanos 5:8.
17. 1 Crónicas 16:34; Juan 3:16; 1 Juan 3:1.
18. Salmos 13:5; Hebreos 13:5.
19. Estoy en deuda con Ellyn Bader y Peter Pearson del Instituto para Parejas, por el enfoque de desarrollo para tratar a las parejas en terapia. He adaptado sus ideas de «Stepping Stones to Intimacy: A Positive Outlook on Problems,» [Pasos hacia la intimidad: una perspectiva positiva de los problemas], accesado 17 de mayo de 2016, http://www.couplesinstitute.com/stepping-stones-to-intimacy-a-positive-outlook-on-problems-in-couples-relationships/.
20. Ibid.
21. 2 Corintios 3:18; 5:17; Romanos 12:2.
22. Bader y Pearson, «Stepping Stones to Intimacy.» [Pasos hacia la intimidad.]
23. Este concepto de la Bolsa de Valores como una analogía del matrimonio también se puede encontrar en el libro de Fred Lower, *Covenant Marriage: Staying Together for Life* [El matrimonio de pacto: Permanecer juntos para toda la vida] (West Monroe, LA:Howard, 2002), pp. 222–23.

Capítulo 4: Examínese a sí mismo

24. Efesios 2:4-8.
25. Estoy en deuda con Richard Schwartz, autor de *Internal Family Systems Therapy* [Terapia de sistemas familiares internos] (Nueva York: Guilford Press, 1995), por su conceptualización de las partes internas.
26. Frederick Buechner, *Telling Secret* [Contar Secretos] (Nueva York: HarperCollins, 1991), p. 45.
27. Y ese yo nunca es más auténtico que cuando vivimos de manera consciente una relación dependiente de Dios. Sin esa relación, nos vemos empujados y halados fácilmente por las agendas de los demás y nuestras propias partes autoprotectoras, nuestros otros seres interiores. El yo se encuentra sin fundamento e incompleto cuando no está atado a su fuente divina.

28. Schwartz, *Internal Family Systems Therapy* [Terapia de sistemas familiares internos], p. 96.
29. Este «rastreo de secuencia» fue adaptado de *Intimacy from the Inside* [Intimidad de adentro hacia fuera] de Toni Herbine-Blank, (New York: Routledge, 2016), pp. 39–49.
30. Schwartz, *Internal Family Systems Therapy* [Terapia de sistemas familiares internos], pp. 108–10.
31. Mateo 19:13-14.
32. Salmos 46:1.
33. Isaías 61:1.
34. 1 Juan 3:1; Salmo 139; Isaías 66:13.
35. Schwartz, *Internal Family Systems Therapy* [Terapia de sistemas familiares internos], pp. 49-51.
36. Esta plantilla es una adaptación de la «Meditación de Rastreo de Secuencias» del libro *Intimacy from the Inside* [Intimidad de adentro hacia fuera] de Toni Herbine-Blank.
37. Jay Earley, Self Therapy [Auto Terapia] (Larksburg, CA: Pattern System Books, 2009), 114-16.
38. Henri Nouwen señala: «Demasiadas veces haremos todo lo posible para evitar la confrontación con la experiencia de estar solos, y a veces somos capaces de crear los dispositivos más ingeniosos para evitar que nos recuerden esto... entramos en pánico cuando no queda nada o alguien que nos distraiga. Cuando no tenemos un proyecto que terminar, o algún amigo que visitar... cuando no hay televisión para ver... y cuando nos quedamos solos, por nosotros mismos, estamos tan cerca de la revelación de nuestra soledad humana básica y estamos tan asustados de experimentar un sentimiento omnipresente de soledad que haremos cualquier cosa para volver a estar ocupados y continuar el juego que hace que nosotros creamos que al fin y al cabo todo está bien.» (Nouwen, *Reaching Out* [Alcanzándolo], pp. 26-27).
39. Colosenses 1:22.
40. En pocas palabras, esto es lo que la Biblia llama *pecado*, o sea, tratar de hacer que nuestra vida funcione sin Dios.
41. La fuente original de esta cita es desconocida, pero se le atribuye ampliamente a Carl Jung y puede ser de uno de sus muchos discursos.

Capítulo 5: Acepte las diferencias

42. Louann Brizendine, *The Female Brain* [El cerebro femenino] (New York: Harmony Books, 2006), p. 5.
43. M. Ingalhalikar et al., «Sex Differences in the Structural Connectome of the Human Brain,» [Diferencias Sexuales en el Conector Estructural del Cerebro Humano] *Proceedings of the National Academy of Sciences* [Procedimientos de la Academia Nacional de Ciencias] 111(2) (Diciembre 2013): 823–28; Ariel Niu, «Gender & the Brain: Differences between Women & Men,» [Género y el cerebro: diferencias entre mujeres y hombres] Fit Brains, febrero 18 de 2014, http://www.fitbrains.com/blog/women-men-brains/.
44. Ibid.
45. Brizendine, *The Female Brain* [El cerebro femenino], p. 5.
46. Ibid., p. 91.
47. John Gray, *Men Are from Mars, Women Are from Venus* [Los hombres son de Marte, las mujeres son de Venus] (New York: Harper-Collins, 1992), pp. 132–49.
48. Sistema de Salud de la Univeridad de Loyola, «What Falling in Love Does to Your Heart and Brain,» [Lo que se enamora en el corazón y en el cerebro] Science Daily, 6 de febrero de 2014, https://www.sciencedaily.com/releases/2014/02/140206155244.htm
49. Dietrich Bonhoeffer, *Life Together* [Vida juntos] (New York: Harper and Row, 1954), p. 101.

Capítulo 6: Encare el conflicto

50. Taggart, encuesta «Making Love Last» *[Cómo lograr que el amor perdure]*.
51. Gottman, *Seven Principles for Making Marriage Work* [Siete principios para que el matrimonio funcione], p. 130.
52. Daniel B. Wile, *After the Honeymoon* [Después de la luna de miel] (Oakland, CA: Daniel Wile, 2008), p. 13.
53. Herbine-Blank, *Intimacy from the Inside Out* [Intimidad de adentro hacia fuera], p. 57.
54. Desarrollado originalmente por Thomas Gordon, Parent Effectiveness Training (New York: Three Rivers, 2000).

55. Gottman, *Seven Principles for Making Marriage Work* [Siete principios para que el matrimonio funcione], p. 38.
56. Ibid., pp. 130-32.
57. J. Carlson, D. Dinkmeyer, y D. Dinkmeyer Sr., *Time for a Better Marriage* [Tiempo para un mejor matrimonio] (Atascadero, CA: Impact Publishers, 2003), p. 87.
58. Keller, *Meaning of Marriage* [El significado del matrimonio], p. 138.

Capítulo 7: Despójese

59. Hilary White, «24 Signs You've Found Your Soul Mate,» [24 signos de que ha encontrado a su alma gemela] *PopSugar*, 3 de noviembre de 2016, http://www.popsugar.com/love/Signs-Youve-Found-Your-Soul-Mate-35421825.
60. Toni Herbine-Blank, contribuye con una invitación al final de la secuencia de seguimiento de Intimacy from the Inside Out [Intimidad de adentro hacia fuera], pp. 46–47.
61. Brene Brown, *I Thought It Was Just Me, But It Isn't* [Yo creí que era solo yo, pero no fue así] (New York: Avery/Penguin, 2007), p. 5.
62. Helen Keller, *Let Us Have Faith* [Tengamos fe] (New York: Doubleday Doran, 1940).

Capítulo 8: Inclínese hacia su pareja

63. Gottman, *Seven Principles for Making Marriage Work* [Siete principios para hacer que el matrimonio funcione], p. 80.
64. William Larkin, MD, «Build Your "Gratitude Brain",» [Desarrolle su «cerebro de gratiud»] *El Blog Neurociencia Aplicada*, 5 de octubre de 2015, http://appliedneuroscienceblog.com/build-your-gratitude-brain.
65. John Powell, *The Secret of Staying in Love* [El secreto de estar enamorado] (Thomas More, 1995), p. 55.
66. S. H. Kim, Y. H. Kim, y H. J. Kim, «Laughter and Stress Relief in Cancer Patients: A Pilot Study,» [La risa y el alivio de estrés en pacientes con cáncer: un estudio piloto] *Evidence-Based Complementary and Alternative Medicine* [Medicina complementaria y alternativa basada en la evidencia] (2015), http://www.hindawi.com/journals/ecam/2015/864739/.

67. George Bonanno, «Loss, Trauma, and Human Resilience,» [Pérdida, Trauma y Resiliencia Humana] American Psychologist (Enero 2004): pp. 20–28.

68. Virginia Satir, «Virginia Satir Quotes,» [Citas Virginia Satir] BrainyQuote.com, accesado el 1 diciembre de 2016, ttps://www.brainyquote.com/quotes/quotes/v/virginiasa175185.html.

69. Karen Grewen y Kathleen Light, «More Frequent Partner Hugs and Higher Oxytocin Levels Are Linked to Lower Blood Pressure and Heart Rate in Premenopausal Women,» [Los abrazos más frecuentes de la pareja y los niveles más altos de oxitocina están vinculados a la presión arterial y la frecuencia cardiaca más bajas en mujeres premenopáusicas] *Biological Psychology* 69 (Abril 2005): pp. 5–21.

70. Dacher Keltner, «Hands on Research: The Science of Touch,» [Investigación Práctica: La ciencia del tacto] *Greater Good: The Science of a Meaningful Life* [Mayor Bien: La Ciencia de una Vida Significativa] (29 de septiembre de 2010), http://greatergood.berkeley.edu/article/item/handsonresearch.

71. Adaptado de Ken Sande, *The Peacemaker: A Biblical Guide to Resolving Personal Conflict* [El Pacificador: Una guía bíblica para resolver el conflicto personal, tercera ed. (Grand Rapids: Baker Books, 2004), pp. 126-33.

72. «The heart's fierce effort to protect itself from every slight, to shield its touchy honor from the bad opinion of friend and enemy, will never let the mind have rest.» [El feroz esfuerzo del corazón por protegerse de todo desprecio, para proteger su delicado honor de la mala opinión de su amigo y enemigo, nunca dejará que la mente descanse] Para una brillante explicación sobre el orgullo versus la mansedumbre, véase AW Tozer, *The Pursuit of God* [La búsqueda de Dios] (Camp Hill, PA: Christian Publications, 1982), pp. 105-7.

73. Mateo 7:3-5.

74. Keller, *Meaning of Marriage* [El significado del matrimonio], p. 165.

Capítulo 9: Aborde la intimidad

75. Salmos 139:1-4; Juan 17:23,26.

76. Génesis 2:22-24.

77. Génesis 2:25.

78. Michele Weiner Davis, *The Sex-Starved Marriage* [El matrimonio hambriento de sexo] (New York: Simon y Schuster, 2003), p. 33.
79. Brizendine, *The Female Brain* [El cerebro femenino], p. 68.
80. Dario Nardi, «Hormones, Sex and Personality Type,» [Tipos de hormonas, sexo y personalidad] *Bulletin of Psychological Type 26* [Boletín de tipo psicológico 26], no. 3 (2003): pp. 22–24.
81. Marie S. Carmichael et al., «Plasma Oxytocin Increases in the Human Sexual Response,» [El aumento de la oxitocina plasmática en la respuesta sexual humana] *The Journal of Clinical Endocrinology and Metabolism* [Revista de Endocrinología Clínica y Metabolismo] 64, no. 1 (enero de 1987): pp. 27–31.
82. Brizendine, *The Female Brain* [El cerebro femenino], p. 71.
83. 1 Corintios 7:3-5.
84. Clifford y Joyce Penner, *Restoring the Pleasure* [Restaurar el placer] (Nashville: Thomas Nelson, 2016), p. 46.
85. Norman Doidge, *The Brain That Changes Itself* [El cerebro que cambia por sí mismo] (New York: Viking, 2007), p. 20.
86. D. H. Angres y K. Bettinardi-Angres, «The Disease of Addiction: Origins, Treatment, and Recovery,» [La Enfermedad de la Adicción: Orígenes, Tratamiento y Recuperación] *Disease-a-Month* [Enfermedad al Mes] 54 (2008): pp. 696–721.
87. James G. Pfaus et al., «Who, What, Where, When (and Maybe Even Why)? How the Experience of Sexual Reward Connects Sexual Desire, Preference, and Performance,» [¿Quién, qué, dónde, cuándo (y tal vez incluso por qué?)? Cómo la experiencia de la recompensa sexual conecta el deseo sexual, la preferencia y el desempeño], *Archives of Sexual Behavior* [Archivos de Comportamiento Sexual] 41 (2012): pp. 31–62.
88. Omar Minwalla, «Thirteen Dimensions of Sex Addiction Induced Trauma among Partners and Spouses Impacted by Sex Addiction,» [Trece Dimensiones del Trauma Inducido por la Adicción al Sexo entre Socios y Cónyuges Impactados por la Adicción al Sexo] *The Institute for Sexual Health* [El Instituto para la Salud Sexual] Abril 2014.
89. Mark Laaser, *Healing the Wounds of Sexual Addiction* [Sanar las heridas de la adicción sexual] (Grand Rapids:Zondervan, 2004).
90. Dan Allender, *The Wounded Heart: Hope for Adult Victims of Childhood Sexual Abuse* [El corazón herido: esperanza para las

víctimas adultas del abuso sexual en la niñez] (Colorado Springs: Navpress, 1995), p. 71.

91. Salmos 139:14; Isaías 61:3.
92. Cantar de los Cantares 4:16-6:3.
93. Michael Castleman, «The Most Important Sexual Statistic,» [La estadística sexual más importante] *Psychology Today* [Psicología de hoy], 16 de marzo de 2009, https://www.psychologytoday.com/blog/all-about-sex/200903/the-most-important-sexual-statistic.
94. Laurie B. Mintz, «Female Orgasm: Time to Stop Shoulding Ourselves,» [El orgasmo femenino: Es hora de dejar de hacernos frente a nosotros mismos], *Psychology Today* [Psicología de hoy], (Septiembre 2012), https://www.psychologytoday.com/blog/stress-and-sex/201209/female-orgasm-time-stop-shoulding-ourselves.
95. Sheila Wray Gregoire, *The Good Girl's Guide to Great Sex* [Guía de la buena chica para tener sexo fantástico] (Grand Rapids: Zondervan, 2012), p. 45.
96. Sam Storms, *More Precious Than Gold* [Más precioso que el oro] (Wheaton: Crossway, 2009), p. 182.
97. Clifford y Joyce Penner, *The Way to Love Your Wife* [La manera de amar a tu esposa] (Colorado Springs: Enfoque a la familia, 2007), p. 5.
98. Brizendine, *The Female Brain* [El cerebro femenino], p. 78.
99. Ibid., p. 77.
100. Gary Thomas, *Devotions for a Sacred Marriage* [Devociones para un matrimonio sagrado] (Grand Rapids: Zondervan, 2005); Gary Chapman, *The One Year Love Language Minute Devotional* [Devocional de minuto sobre el lenguaje del amor para un año] (Carol Stream, IL: Tyndale, 2009).
101. Keller, *Meaning of Marriage* [El significado del matrimonio].

Capítulo 10: El poder de una promesa

102. Thornton Wilder, *Three Plays by Thornton Wilder: Our Town, The Skin of Our Teeth, The Matchmaker* [Tres obras de Thornton Wilder: Nuestra ciudad, la piel de nuestros dientes, The Matchmaker] (New York: Bantam Books, 1958), p. 113.
103. Génesis 17:7.

104. Daniel Brown, *Unlock the Power of Family: Discover God's Design for Lasting Relationships* [Desbloquee el poder de la familia: Descubra el diseño de Dios para las relaciones duraderas] (Sparrow Press, 1994), p. 54.

105. Ibid., p. 103.

106. Lew Smedes, «Controlling the Unpredictable—The Power of Promising,» [Controlar lo impredecible: el poder de una promesa] *Christianity Today* [Cristianismo hoy] enero 1983, pp. 3–4.

107. Ibid.

Capítulo 11: El matrimonio como catalizador de cambio

108. Gary Thomas, *Sacred Marriage* [El matrimonio sagrado] (Grand Rapids: Zondervan, 2000), p. 23.

109. 2 Corintios 3:16–18.

110. 1 Juan 4:9–16.

111. 1 Juan 3:1; Efesios 3:18.

112. Mateo 7:3–5.

113. Romanos 8:38–39; Hebreos 13:5.

114. 1 Juan 1:9.

115. W. Nichols, S. Steinmetz, J. Sora, P. Edmunds, C. Levine, Random House Webster's College Dictionary (New York: Random House, 2000).

116. Lucas 15:11–32.

117. Isaías 53:6.

118. Jeremías 29:11; Proverbios 3:5–6.

119. Romanos 8:35–39.

120. Salmos 13:5.

Capítulo 12: Mejor juntos

121. Mark Twain, *Mark Twain's Notebook #22: The Complete Works of Mark Twain* [El cuaderno de Mark Twain # 22: Las Obras Completas de Mark Twain] (New York: Harper and Brothers, 1935).

122. Adaptado de Harville Hendrix, *Getting the Love You Want* [Obteniendo el amor que quieres] (New York: Harper and Row, 1988), pp. 247–48.

123. Keller, *Meaning of Marriage* [El significado del matrimonio], p. 121.

Apéndice D

124. Efesios 2:10; Marcos 10:6.
125. 1 Corintios 13:12.
126. Juan 15:13; Gálatas 2.20.
127. Hebreos 13:5.
128. Romanos 8:38-39.
129. Juan 10:14.
130. Romanos 5:8; 1 Juan 4:9-10.
131. Isaías 53:6-8.
132. Juan 11:25.
133. 1 Juan 1:9.
134. Juan 1:12.
135. Colosenses 1:27; Juan 17:20-26; 1 Juan 4:13-15.
136. 2 Corintios 5:17.
137. 1 Juan 4:11-12.